广视角·全方位·多品种

权威·前沿·原创

皮书系列为
"十二五"国家重点图书出版规划项目

中国社会科学院创新工程学术出版资助项目

反腐倡廉蓝皮书
BLUE BOOK OF
COMBATING CORRUPTION AND
UPHOLDING INTEGRITY

中国反腐倡廉建设报告
No.3

REPORT ON COMBATING CORRUPTION
AND UPHOLDING INTEGRITY IN CHINA No.3

编／中国社会科学院中国廉政研究中心

主　编／李秋芳

副主编／孙壮志　吴海星

社会科学文献出版社
SOCIAL SCIENCES ACADEMIC PRESS (CHINA)

图书在版编目(CIP)数据

中国反腐倡廉建设报告. 3/李秋芳主编. —北京：社会科学
文献出版社，2014.1
（反腐倡廉蓝皮书）
ISBN 978 – 7 – 5097 – 5448 – 1

Ⅰ. ①中… Ⅱ. ①李… Ⅲ. ①反腐倡廉－研究报告－中国
Ⅳ. ①D630.9

中国版本图书馆 CIP 数据核字（2013）第 303343 号

反腐倡廉蓝皮书

中国反腐倡廉建设报告 No.3

主　　编／李秋芳
副 主 编／孙壮志　吴海星

出 版 人／谢寿光
出 版 者／社会科学文献出版社
地　　址／北京市西城区北三环中路甲 29 号院 3 号楼华龙大厦
邮政编码／100029

责任部门／皮书出版中心（010）59367127　　责任编辑／周映希　张丽丽
电子信箱／pishubu@ ssap. cn　　　　　　　责任校对／尤　雅
项目统筹／邓泳红　　　　　　　　　　　　责任印制／岳　阳
经　　销／社会科学文献出版社市场营销中心（010）59367081　59367089
读者服务／读者服务中心（010）59367028

印　　装／北京季蜂印刷有限公司
开　　本／787mm×1092mm　1/16　　　印　　张／19.75
版　　次／2014 年 1 月第 1 版　　　　　　字　　数／321 千字
印　　次／2014 年 1 月第 1 次印刷
书　　号／ISBN 978 – 7 – 5097 – 5448 – 1
定　　价／79.00 元

反腐倡廉蓝皮书编委会

主要编撰者简介

李秋芳　中国社会科学院中国廉政研究中心理事长。主要研究领域：廉政理论与实践、性别平等与发展、社会发展政策。

孙壮志　中国社会科学院中国廉政研究中心副理事长兼秘书长，研究员、博士生导师。主要研究领域：国际政治、上海合作组织、廉政理论与实践。

吴海星　中国社会科学院中国廉政研究中心常务理事、院直属机关纪委书记。主要研究领域：廉政理论与实践。

摘　要

《中国反腐倡廉建设报告 NO.3》坚持围绕"建设"主题，从学术视角全面反映和客观解读党的十八大以来中国反腐倡廉建设的新部署、新进展和新成效。全书由主编观察、总报告、专项报告、地区报告和专题报告组成。

主编观察总结评述了党的十八大以来反腐倡廉建设在正风肃纪、管住公共权力和公共资金、多元综合监督、"老虎和苍蝇一起打"等方面的新举措和新变化。认为"收到理想的治标与治本效果，关键在于反腐战略的高度和治腐行动的力度"。提出建立扫除"四风"的长效机制，为防止利益冲突须尽快规制"礼尚往来"行为，网络微博反腐既应得到重视又须依法有序管理，惩治腐败须抓大不放小，保持对腐败行为的零容忍。从根本上治理腐败，必须坚定不移地全面深化改革。

总报告从惩治腐败和查纠违反"八项"规定的不正之风、创新监督制约机制、规制公共权力、监管公共资金资源资产、强化公职人员道德诚信和行为规范、创建社会廉洁文化等六个方面，对 2013 年全国反腐倡廉建设进程与效果进行了综述。根据实地调研、问卷调查和舆情分析，梳理了党的十八大以来反腐倡廉建设的新特点以及社会公众的新期待，主张对权力运行进行廉洁性评估和公正性审查，提高公职人员道德诚信水平；以"三公"经费可节约、可公开、可质询为基础，把公共资金收支全面纳入监管范围；以民生安全为重，对民生项目和资金实施全面有效监管；以更大力度治理违规收送礼金礼品行为，对于成风的不良行为进行文化改造；合理调整公职人员薪酬水平和结构，压缩与公共权力相联系的灰色收入空间；强化垂直管理，提升纪检监察机构监督的权威性和有效性。

专项报告系统总结了国家审计发挥反腐监督职能、农业系统反腐倡廉建设、网络反腐的发展现状和前景以及我国利用刑法手段防治贪污贿赂犯罪的做

法与成效，对相关领域反腐倡廉建设的深层次问题进行了思考，就深入推进相关领域工作提出了意见建议。

地区报告概述了六个省（自治区）有针对性地推进反腐倡廉建设的做法与成效：河北探索打造权力运行的完整监控链条；山东"6＋1"惩防体系格局的创新实践；甘肃以反腐倡廉实效促转型跨越发展；福建聚合反腐倡廉正能量助推科学发展；吉林为老工业基地振兴装上"五权"安全阀；广西为富民强桂突出监督主线。

专题报告研究了宁夏实施农村"勤廉为民"工程、黑龙江推行分岗分类反腐倡廉教育的实践与创新，分析了海南乡镇检察室建设、甘肃从源头防治腐败解决看病难问题等方面的相关实践。

目录

主编观察

B I 总报告

B II 专项报告

Ⅲ 地区报告

Ⅳ 专题报告

Ⅴ 附录

皮书数据库阅读 使用指南

主编观察

有效治腐须正风肃纪又
全面深化改革

2013 年，贯彻落实党的十八大战略部署的开局之年，全面深化改革的启航之年，中国反腐倡廉建设也步入了新的历史征程。依靠深厚的党心民意基础，新征程起步初始便留下了"务实""有效"的清晰足迹。

自上而下、具体立行、敢动真格的正风肃纪，对不良风气形成强大冲击力量。中央政治局八项规定的颁布与执行，党的群众路线教育实践活动集中解决"四风"问题，中央纪委发令治理公款奢侈吃喝、月饼等节日礼赠、印制贺年卡、购买烟花爆竹年货等系列"严禁"，纪检干部率先清退会员卡并得以扩展的行动，强力排查作风之弊、行为之垢，一套治理不正之风的组合拳打了出来。曾几何时，酒桌办事文化大行其道，楼堂馆所何其豪华气派，公款送礼五花八门，会议活动公车使用浪费惊人，行业不正之风严重损害人民群众利益。短短一年的正风肃纪，虽然没开多少会、没提多少新要求，但上级做给下级看，真抓实做，敢于追责，恰似响鼓重锤，也如拂面清风。于是，"舌尖"腐败大为收敛，公款礼赠受到限制，会

---

* 李秋芳，中国社会科学院中国廉政研究中心理事长。

风文风逐渐转变，同时跟进纠正不良学风，整治校风医风，打击新闻欺诈，人民群众举双手欢迎。

源头治理的"利剑"直指公共权力和公共资金。"把权力关进制度的笼子"的主张振聋发聩，"让百姓过好日子，政府就要过紧日子"的承诺直白深刻。推动新一轮机构改革，减少行政审批许可权，转变政府职能；建立管用适宜的新制度，发展电子政务，打造阳光政府；制衡决策权，探索对"一把手"权力进行分权限权和全程控制。颁布《党政机关厉行节约反对浪费条例》，停止新建楼堂馆所，规范会议活动、国内差旅、办公用房，控制公务接待、公务用车、因公出国境，压缩与公开"三公"经费，中央单位当年来年"三公"经费等一般性支出两度削减5%。防控工程建设、土地征用、政府采购、产权交易及招投标腐败风险持续深入，政府重大投资项目资金、惠民资金、慈善资金成为监控重点；村级"三资"管理、耕地保护、环境保护、司法保障、行业协会、社区事务管理，陆续纳入风险防控范围。这一切，无不体现对公共权力和公共资金的规制步伐日益加快。

开门、约谈、巡视与主流媒体监督、网络舆论监督互动，呈现监督新变化。中央纪委监察部开通网站，敞开大门受理网络举报。中央纪委领导人约谈派驻纪检组长督促执行八项规定，中央巡视组组长一次一授权，重在发现问题，并抽审领导干部个人有关事项报告。主流媒体盯住损害人民群众利益的突出问题，通过新闻调查、行风热线、电视问政开展舆论监督，促进廉洁政治建设；网络微博新媒体以实时化、移动化、多对多的信息传播方式和瞬间高压的态势，敦促领导干部保持对网民"集体凝视"的敬畏，与主流媒体共同形成舆论监督的浓厚氛围。

"老虎和苍蝇一起打"，彰显惩治腐败的刀很锋利。党的十八大以来，公开审理宣判薄熙来、刘志军等一批大要案，呈现依法反腐的透明公开与强大正义力量。纪检监察机关有效利用媒体曝光和网情线索核查案件，扩大了惩治腐败的社会效果。立案调查葛兰素史克投资有限公司"洋贿赂"在内的一批商业贿赂案件，引起国际社会的高度关注。中纪委通报违反八项规定的典型案例，并公布各地查处违反八项规定的数据，以"眼里不揉沙子"的坚持，使整治"四风"触及党员干部的灵魂。专项治理作为惩治腐败的重要举措，解决了一批征地拆迁、矿产资源开发、学校办学、医疗服务、食品药品、农地承包、耕地占补、农资质量与价格等领域侵害群众利益的腐败问题。

然而，反腐败斗争形势依然严峻，反腐倡廉建设丝毫不可松懈。领导干部腐败案件多发、案值巨大，无不尖锐地提出一个严峻的课题：权力是怎样失控的，如何有效制衡权力？公款奢侈吃喝已成一些干部的习惯爱好，受到遏制后藏身于单位餐厅、会所、农家院，或偷梁换柱把事由换成会议费和修车加油费等。公款送礼从送土特产到送高档物品，从送支付凭证到送商业预付卡，从送物到送旅游养生项目，成为败坏党风政风的"毒瘤"。"礼尚往来"金额不断提高，名目日益繁多，年节贺岁、娶亲嫁女、孩子出生上学、老人祝寿治丧，都成为敛财手段，折射出礼贿难分，遮盖着一些公职人员的受贿之实。媒体不时爆料的公职人员践踏公共道德和家庭美德的行为，也屡屡刺痛着公众的神经。

扫除"四风"的长效机制亟需建立。风声紧、管得严，"大气候"使很多人不得不"绷着劲儿"。人民群众担心刹风成为一阵风，刮刮便过去。真要告别"四风"，须从根本上清除享乐主义思想，从靠整治压力管得紧走向靠机制和制度管得住。应高度重视公共资金治理，把规范和公开"三公"经费作为突破口，关闭因公共资金管理不善通向腐败的闸门。先管住经费来源和花费总量，让公款奢侈吃喝、公车浪费和公款出国旅游的钱受到限制，细化公款消费对象、标准及操作流程，提前报批计划，定期公示账目，打掉虚假支出，

审计跟进检查，媒体跟进监督，违规执法问责，让阳光"暴晒"公职人员的公款消费行为。天长日久，形成花纳税人的钱、吃公家的饭、拿别人的钱物如履薄冰的心理，把公私分明、崇尚节俭、鄙视浪费变成普遍的道德诚信行为，逐步建构符合社会主义先进文化要求的现代公务礼仪和廉洁办事文化。

为防止利益冲突须尽快规制"礼尚往来"行为。应从身份和事由上进一步告知范围、确定标准，明确上下级之间、同事之间、公职人员与管理服务对象之间，不得送收礼金礼品。在没有利益冲突的前提下，公职人员只能接受亲友间礼尚往来的宴请礼赠。与此相联系，娶亲嫁女、孩子生日升学、老人祝寿治丧等事宜不得通知亲友之外的人。对于公款送礼进行专项治理，除文化宣传品和外事礼品外，国内公务交往一律不得用公款送礼。对于难以拒收的礼金礼品，纪检监察机关建立上缴、登记和处置办法，定期公示。公职人员的身份决定其道德水平须高于普通公民，理应担负更多的道德责任。应关注公职人员的生活圈和社交圈，制定公职人员道德通则，进行道德实训与监测，鞭策其自重、自省、自警、自励。

网络微博反腐既应得到重视又须依法有序管理。网络微博爆料的反腐信息，因常有失实情况易传播流言，其偷拍偷录的窥视行为易侵犯他人合法权益，受众带着好奇心理围观易被误导。因此，应建构网上公共治理新秩序，完善互联网管理规则，以自律精神形成网络公约，对传播信息的真实性担当责任。纪检监察和公检法官方网站，应及时扫描触犯公德和透支公权的信息，完善网络发现、揭秘、质疑等涉腐信息的响应核查机制，凡有价值的办案线索及时核查，并视情况公布处理结果。鼓励网民实名举报，并严肃追究失密、泄密及打击报复举报人的行为。要用网民乐于接受的语言，对反腐热点焦点问题积极回应，让公众感到举报有回音，监督有反馈，保护网民参与反腐败的积极性。对违反网络管理规定，散布虚假信息，恶意炒作或诬告陷害等行为依法处置。

惩治腐败须抓大不放小，保持对腐败行为的零容忍。在办好大要案的同时，做到小腐即惩。职业发展、社会声望、人身自由都是人生的重要成本。应在干部出现苗头或轻微腐败行为时，就由纪委打招呼予以教育提醒，注重运用党政纪处分、延缓和停止晋升等措施处理一般腐败行为，使干部不至于发展到严重违法犯罪的程度，防止"苍蝇"变异成"老虎"。这样，不仅反腐成本比较小，而且具人性化，可防止干部在腐败的泥沼中越陷越深。鉴于腐败行为人谋取的是利益最大化，应提高腐败成本，除给予纪律法律惩处外，应注重运用经济手段惩罚腐败行为，没收其非法经济利益，并实行罚款减少其部分合法利益，促使公职人员计算腐败成本，意识到为眼前非法利益丢掉半生的经济保障实在不值得。还要依法惩处屡屡行贿的职业行贿人，严厉打击施放"糖衣炮弹"的恶行。

从根本上治理腐败，必须坚定不移地全面深化改革。党的十一届三中全会开启了中国大改革大开放进程，成功实现了从高度集中的计划经济体制到充满活力的社会主义市场经济体制、从封闭半封闭到全方位开放的历史性转折。党的十八届三中全会吹响了全面深化改革的进军号，对中国的前途命运具有深刻的战略意义。全面深化改革，对于执政六十余年的中国共产党来说，毫无疑问是新的历史性大考，必须通过坚决治理腐败来营造风清气正的改革发展环境，而从根本上治理腐败也必须依赖全面深化改革来实现。

通过全面深化改革治理腐败的重点应当有：推进经济体制改革，深化财政金融体制、资源型价格和土地制度等改革，强化市场配置资源的决定性作用，体现其竞争性和公正性，处理好政府与市场的关系，防止"资本俘获权力"；推进政治体制改革，深化行政审批、组织人事、司法体制改革，有效发挥人大政协的监督作用，强力发挥法律监督作用，重视发挥媒体舆论监督和群众监督作用，推进广

泛多层、开放务实的协商民主，实现对权力的有效制衡；推进社会体制改革，实现基本公共服务制度、收入分配及利益格局、社会组织方式的革新与调整，建立人民需求导向、公众参与管理、群众利益得以维护的社会公平正义格局；推进文化体制改革，全党全社会以社会主义核心价值观为主导，革除腐败赖以滋生蔓延的潜规则及其陈腐文化观念，以极大勇气改造成风的不廉洁行为；推进生态体制改革，树立可持续发展理念，建立政绩评价科学指标体系，保障人民群众享有洁净的空气、水等良好生态环境的基本权益；推进反腐败体制机制制度的改革创新，坚持对各级领导干部尤其是党政正职及关键权力进行有效监督制约，强化纪检监察机关监督和办案的垂直管理体制，创新避免利益冲突、防控腐败风险的管用制度，构建决策科学、执行坚决、监督有力的权力运行体系。

要收到理想的治标与治本效果，关键在于反腐战略的高度和治腐行动的力度。尽快走出腐败易发多发期，意味着须付出更多的艰辛。需要说明的是，中国反腐的底气很足。因为反腐败斗争始终得益于人民群众的支持和拥护，中国特色社会主义道路已经开辟出来，中国在世界经济格局中已是举足轻重。在实现中华民族伟大复兴"中国梦"的征程上，潮起岸阔，风正帆悬。反腐倡廉建设的强力推进，一定会明显改善党和政府的执政观感；反腐倡廉建设的有益成果，一定能明显提升人民群众的幸福指数。

总 报 告

General Report

B.1

新形势下中国反腐倡廉建设开启新征程

中国社会科学院反腐倡廉建设课题组*

摘 要：

本文从惩治腐败和查纠违反"八项"规定的不正之风、创新监督制约机制、规制公共权力、监管公共资金资源资产、强化公职人员道德诚信和行为规范、创建社会廉洁文化等六个方面，对2013年全国反腐倡廉建设进程与效果进行了综述。根据实地调研、问卷调查和舆情分析，梳理了党的十八大以来反腐倡廉建设的新特点以及社会公众的新期待，主张对权

* 课题组组长：李秋芳。课题组副组长：孙壮志，中国社会科学院中国廉政研究中心副理事长兼秘书长、研究员；吴海星，中国社会科学院中国廉政研究中心常务理事；高波，中国社会科学院中国廉政研究中心副秘书长、副研究员。课题组核心成员：曹永，中国社会科学院中国廉政研究中心助理研究员；范三国，中国社会科学院中国廉政研究中心助理研究员；王田田，中国社会科学院中国廉政研究中心助理研究员；蒋来用，中国社会科学院中国廉政研究中心副秘书长、副研究员；王继锋，中国社会科学院中国廉政研究中心助理研究员；田坤，中国社会科学院中国廉政研究中心助理研究员；陈振，中国社会科学院中国廉政研究中心助理研究员。主要执笔人：李秋芳、孙壮志、高波、曹永、范三国、王田田、蒋来用、王继锋、田坤、陈振。

力运行进行廉洁性评估和公正性审查，提高公职人员道德诚信水平；以"三公"经费可节约、可公开、可质询为基础，把公共资金收支全面纳入监管范围；以民生安全为重，对民生项目和资金实施全面有效监管；以更大力度治理违规收送礼金礼品行为，对于成风的不良行为进行文化改造；合理调整公职人员薪酬水平和结构，压缩与公共权力相联系的灰色收入空间；强化垂直管理，提升纪检监察机构监督的权威性和有效性。

关键词：

2013　中国　反腐倡廉建设　新征程

中共十八大以来，中国的反腐倡廉建设开启了为"中国梦"保驾护航的新征程。新一届中央领导集体从当前形势出发，做出了新的战略部署，仅从 2012 年 11 月初至 2013 年 11 月底，习近平总书记在系列讲话中突出讲到反腐败，强调要把权力关进制度的笼子里，"老虎"和"苍蝇"一起打，形成不敢腐的惩戒机制、不能腐的防范机制、不易腐的保障机制。李克强总理指出自古有谓"为官发财，应当两道"，为政清廉应该先从自己做起。中央纪委书记王岐山同志强调，坚持不懈狠抓党风，毫不手软惩治腐败，坚决遏制腐败蔓延。从中央到地方呈现出整风肃纪、严查各类腐败案件的高压态势，让党员群众切切实实感受到党中央和中央纪委从严治党的决心与反腐倡廉建设的实际成效。

为跟踪评估反腐倡廉建设新进展及新成效，中国社会科学院"反腐倡廉建设课题组"从 2012 年底到 2013 年上半年，对东、中、西部 8 个省、区、市实施了重点调研，并组织了反腐倡廉建设成效入户问卷调查（下简称"问卷调查"）。① 课题组对我国反腐倡廉建设最新进展分析报告如下。

---

① 该调查结果基于两组数据来源的综合：一是课题组在 8 个省进行的四类人群调查问卷，共计 1016 份；二是中国社会科学院社会学所在全国进行的"中国社会状况综合调查"，问卷量 7388 份。

一 惩治腐败彰显从严治党决心

（一）坚持"老虎""苍蝇"一起打

1. 纪检监察机关办案工作保持强劲势头

党的十八大以来，惩治腐败持续保持高压态势，坚持"老虎""苍蝇"一起打。据统计，今年前 9 个月，全国纪检监察机关初步核实处置反映问题线索 12.9 万件，同比增长 13.5%；立案 11.8 万件，同比增长 10.1%；结案 10.2 万件，同比增长 12.6%；处分 10.8 万人，同比增长 7.6%。[①] 中纪委对内部机构进行调整，负责案件查办的纪检监察室从 8 个增加至 10 个，以增加查办案件的力度。中央纪委先后对四川省委副书记李春城，广东省委原常委、统战部部长周镇宏，国家发展和改革委员会原副主任、国家能源局原局长刘铁男，安徽省原副省长倪发科，四川省文联主席、原副省长郭永祥，内蒙古自治区党委常委、统战部部长王素毅，广西壮族自治区政协副主席、总工会主席李达球，国务院国资委主任蒋洁敏严重违纪问题进行了调查。中国石油天然气集团公司副总经理兼大庆油田有限责任公司总经理王永春、中国石油天然气集团公司副总经理李华林、中国石油天然气股份有限公司副总裁兼长庆油田分公司总经理冉新权、中国石油天然气股份有限公司总地质师兼勘探开发研究院院长王道富等人涉嫌严重违纪，也在接受组织调查。

2013 年 7 月 8 日，北京市第二中级人民法院对原铁道部部长刘志军受贿、滥用职权案做出一审判决，决定执行死刑，缓期两年执行，剥夺政治权利终身，并处没收个人全部财产。7 月 25 日，山东省济南市人民检察院就薄熙来涉嫌受贿、贪污、滥用职权犯罪一案向济南市中级人民法院提起公诉。8 月 22～26 日，济南市中院进行了公开审理，济南中院官方微博实时播报庭审情况。9 月 22 日，法院做出一审判决，认定薄熙来犯受贿罪、贪污罪和滥用职

---

① 《开创党风廉政建设和反腐败斗争新局面——党的十八大以来反腐倡廉建设述评》，中央纪委监察部网站，http://www.mos.gov.cn/xwyw/201312/t20131211_15139.html，访问时间：2013 年 12 月 13 日。

权罪，数罪并罚，决定执行无期徒刑，剥夺政治权利终身，并处没收个人全部财产。公审薄熙来案充分彰显了中央铁拳打"老虎"的决心。

表1 十八大以来被调查的省部级干部（2012年12月至2013年11月）

序号	姓名	发布时间	职 务
1	李春城	2012年12月6日	四川省委副书记
2	周镇宏	2013年2月8日	广东省委原常委、统战部部长
3	刘铁男	2013年5月12日	国家发展和改革委员会原副主任、国家能源局原局长
4	倪发科	2013年6月4日	安徽省原副省长
5	郭永祥	2013年6月23日	四川省文联主席、原副省长
6	王素毅	2013年6月30日	内蒙古自治区党委常委、统战部部长
7	李达球	2013年7月6日	广西自治区政协副主席、总工会主席
8	王永春	2013年8月26日	中国石油天然气集团公司副总经理、大庆油田有限责任公司总经理
9	蒋洁敏	2013年9月1日	国务院国资委主任
10	季建业	2013年10月17日	江苏省南京市委副书记、市长
11	廖少华	2013年10月28日	贵州省委常委、遵义市委书记
12	陈柏槐	2013年11月19日	湖北省政协副主席

2. 各地纪检监察机关从严执纪

2013年1~6月，山西省纪检监察机关共受理群众信访举报15689件次，与上年同比上升9.06%；立案3981件，同比上升14.8%；结案3895件，同比上升13.3%；处分违纪党员干部4314人，同比上升7.13%。① 吉林省纪检监察机关在党的十八大后不到半年间，共立案查办党员、干部违纪违法案件2301件，其中涉及地厅级干部案件6件、县处级干部案件40件，给予党纪政纪处分2551人，涉嫌犯罪移送司法机关106人，为国家挽回经济损失近2亿元。② 2013年前9个月，广东各级纪检监察机关共受理群众来信、来访、电话举报48770件次。其中，检举控告类信访举报39747件，占比81.5%；署名举

---

① 《山西纪检监察机关上半年立案数同比上升近15个百分点》，《中国纪检监察报》2013年7月9日。

② 《吉林省扎实推进查办案件工作纪实》，《中国纪检监察报》2013年5月9日。

报17058件，占比35.0%；网络举报11925件，占比24.5%。初步核实违纪违法线索10212件，同比上升106.9%。截至2013年9月底，立案查处违纪违法案件5929件6208人，其中厅级干部33件33人，县处级干部319件322人；结案5090件；给予党政纪处分5166人，处分人员中有厅级干部33人，县处级干部326人；移送司法机关457人，有地厅级干部18人、县处级干部64人。①

3. 查办案件成为维护群众利益的重要方式

全国检察机关开展查办和预防发生在群众身边、损害群众利益职务犯罪专项工作，2013年1～3月共查处损害群众利益的贪污贿赂犯罪案件3657件5102人，涉案总金额5.4亿元；查办渎职侵权犯罪案件1481件2054人。内蒙古、吉林、广东、湖北检察机关立案查处厅级领导干部渎职犯罪案件5人，有力地维护了群众权益。②公安机关重拳打击医药领域的"洋贿赂"。公安部统一组织指挥湖南长沙、上海和河南郑州等地公安机关对葛兰素史克（中国）投资有限公司部分高管涉嫌严重经济犯罪依法立案侦查。

（二）查处违反八项规定行为"抓铁有痕"

为监督落实中央"八项规定"，各级纪检监察机关通过信访、网络、新闻媒体等拓宽监督渠道，发现了一批问题线索，严肃查处了一批顶风违反八项规定、影响恶劣的典型案件。中央纪委对媒体报道的黑龙江省哈尔滨市部分餐饮公款消费死灰复燃、江苏省泰州市滨江工业园区管委会公款接待致上访群众围堵等问题进行了直接督办。2013年3月19日，中央纪委对6起违反八项规定的典型案件发出通报，强调要进一步严明纪律，推动中央八项规定精神贯彻执行。7月30日，中央纪委又一次通报了8起违反八项规定精神的典型问题。截至今年10月31日，各地查处违反中央八项规定精神的问题共计17380起，

---

① 《广东惩治腐败呈高压态势》，《中国纪检监察报》2013年10月11日。
② 王新友：《1至3月全国查办群众身边的贪污贿赂案3657件》，《检察日报》2013年4月27日。

处理 19896 人，给予党纪政纪处分 4675 人。① 各级纪检监察机关也集中通报了一批当地查处的典型问题，起到警示震慑作用。

（三）畅通网络举报渠道拓展案源

1. 畅通主流网站举报贪腐的渠道

2013 年 4 月 19 日，人民网、新华网、中国网络电视台、中国网、中国经济网、中国新闻网、光明网、中国广播网，以及新浪、搜狐、网易、腾讯等国内主要网站均在首页开设网络监督专区，链接纪检监察、检察、法院、国土等执纪执法部门举报网站以及干部监督"12380"网站等。在主要网站开设网络监督专区，有利于畅通网络民意表达渠道，规范反腐举报流程，引导和鼓励群众通过正规渠道反映问题，杜绝不实信息、流言传言等，营造理性反腐、依法反腐的良好氛围。9 月 2 日，中央纪委监察部网站正式开通，引起网民普遍关注。网站接受网络信访举报，首页显著位置设置 12388 网络举报板块，方便群众顺畅、安全地举报监督。网站开辟廉政留言板等专栏，主动接受网民对党风廉政建设和反腐败工作的意见、建议、咨询等，搭建纪检监察机关与网民沟通交流的新平台，开通网上民意直通车。网站开通后，网络举报数量呈现明显上升之势。9 月 2 日至 10 月 2 日，中央纪委监察部举报网站统计的网络举报数量达 2.48 万多件，平均每天超过 800 件。而在 4 ~ 8 月每天只有 300 件。②

2. 网络举报成案率上升

近年来，随着互联网的普及，网络监督日益成为一种反应快、影响大、参与面广的新兴舆论监督方式。通过网络曝光，纪检监察机关核实筛查出了一些党员干部违纪违法案件的线索，查处了陕西省安监局原局长杨达才、广东省广州市城市管理综合执法局番禺分局原政委蔡彬等一批腐败分子，回应了社会关切。2008 ~ 2012 年，中央纪委、监察部举报网站共收到网络件 30.1 万件次，

---

① 《开创党风廉政建设和反腐败斗争新局面——党的十八大以来反腐倡廉建设述评》，中央纪委监察部网站，http://www.mos.gov.cn/xwyw/201312/t20131211_15139.html，访问时间：2013 年 12 月 12 日。

② 《开门反腐的有力之举》，《中国纪检监察报》2013 年 10 月 8 日。

约占中央纪委监察部同期信访举报总量的 12%，其中检举控告类网络件 21.9 万件次，网络举报已经成为继来信、来访、电话之后又一重要举报渠道。①

3. 实名举报为惩治腐败助力

因《财经》杂志副主编罗昌平发布微博向中央纪委实名举报，国家发展和改革委员会副主任刘铁男涉嫌严重违纪被立案调查，并成为因微博实名举报而落马的首位省部级高官。中央编译局局长衣俊卿因网络曝光的生活作风问题被免职。重庆市纪委对涉及不雅视频的雷政富等 21 名违纪党员干部做出处理。受到处理的 21 名党员干部中，涉及党政干部 15 名、国有企业领导人员 6 名。上海市纪委、市高院对"法官集体招嫖事件"迅速查清事实，依纪依法坚决惩处。涉事的上海高院 4 人中，3 人被开除党籍、提请开除公职；1 人留党察看、提请撤职。4 人并被处以行政拘留 10 天的行政处罚。通过网络监督方式快速查办违纪违法者的震慑作用进一步显现。

二 强化和创新监督制约机制

（一）同步监督政府机构改革和职能转变

《国务院机构改革和职能转变方案》出台后，国务院严肃机构改革纪律，制定新组建机构和职能调整机构的主要职责、内设机构、人员编制"三定"规定，严控人员编制和领导职数，内设机构原则上只减不增，实现人员编制和领导职数"零增长"；及时公布取消和下放行政审批事项，接受舆论和社会的监督，促进改革公开透明进行；出台《关于严格控制新设行政许可的通知》，严格设定标准、规范审查程序、加强跟踪评估和监督管理，防止审批事项边减边增、明减暗增，持续推进政府职能转变。

中央纪委监察部专门印发通知，对政府机构改革和职能转变情况开展监督检查做出安排。各级纪检监察机关加强执法监察、廉政监察、效能监察，把廉洁从政贯穿到转变政府职能之中。督促各地区各部门科学配置权力，厘清权力界线，严格

---

① 《中纪委 5 年收到网络举报 30.1 万件次》，《北京晚报》2013 年 5 月 7 日。

依法行政，严格按照法定权限和程序履行职责；督促各地区各部门深化行政审批制度改革，减少对微观事务的审批事项，规范行政审批行为；针对行政管理活动中的突出问题开展效能监察，强化绩效管理和行政问责，以勤政促职能转变。严格执行中央转变作风八项规定等要求，严肃查处借机构改革和职能转变之机转移国有资产、巧立名目突击花钱、挥霍浪费等行为。从目前的情况来看，国务院有关部门和单位落实中央决策部署态度坚决、行动有力，执行各项纪律情况总体良好。

（二）重点监督检查防灾救灾和重大民生项目

1. 健全检查防灾救灾长效机制

各地区各部门注重总结和运用抗震救灾、灾后重建监督检查实践经验，健全重大决策部署贯彻落实纪律保障机制，监督检查工作的科学化、制度化、规范化水平不断提高。雅安地震发生后，四川省纪委监察厅印发《关于加强抗震救灾资金物资项目监督检查的紧急通知》，明确各级各部门的职责任务，建立健全省、市、县、乡、村五级联动监督检查组织体系、管理制度和工作运行机制，成立7个监督检查督导组分赴救灾资金物资接收量较大的财政厅、民政厅、卫生厅和省红十字会等单位，驻点开展对救灾和重建中干部履职尽责、效能作风、资金物资项目管理使用等监督检查，确保抗震救灾决策部署贯彻落实廉洁高效。为做好强台风"苏力"防御工作，福建省纪委、监察厅、效能办启动督查预案，组织开展防御台风责任落实、履职到位情况的效能督查，成立5个督查组分赴福州、莆田、南平、宁德、平潭等地进行实地督查，强化责任追究，确保人民群众生命和财产安全。

2. 强力治理整顿食品安全问题

各级工商机关针对食品市场存在的突出问题，加大治理整顿力度。集中开展食品市场专项执法行动，有力处置"塑化剂""问题胶囊"等食品安全突发事件，打击销售假冒伪劣食品等违法行为。截至2013年3月，工商系统共查处流通环节食品安全案件52万件，案值21.88亿元，移送司法机关509件。[①]

---

① 《全国工商系统食品安全治理整顿效果明显》，http：//www.saic.gov.cn/ywdt/gsyw/dfdt/xxb/201306/t20130625_135948.html，2013年6月25日。

为推进和完善食品安全监督管理长效机制建设，北京市监察局和市食品办建立食品安全联合监督检查工作机制，加强对食品安全重大事故和重大事件以及有关市食品安全监管部门履职情况的监督检查，保障人民群众食品安全。

3. 多部门重拳治理虚假违法医药广告

2013 年 4 月，工商总局、中宣部、国务院新闻办、工信部、国家卫生计生委、新闻出版广电总局、食品药品监管总局、国家中医药局等八部门联合开展了虚假违法医药广告专项整治行动，强化广告发布环节和源头整治力度，切断虚假违法医药广告的利益链条。截至 2013 年 5 月，各地对 10 种刊登虚假违法广告严重的报纸给予了年度缓验处理，责令数十套广播电视频率频道整改违规医药广告，查处电视医药专题广告 50 余条（次）。31 个省级卫视中有 27 个对利用广告专题片和医疗资讯节目变相发布医药广告的行为进行了清理整改。[1] 各地工商部门加大了对医药广告的监管及督促整改力度。山东出台了广告监测管理办法，24 小时监测医药广告；黑龙江对发布违法广告的 4 家媒体罚款 225 万元，对负责人警示谈话；河北将名人代言虚假违法医药广告列为查处重点；新疆采取提前介入监管模式，"拦截"虚假违法医药广告；浙江实施全省媒体广告全覆盖监测工程，对所有监测媒体开展广告信用评价。国家食品药品监管总局、国家互联网信息办公室、工信部、公安部、国家工商总局五部门共同开展打击网上非法售药行动，联合整治网上违法售药行为，严厉打击利用互联网销售假药的违法犯罪活动。

4. 加大民生环境问题执法监察力度

针对 PM2.5、饮用水安全、血铅事件和化学品污染等一系列群众关注的环境问题，环保部门加强环境执法和应急管理，持续开展环保专项行动，解决了一批关系民生的突出环境问题。国家环保部对 16 个省（市、区）落实污染减排政策措施情况进行检查，对 5 个省（市）开展综合检查，一些突出问题得到查处整改。2013 年上半年，针对人民群众和新闻媒体陆续反映的一些环境污染问题，环保部督促地方依法进行查处，并将 47 个重点环境污染事件处理

---

① 《我国整治虚假违法医药广告专项行动全面展开》，http://news.xinhuanet.com/health/2013 - 05/10/c_ 124689781. htm，2013 年 5 月 10 日。

情况予以公布，接受社会监督。福建省将生态省建设纳入执法监察，出台
《关于加强环保监管的若干意见》，开展生态省建设专项监督检查，启动环保
约谈机制，逐一约谈设区的 9 个市人民政府、53 个县（市、区）政府分管领
导，以及 31 个重点企业、18 个省级工业园区管委会的主要负责人，对治污不
达标的地方和企业进行"黄牌警告"。①

（三）采用约谈、巡视、抽查等多种手段监督

中央纪委在强化监督职责的同时，打出一套环环相扣的密集"组合拳"。
党的十八届中央纪委二次全会要求"认真执行领导干部报告个人有关事项制
度，并开展抽查核实工作"。2013 年 4 月，王岐山等中央纪委监察部领导班子
成员，就落实中央八项规定分别约谈了 53 位派驻到中央和国家机关的纪检组
组长、纪委书记，派驻纪检组长"被请到办公室，面对面、一对一交流式的
汇报还是 10 年来的第一次"。5 月，中央召开巡视工作动员暨培训会，改革巡
视制度，实行巡视组组长、巡视地区和单位、巡视组与巡视对象的关系三个
"不固定"，一次一授权；派出 10 个中央巡视组进驻内蒙古、江西、湖北、重
庆、贵州、水利部、中国储备粮管理总公司、中国进出口银行、中国出版集
团、中国人民大学，"下沉一级"重点巡视领导干部贪腐、作风、政治纪律、
用人等四个方面的问题，巡视重心由"相对全面"回归发现和反映违法违纪
线索的最主要的职能；巡视组公布巡视反馈情况，将一些干部问题线索转交中
央纪委，确保巡视监督不走过场。与此同时，中央纪委进行新一轮内部机构调
整，原党风廉政建设室与纠风室合为"党风政风监督室"，原执法监察室和绩
效管理监察室并成"执法和效能监督室"，强化纪检监察组织监督职能。各地
落实中央部署，效仿中央做法。广东、上海等地开始试点抽查干部申报财产情
况。广西增强巡视工作的针对性，加强与纪检监察机关以及检察、信访等部门
的沟通联系，重点选择对问题比较突出、群众反映比较强烈的地方和部门开展
巡视。江西等省市纪委领导班子成员"一对一"约谈派驻单位纪检组长，推
动中央八项规定等重点工作落实到位。

---

① 陈晓声等：《福建开展生态省建设专项监督检查》，《中国纪检监察报》2013 年 6 月 17 日。

2013 年 10 月底，中央军委印发《关于开展巡视工作的决定》，对军队建立巡视制度、设置巡视机构、开展巡视工作做出总体部署；印发《中央军委巡视工作规定（试行）》，对开展巡视工作做出规范。按照相关要求，成立了中央军委巡视工作领导小组、中央军委巡视组等机构，推动军队巡视工作有序开展。

（四）党政机关主动向社会公开信息

持续推进党务政务公开。全国省级以上党和政府机构举办新闻发布会已成为常态，党委新闻发言人制度得到完善。① 各地党务公开及县委权力公开透明试点持续推进。各地区、各部门按照国务院关于政府信息公开重点工作安排的部署，充分运用政府网站、政府公报、新闻发布会以及报刊、广播、电视、电话、政务微博等平台，推进行政审批、财政预算决算和"三公"经费、保障性住房、食品药品安全、环境保护、生产安全、征地拆迁、价格和收费等重点领域信息公开，带动了政府信息公开工作全面深入开展。

（五）基层监督走向多样化

民政部、中央纪委、中央组织部等 12 个部委联合发布《关于进一步加强村级民主监督工作的意见》，推动健全村务监督机构，规范民主评议制度，强化经济责任审计，保障农民群众依法直接行使民主权利。全国 95% 的村实现村务公开，90% 以上的县制订村务公开目录，91% 的村建立村务公开栏。全国每年约有 170 万名村干部进行述职述廉，对 23 万多名村干部进行经济责任审计，村民评议村干部近 209 万人次。② 浙江全省 3 万多个行政村实现村务监督委员会和村级便民服务中心全覆盖，反映农村党员干部违纪违法的信访量大幅下降。

1. 保障社区居民平等参与公共事务和民主监督权利

浙江省杭州市下城区建立社区居务监督委员会，对社区资金、资产、资源

---

① 国务院新闻办公室：《2012 年中国人权事业的进展》，http：//news. xinhuanet. com/2013 - 05/14/c_ 115758619. htm，访问时间：2013 年 5 月 15 日。
② 国务院新闻办公室：《2012 年中国人权事业的进展》，http：//news. xinhuanet. com/2013 - 05/14/c_ 115758619. htm，访问时间：2013 年 5 月 15 日。

的使用情况进行监督。嘉兴市 364 个社区全部成立社区居务监督委员会，对社区党员干部"八小时"外实施监督。海宁市海洲街道梅园社区每年对居住的190 多名副科级以上干部进行德行测评，5 名干部因"成绩"不佳受到纪委领导信访约谈。① 北京市很多社区探索形成了民主监督小组、民主监督委员会、议事协商会议、民主听证会、楼门院自治等多样化社区自治形式，提升了居民参与社区事务及民主监督的能力。

2. 纪检监督向非公企业延伸

针对非公企业党员逐渐增多，特别是部分党员处于企业高管等重要岗位的情况，各地有序推进非公企业纪律监督组织建设，创新开展非公企业纪律监督工作，促进了企业经济、政治和社会效果的良性互动。江苏省 22.87 万个非公企业建立了纪律监督组织，占建有党组织非公企业总数的 85.4%，其中 3.78万家规模以上非公企业全部建立纪检组织，② 协助企业制定廉洁从业行为规范，完善物资设备采购、工程建设、产品营销、财务管理等重点领域风险防控制度，健全企业内控机制，推动企务厂务公开和民主管理，激发了企业"廉洁生产力"。广东省出台《非公有制企业防治腐败联系点工作办法》和《关于在非公有企业防治腐败工作联系点中建立政企联动服务机制的指导意见》，推动非公企业纪检组织与企业法务部、审计部、人力资源部、内控合规部等内部监管机构工作联动或合署办公，邀请检察、公安、工商、税务、质监、环保、工商联等部门负责人组成联席会议，在企业设立行政效能监测点和企业意见建议"直通车"制度，建立以服务为导向的非公企业反腐倡廉建设工作机制和制度体系。在民营经济占全市总量 94% 以上的福建省晋江市，构建市非公企业纪工委、镇（街道）企业纪委、企业纪委（纪检委员）"三位一体"的纪检工作网络，指导非公企业开展廉洁风险防控，梳理权力运行流程，完善内部监控制度，规范管理人员履职行为，促进了非公企业廉洁守信和健康发展"双赢"。

---

① 张月琴、金钟、陈健：《嘉兴力推居委监督委员会建设》，《中国纪检监察报》2013 年 5 月4 日。

② 中央纪委监察部第七纪检监察室：《关于江苏探索推进非公企业党的纪律监督工作的调研》，《中国纪检监察报》2013 年 5 月 13 日。

（六）主流媒体舆论监督彰显正能量

1. 主流媒体重视发挥舆论监督作用，依法运用新闻媒体采访权和舆论监督权

中央广播电台和中央电视台等聚焦教育、就业、社保、医疗、食品安全、环境保护、土地利用、保障房建设等民生问题，披露各种不正之风和党政机关及其工作人员中的违法违纪问题，舆论监督责任和作用凸显。在《人民日报》2013 年 1 月总共 31 天的报道中，连续追问南昌梁山隧道事故瞒报、武汉赫山"毒地"、江苏无锡 80 余名街道干部飞赴厦门开务虚会等问题，头版舆论监督从 2012 年同期的 0 篇增到 12 篇。新闻媒体及互联网反映的问题，得到党委政府的重视回应和社会关切，陕西"表哥"、福建"表叔"、广东"房叔"等一系列事件被网络和媒体曝光后，当地纪委快速介入调查处理。海南省出台《"慵懒散奢贪"行为问责办法》，将新闻媒体或网络舆情曝光作为启动问责程序的线索，问责决定向社会或者在单位公布。

2. 畅通网民行使监督权利的渠道

山东省建立政风行风热线节目协作网，实行省、市、县和多媒体联动，及时解决群众诉求，群众满意度达 90% 以上。[1]江苏省淮安市在当地最大的民间综合性网站开办"阳光纪检"监督平台，建立 3 类 12 项帖子办理制度，点击量超过 8978.08 万次，主题帖和跟帖分别达 4.99 万条、6934 万条。[2]辽宁省抚顺市以 16 家知名网站作为搜索工作区，整合"信访信息管理系统"、"民心网"和"行政权力电子监察系统"工作资源，建立了网络舆情处置"联办平台"，2010 年至 2013 年初，收集网络舆情信息近 30 万条，提取案件线索 12 件，为群众排忧解难 245 件，化解网络舆情突出事件 12 起。[3]

① 山季诚：《山东深入开展惩防体系建设监督检查工作》，《中国纪检监察报》2013 年 4 月 15 日。
② 俊祥等：《淮安开设"阳光纪检"网络平台，发动群众参与监督》，《中国纪检监察报》2013 年 5 月 9 日。
③ 严加军等：《抚顺：汇集社情民意，加强网络监督》，《中国纪检监察报》2013 年 5 月 19 日。

三　突出重点科学规制公共权力

（一）把权力关进制度的"笼子"

习近平总书记在中央纪委第二次全体会议上讲话时指出，要"加强对权力运行的制约和监督，把权力关进制度的'笼子'里"。2013年，我国反腐倡廉法规制度建设继续立足于国家立法和党内法规两个层面，注重维护宪法和党章权威，以法规制度评估与清理为抓手，以防止利益冲突、强化权力制约为重点，加强法规制度要素建设，反腐倡廉法规制度体系基本形成。①

1. 反腐倡廉法规制度评估、清理与规划等专项工作深入展开

2013年5月，经中共中央批准，《中国共产党党内法规制定条例》和《中国共产党党内法规和规范性文件备案规定》正式发布，对党内法规的制定权限、备案、清理与评估做出了明确规定。11月，中央出台了《党内法规制定工作五年规划纲要（2013～2017年）》，注重顶层设计和整体规划，为维护党内法规制度体系的统一性和权威性提供了制度保障。中央办公厅、中央纪委分别对1978年至2012年6月期间发布的1200余件党内法规和规范性文件进行了集中清理，在逐件研究、论证、审核并充分征求意见的基础上，废止和宣布失效378件，做出修改73件。国务院第1次全体会议通过了《国务院工作规则》，明确了新一届政府组成人员行为规范，强调国务院及各部门要带头维护宪法和法律权威，坚持科学民主立法，为中央政府及其组成人员全面正确履行职责提供了依据。7月18日，国务院颁布《关于废止和修改部分行政法规的决定》，对有关行政审批法规进行了清理，废止了《煤炭生产许可证管理办法》，对25件行政法规的部分条款予以修改，② 严格控制新设行政许可，为政府创新和改善管理、提供优质公共服务创造了良好的制度环境。

---

① 《中国共产党第十八次代表大会文件汇编》，人民出版社，2012。
② 《国务院关于废止和修改部分行政法规的决定》，中国政府法制信息网，http：//www. chinalaw. gov. cn/article/fgkd/xfg/xzfg/201308/20130800389661. shtml，访问时间：2013年9月21日。

2. 各地认真开展法规制度清理"啃硬骨头"工作

江苏省江阴市对不符合预置规定和廉洁要求的制度进行反馈提醒，发出廉情预报 22 份，预警通知 38 次，监察建议书 7 份，对落实整改情况进行跟踪督查。① 山东省临朐县梳理审查各类制度文件 1.1 万个，发现并纠正涉及群众利益事项征求意见不到位等方面的问题 18 个。② 河南省在省、市、县、乡四级开展"反腐倡廉制度建设年"活动，着力从人民群众反映最强烈的问题、重要的权力及关键环节等方面排查制度漏洞 19006 个，给权力运行中的漏洞打上补丁。③ 江苏、江西、安徽、四川、黑龙江等地陆续开展党内法规和规范性文件清理工作，着重解决法规制度中不适应、不协调、不衔接以及琐碎繁复等问题，探索建立法规制度清理的长效机制，筑牢制度"笼子"。

（二）以"壮士断腕"的决心清减下放行政权力

新一届政府成立伊始，就部署行政体制改革和机构职能转变向自己"开刀"，2013 年 4～12 月分五批取消和下放 300 余项核心行政审批权力，并及时公开了具体目录。其中，社会关注度较高的企业投资民用机场、年产百万吨新油田以及年产 20 亿立方米新气田等重要事项，都不再需要政府审批，而风电站、城市快速轨道交通等投资项目的审批核准权也下放地方。国务院还决定将分散在多个部门的不动产登记职责整合由一个部门承担，做到登记机构、登记簿册、登记依据和信息平台"四统一"，实现不动产审批、交易和登记信息在有关部门间依法依规互通共享和依法公开查询。党中央和国务院颁发《关于地方政府职能转变和机构改革的意见》，指导地方政府接好管好中央下放职能、切实下放本级该放的权力、管好地方该管的事情。

1. 一批制约市场主体活力的行政权力被取消

国务院研究部署了公司注册资本登记制度改革工作，取消了有限责任公司最低注册资本 3 万元、一人有限责任公司最低注册资本 10 万元等注册登记限制，通过放宽市场主体准入条件，营造良好创业和就业环境，也减少了原有审

---

① 《江阴开展"3＋1"制度廉洁性评价》，《中国纪检监察报》2013 年 1 月 24 日。
② 《山东临朐"三化一制"增强制度廉洁性评估实效》，《中国纪检监察报》2013 年 1 月 21 日。
③ 《给权力运行中的漏洞打上"补丁"》，《中国纪检监察报》2013 年 9 月 1 日。

批过程中的廉政风险。税务总局取消"对纳税人申报方式的核准"、"印制有本单位名称发票的审批"和"对办理税务登记证的核准",这使纳税人能自行选择申报方式、印制单位发票,办理税务登记证将由原来的30天缩短为1天。新闻出版广电总局大刀阔斧地砍掉了设立出版物全国连锁经营单位、举办全国性出版物订货展销活动、在境外展示展销国内出版物等20项审批权,激发文化市场的活力,拓展民营文化公司的发展空间。国家铁路局取消铁路基建大中型项目工程施工、监理、物资采购评标结果审批等15项核心行政审批权力,使铁路工程项目招投标更加公开化、市场化。商务部取消了煤油气对外合作合同审批、境外商品期货交易品种核准,为"走出去"战略提供了便利条件。教育部取消了中外合作办学机构以及内地与港澳台合作办学机构聘任校长或者主要行政负责人核准、高校部分特殊专业应届毕业生就业计划审批等,进一步落实扩大高校办学自主权。

2. 一批"含金量高"的行政审批权由中央下放给地方

住房城乡建设部将建筑施工企业安全生产许可下放省级住房城乡建设行政部门,调动地方安全生产监管责任意识。国家发展和改革委员会将国家名胜风景区域内总投资5000万元以上的旅游开发和资源保护项目、世界自然文化遗产保护区内总投资3000万元及以上的项目以及分布式燃气发电、燃煤背压热电项目核准等12项投资审批权下放地方政府投资主管部门,有效激发了地方市场主体的积极性和主动性。工商总局将外国企业常驻代表机构登记、外国企业在中国境内从事生产经营活动核准下放省级工商行政管理部门,为地方政府招商引资提供了便利环境。这些简政放权的真行动展现了新一届政府"断腕割肉"的坚定决心,遏制了权力寻租的空间,为释放新的改革红利提供了有力的保障。

(三)探索制约决策权的有效路径

1. 推进决策权力适度分解与平衡

各地各部门广泛实行"一把手不直接分管""分层分类决策"等制度,将重要决策权力分解到几个岗位,或将一项权力的几个环节由多人经办,破解"一把手"权力过于集中的难题。吉林省建立"副职分管、正职监管、集体领导、民主决策"的工作机制，明确一把手不直接分管财务、干部人事、行政审批、工程建设和物资采购，推动领导班子权力配置科学化。四川省旺苍县出台《财务管理制度》《公务接待制度》等，通过推行"财务联审会签"和"任中、离任结合审计"的管理机制，有效分解了"一把手"过度集中的财务签批权力。① 中国电信集团公司在党组会议、总经理办公会、总经理专题办公会的基础上，成立预算委员会、采购委员会、产品委员会，对投资预算、重大采购、产品开发等专业性事项实行按内控权限分层分类决策。② 中国海洋石油公司实行三级集体决策机制，总公司党组与管理委员会、投资预算审查委员会和金融业务决策委员会在重大决策中拥有"双向否决权"。

2. 严格执行决策程序

江西、宁夏、四川等地严格落实调研取证、专家论证、风险评估、群众听证、合法性审查、集体讨论、备案公示等决策前置程序，切实把好重大行政决策关，确保决策科学化、民主化、规范化。浙江省绍兴市开发应用重大事项决策即时上报系统。各乡镇（街道）、部门累计在网上申报重大事项 1870 件，其中 151 件不规范的决策事项被责令整改。福建省长汀县在规划历史文化名城保护开发"一江两岸"项目中，将一期工程设计方案向社会公开，发放调查问卷 2856 份，接收意见建议近千条。中国海洋石油公司严格界定"三重一大"集体决策的内容，严格限制老基地内公共设施配套项目外的办公用房、办公设施项目和福利性、消费性项目，商业房地产开发、股票、金融期货项目进入决策程序，确保廉洁高效地发展主业。

安徽、甘肃、广西、山东等地还通过健全决策辅助制度，加强内控体系、财务管理、物资购销、选人用人等方面的配套制度建设，把决策权力行使纳入制度化、规范化、程序化轨道，确保"三重一大"决策相关制度落实到位。

---

① 《四川旺苍县加强对"一把手"的权力监督》，国家预防腐败局网站，http：//www.nbcp.gov.cn/article/lzfxfk/difang/201211/20121100019303.shtml，访问时间：2013 年 10 月 14 日。
② 《中国电信集团公司把权力关进制度笼子》，《中国纪检监察报》2013 年 2 月 24 日。

（四）以科技手段助推深层权力规控

近年来，各地各部门探索运用科技手段固化权力流程、实时跟踪留痕和嵌入式管控，努力实现对权力运行的可测和可控。2013 年，在搭建信息平台、配套基础设备、完善电子系统和软件的基础上，着力推动了数据共享和跨部门业务协作，提高廉政信息资源利用率。

1. 科技手段挤压"权钱交易"空间

铁道部门将实名制购票范围扩大到主要线路和列车，对所有列车实行互联网售票，提供 POS 机、中铁银通卡等多样化的支付手段，高铁主要车站支持旅客持身份证直接进出闸机，验票过程仅需 3 秒钟。通宵排队购票成为历史，"黄牛党"吃散伙饭，有效遏制了权钱交易和"倒票"现象，保障了购票公平。北京市规划委员会将规划管理电子监察平台与市监察局行政监察系统平台对接，严格限制利用控规调整权力、违规改变房地产容积率及用地性质等行为，实现了对控规中廉政风险的有效防控。[①] 江西省南康市专门构建了政府投资项目工程款支付电子监察平台，对财政资金拨付的时间节点、请款频度、拨付额度和使用渠道进行动态监管，有效遏制了工程规避招投标、严重超概算和违反拦标价二次审计等突出问题。[②]

2. 给权力装上"安全闸"

山东省青岛市依托全市统一的电子政务平台和部门业务应用系统，突出国有资产、房地产规划变更、土地监管等重点领域和关键环节，对行政决策权和自由裁量权进行嵌入式监督，通过共享基础设施、共享应用支撑平台和共享应用服务，推进了跨部门协作。福建省厦门市开发了非税收入综合管理信息系统，在 78 家执收执罚单位实现财政部门、执收执罚单位和金融机构业务数据的实时共享，有效地保障了交通违章罚款、会计从业资

---

① 《透视北京规划系统廉政风险防控》，国家预防腐败局网站，http：//www.nbcp.gov.cn/article/lzfxfk/difang/201212/20121200019794.shtml，访问时间：2013 年 10 月 14 日。
② 《江西省南康市运用科技手段严防工程建设领域腐败》，国家预防腐败局网站，http：//www.nbcp.gov.cn/article/jsyf/201301/20130100020162.shtml，访问时间：2013 年 10 月 14 日。

格考试费、国有土地出让金等非税收入及时、足额、安全地抵达国库。① 河北省秦皇岛市通过市场主体信用信息记录系统、信用评价系统和信用信息查询三大子系统，及时发布市场主体诚信行为记录，对违规违纪违法和失信行为进行曝光，敦促市场主体遵守正常交易秩序，提醒公权力行使者廉洁用权。

（五）重绩效狠问责提升权力运行效能

1. 发挥绩效管理的"指挥棒"作用

商务部引入中介机构对 2012 年项目进行绩效评价，为考评小组了解项目执行情况、提出考评意见提供了参考依据，增强了绩效评价的客观公正性。国土资源部设计了差别化的指标体系，根据机关司局和直属事业单位的不同性质和工作特点，实施定性与定量相结合、内部自评与外部测评相结合、过程管理与年终评估相结合的全方位考评。北京市高度重视引导区县政府加快转变经济发展方式，设置产业结构优化指标、资源节约和环境保护指标和科技创新成果及应用指标，强化对绿色、和谐、可持续发展的管理和考核。广东汕头市在推进东海岸新城建设项目的过程中实施行政效能监察与企业效能监察的"强强联手"，为推进融资、项目征地、用海手续、基建手续报批等工作进度提供了有力保障和支持。一年来，中国石化通过效能监察，分别避免和挽回经济损失、节约资金、增加经济效益 6.56 亿元。

2. 以高压问责促进"权责统一"

山东、浙江、江苏、海南、四川、贵州、广东等地重拳问责"慵懒散慢"的工作作风，狠刹收受"红包""回扣"歪风，对相关责任人员实行实名制曝光、连带式问责和零时差处置，对转作风起到了较好的效果。② 截至 2013 年 8 月，对全国 11 起重大责任事故，包括煤矿事故 4 起、交通运输事故 4 起、火灾爆炸事故 3 起，已全部进行了严肃问责。对涉嫌犯罪的 83 名责任人移送司法机关追究法律责任，对 134 名责任人分别给予纪律处分，其中涉及县处级干

---

① 《福建厦门：把非税收入赶进电子化管理的笼子里》，《中国纪检监察报》2013 年 4 月 30 日。

② 《"雷霆"重拳治"庸懒散慢"》，《中国纪检监察报》2013 年 9 月 13 日。

部30人。① 2013年3月29日，吉林省吉煤集团通化矿业集团公司八宝煤业公司发生重大瓦斯爆炸事故，造成36人死亡、12人受伤，直接经济损失4708.9万元，事故发生后，企业瞒报7人死亡。4月1日，通化矿业集团公司违反禁令擅自组织人员进入八宝煤业公司井下作业，又发生瓦斯爆炸事故，造成17人死亡、8人受伤，直接经济损失1986.5万元。依照有关法律法规，吉煤集团通化矿业公司董事长、总经理、副总经理，八宝煤矿总经理等16人被移送司法机关处理，给予负有领导责任的吉林省副省长、安全监管局长、白山市市长、副市长等5人记过问责。吉煤集团董事长、党委书记、总经理受到撤职、撤销党内职务、党内严重警告和降级等问责。② 此外，普宁人民医院非法买卖医疗垃圾事件、兰考孤儿院火灾事故、黑河个别单位违规购买和收受"特供酒"事件、毕节五男童闷死垃圾桶等社会关注度较高的事件，相关责任人均在第一时间受到严肃问责。事件同时引起对相关领域权力行使、监管存在问题的讨论与思考，高压问责将权力行使逼向正确、廉洁、负责任的方向。

四 着力监管公共资金资源资产

（一）重点监控公共资金"大盘"

1. 过"紧日子"严控"三公经费"支出

新一届政府在全国人大会上承诺"三公经费"只减不增。李克强总理在国务院第一次廉政工作会议上要求筑牢预算约束力的防线，建立公开、透明、规范、完整的预算制度，把政府所有收入和支出都纳入预算，逐步做到所有政府开支都要事先编制预算，让人民能有效进行监督。中央部门编制预算主动压缩"三公经费"支出，捆紧"钱袋子"。截至7月9日，2013年中央部门公务

---

① 《安监总局：11起重大事故83名责任人移送司法》，新华网 http://news.xinhuanet.com/politics/2013-08/20/c_117016769.htm? prolongation=1，访问时间：2013年8月21日。
② 《国务院严肃问责吉林两起特大事故》，新华网，http://news.xinhuanet.com/mrdx/2013-07/07/c_132518804.htm，访问时间：2013年8月21日。

接待费预算平均压缩了4.3%，最高的压缩了6%。2013年中央本级"三公经费"财政拨款预算79.69亿元，与2012年预算执行数相比减少1.26亿元。其中，因公出国（境）费21.65亿元，公务用车购置及运行费44.32亿元，公务接待费14.98亿元。7月，财政部发出通知，要求中央国家机关各部门对2013年一般性支出，统一按5%的比例压减，带头过"紧日子"。很多地方主动减少预算安排。如广西2013年公务接待预算比上年同期分别下降21.9%。江苏省级公务接待费用在年初预算的基础上，进一步压缩5%。海南省乐东县将县直各部门"三公"经费预算压缩30%。上半年绝大多数地方公务接待实际支出下降幅度较大。如江苏省全省公务接待费用支出同比下降27.9%。有的基层政府，下降幅度更大，如四川苍溪县乡镇公务接待费用同比下降达40%，海南省白沙县党政机关上半年公务接待费与上年同期相比减少281万元，减幅61.2%。春节和两会期间下降效果最为明显。如福州市第一季度月均公务接待费用比上年下降了77.9%。湖北荆州仅春节接待费就节省了300多万元。广西各市、县两级两会实际支出比预算减少了1601万元，减幅达43.42%。

2. 财务公开逐渐让群众"看得懂"

李克强总理在国务院第一次廉政工作会上提出，从2013年开始，要逐步实现县级以上政府公务接待经费公开。公开的形式要通俗，要让老百姓看得懂，可以有效地监督政府。8月，财政部发布了《关于推进省以下预决算公开工作的通知》，要求各省应于2015年之前在省内所有县级以上政府开展包括财政预决算、部门预决算及"三公"经费预决算、市（县）级汇总"三公"经费预决算等方面在内的公开工作。其中，2013年各省应至少选择20%的地市级和县级地区开展"三公"经费预决算公开工作，2014年所选地区应至少达到省内同级政府数量的50%。商务部在机关内网系统开设"财务信息公开"栏目，将2013年以来各司局会议、出差、培训等费用的支出情况、预算执行情况等向机关全体干部职工公开，接受干部职工的监督。2013年中央有关部门向社会公开预决算，并且公开了相关实物量信息，内容更加细化、时间相对集中、格式基本规范。2012年，各部门将教育、医疗卫生、社会保障和就业、农林水事务、住房保障支出5个类别科目的支出细项公开。2013年公开范围进一步扩展，将科学技术、文化体育与传媒2个类级科目的支出细项予以公开。

3. 全面推行公务卡制度

中央预算单位全面实施公务卡强制结算目录，除原使用转账方式结算的支出项目外，办公费、差旅费、会议费、公务接待费等16个公务支出项目都要使用公务卡结算，原则上不再使用现金。经过各级财政部门和预算单位协力推进。目前，绝大多数中央部门及所属1万多个中央基层预算单位，36个省（自治区、直辖市、计划单列市）本级、328个市（地）本级、2833个县（区）本级、7114个乡（镇），共计38万多个地方预算单位实行了公务卡制度改革。除部分偏远地区预算单位因缺乏公务卡受理环境暂无法实施改革等特殊因素外，公务卡制度基本实现全覆盖，成为我国公务支出管理领域的一项基础性制度。

4. 防止公共资金滥用

李克强总理在审计署考察座谈中提出，要强化审计监督，紧紧盯住、管好用好宝贵的财政资金，坚决保障好改善民生的支出特别是扶贫、救灾等"生存钱""救命钱"，当好公共资金的"守护者"，对各地方、各部门"三公"等行政经费使用情况加强专项审计，切实纠正公费接待、出国、购车中的违规行为。2012年度审计报告公开了57个中央部门单位2012年度预算执行相关情况，除对公共财政预算、"三公经费"、保障房等进行常规审计外，还对地方债、国家电影事业发展专项资金、中央部门会议费管理使用情况等作了专项审计。9月，财政部等部门联合下发《中央和国家机关会议费管理办法》，进一步明确了开支范围、标准和报销支付，强化了管理职责、监督检查和责任追究。11月，中共中央、国务院印发《党政机关厉行节约反对浪费条例》，对经费管理、国内差旅和因公临时出国（境）、公务接待、公务用车等进行全面规范。12月，中共中央办公厅、国务院办公厅公布新修订的《党政机关国内公务接待管理规定》，提出11项"禁止"事项和27项"不得"要求，推出了13项新举措，细化了公务接待的标准，力求根治公务接待顽疾，遏制"舌尖上的浪费"。一些地方采取开创性行办法实解决专项资金截留、挪用和不及时拨付等现象。例如，福建省仙游县财政局与莆田市财政局共同开发了公共资金监管系统，市、县、乡镇（街道）三级联动，集信息公开、资金追踪、动态监测、监管联动等功能于一体，使专项资金及时、足额拨付，拨付程序及结果在网上公开，并接受群众监督和举报。2013年6日，甘肃专员办与地方财政部门制定《中央财政支出联合监管实施办法》，明确了在支出监督方面开展联合监管的原则、范围、方式、监督成果利用等，在非税收入征收监缴方面加强协作，建立财政监督人才库，共同参与检查，共享检查成果，实现信息共享，同步监督。陕西凤翔推行强农惠农资金报账制。项目报账票据必须经实施单位、主管部门签字，附项目建设合同、招投标资料及工程量原始资料，经财政审核合格后予以报账。四川武胜注重乡镇纪检监察组织建设，纪检干部采取"听、查、核、访"等方式对强农惠农资金进行监督检查。

（二）重点监管土地矿产公共资源

1. 加强土地资源监管

国土资源部下发了《关于提升耕地保障水平全面加强耕地质量建设与管理的通知》《关于规范土地登记的意见》《农村集体土地所有权确权登记发证成果检查验收办法》，推进耕地质量等别年度更新和监测试点，强化耕地质量管护，规范土地确权登记程序。截至2012年底，农村集体土地所有权登记发证率达到94.7%。2013年11月，国土资源部和住房城乡建设部联合下发《关于坚决遏制违法建设、销售"小产权房"的紧急通知》，坚决查处"小产权房"在建、在售行为。国土资源部加大监管和督察力度，已形成"全国覆盖、全程监管、科技支撑、执法督察、社会监督"为一体的综合监管体系，建成"天上看、地上查、网上管、群众报、视频探"的立体监管网络，建立审核督察、例行督察、专项督察为核心的土地督察业务体系，研发全国国土资源遥感监测"一张图"，开通四级联网的"12336"国土资源违法举报电话，坚持每季度公开通报和挂牌督办一批重大案件，实行年度卫片执法检查集中约谈、进行问责，持续实施"1+8"组合政策①，开展耕地占补平衡专项督察和耕地保护责任目标情况检查，在有力保障合理用地需求的同时保住了18亿亩的耕地

---

① "1"是"增量计划"，"8"分别是"农村土地整治、增减挂钩试点、低丘缓坡开发、工矿废弃地复垦、城镇低效用地再开发、闲置土地处置、科学围填海造地和未利用地开发"。

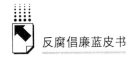

红线。

2. 加快统一规范交易市场建设

各地区各部门不断深化公共资源交易制度改革，公共资源交易市场建设呈现蓬勃发展态势。部分省、市、县已建成统一规范的公共资源交易市场，全国省市两级矿业权有形市场体系初步形成。目前各部门积极计划尽早进入统一规范的公共资源交易市场，中央国家机关有关部门决定将铁路、水利、公路和水运工程建设项目按照属地或授权原则，纳入地方招标投标中心或公共资源交易市场。水利工程招投标 2013 年 7 月 1 日起全部进入公共资源交易市场。公共资源交易活动进入统一规范的公共资源交易市场后，有关行业主管部门、监管部门将不再从事公共资源交易过程的具体操作。一些地方成立公共资源交易管理委员会办公室或招标投标监督管理局，加强对交易全过程的监管。各地各部门还抓紧组建综合评标专家库，目前已有 17 个省组建了省级综合评标专家库。

3. 用好看管公共资源的"电子眼"

2012 年全国第五次廉政工作会议上提出了"加快建设全国统一的电子化政府采购管理交易平台，实现政府采购业务全流程电子化操作"的信息化建设要求。2013 年 1 月 31 日，财政部公布了《关于印发〈全国政府采购管理交易系统建设总体规划〉和〈财政采购业务基础数据规范〉的通知》，明确了全国政府采购信息化建设的目标及数据标准。一些地方积极探索运用电子信息进行业务监管。如广西完成了以国土资源"一张图"数据库、综合审批系统、综合监管平台及综合统计分析系统为典型代表的"十大系统"建设，实现了全区国土资源数据全覆盖、全流程的网上综合审批与动态监管以及"以图管地""以图管矿""以图管海"的目标，形成了"天上看、地上查、网上管"的工作格局。"一张图"已广泛应用于自治区国土资源厅建设用地审批、探矿权和采矿权审批、市县建设用地远程报批、市县国土资源电子政务系统、土地征用、土地供应、补充耕地、耕地保护、地籍管理、卫片执法、规划管理和地质灾害预警预报防治等多个方面，间接产生经济效益 541 万元。

（三）重点监管楼堂馆所办公用房公共资产

1. 停止新建楼堂馆所和清理办公用房

2013 年 3 月，在全国人大会上，李克强总理代表本届政府庄严承诺："本届政府任期内，政府性的楼堂馆所一律不得新建"。5 月，国务院办公厅印发紧急通知，对各地、各部门修建政府性楼堂馆所情况开展清理检查。7 月 23 日，习近平在武汉主持召开湖北省领导干部座谈会，提出为老百姓服务的场所、便民利民的场所搞得好一点，看着心里舒服。如果是"官衙"搞得堂皇富丽，我看着不舒服。对党政机关违规建设的豪华楼堂馆所提出批评。① 7 月，中共中央办公厅、国务院办公厅印发《关于党政机关停止新建楼堂馆所和清理办公用房的通知》，要求在 5 年内，各级党政机关一律不得以任何形式和理由新建楼堂馆所，已批准但尚未开工建设的楼堂馆所项目，一律停建，要严格控制办公用房维修改造项目、全面清理党政机关和领导干部办公用房、严格规范党政机关办公用房管理。各地区、各部门、各单位正结合实际抓紧贯彻落实。如国家新闻出版广电总局成立工作领导小组，要求各司局、直属单位落实工作责任制，按时上交情况报告，按时完成各类统计报表填报，并建立健全相应管理制度。内蒙古自治区党委、政府建立工作组织协调机制，要求对未按规定履行审批手续的党政机关楼堂馆所建设和维修改造项目一律不得下达财政预算；对未按规定履行审批手续的党政机关楼堂馆所建设和维修改造项目一律不得供地。违规修建楼堂馆所，擅自改变办公用房使用功能以及出租出借办公房等违规行为受到查处。宁夏回族自治区政府常务会通过《关于进一步加强和改进政府投资项目管理的意见》明确强调，本届政府任期内不再审批、新建政府办公楼项目，并严格自治区政府投资项目的审批管理和投资金额。很多地方和部门一些原本准备新建楼堂馆所的地方立即予以停止，一些地方还对舆论曝光的"问题"楼堂馆所迅速进行了处置。如网民举报的某地级市职能部门拥有"超豪华办公大楼和高档酒店"，现在局长办公室挂上了"阅览室"的标牌。

---

① 2013 年 7 月 23 日新华社"新华视点"微博报道。

2. 统一规范中央文化企业国有产权转让

2013 年 6 月 17 日，财政部印发了《关于加强中央文化企业国有产权转让管理的通知》（以下简称《通知》）和《中央文化企业国有产权交易操作规则》（以下简称《规则》）。《通知》明确由财政部负责中央文化企业国有产权转让的监督管理工作，依法决定或批准中央文化企业及其重要子企业的国有产权转让；产权转让应当依法履行内部决策程序和审批程序，以经核准或备案的资产评估值作为转让价格参考依据；产权转让应当在上海和深圳文化产权交易所进场交易，对于受让方有特殊要求拟采取协议方式转让的，须报财政部批准；产权转让收益直接上交中央财政，纳入中央本级国有资本经营预算收入管理。《规则》对中央文化企业国有产权交易的场所、程序、方式和相关主体的法律责任等方面予以明确，在转让公告、提交资料等方面结合文化企业特点提出了要求。细化交易流程，注重审核转让过程的合规性，明确交易过程的监管要求和管理责任。

五　强化公职人员道德诚信和行为规范

（一）以核查个人有关事项报告强化诚信意识

十八届中央纪委第二次全体会议提出，要"认真执行领导干部报告个人有关事项制度，并开展抽查核实工作"，以此强化党员干部诚实守信行为。2013 年 5 月 17 日，王岐山同志在中央巡视工作动员暨培训会议上要求中央巡视组"对领导干部报告个人有关事项进行抽查，提高巡视的针对性和有效性"。6 月，中央派出 10 个巡视组对内蒙古、江西、中国人民大学等地区和单位开展巡视，核查领导班子个人事项报告情况是本次巡视工作的一项重要内容。为进一步规范报告材料汇总综合工作，中央纪委、中央组织部起草制定了《领导干部个人有关事项报告材料汇总综合办法》，对汇总综合的主体、内容、时限、成果运用和工作纪律等做出了规范。根据中央部署，广东、上海等地也开展了个人有关事项报告的抽查试点工作。广东省制定的《从严治党五年行动计划》规定，"对个人应报告的重要事项隐瞒不报或作虚假报告的，一经发现，一律先停职再作调查处理"。广东省正逐步将领导干部报告个人有关事项纳入省预防腐败信息共享平台，定期对领导干部报告个人有关事项和领导干部配偶、子女均移居国（境）外的情况进行分析评估，对苗头性、倾向性问题进行专项治理。① 广州市南沙区率先试水抽查核实工作，将按照15%的比例抽查核实有关重大事项申报情况。② 上海市将抽查核实对象拟扩大为部分市管干部和所有拟新提任为市管干部的人员，抽查核实的内容拟扩大为目前要求领导干部申报的全部内容。③ 江苏省金湖县将上半年新提拔的26名科级干部和2012年度各单位领导班子述廉考核列末位的46名班子成员作为首批个人事项报告抽查对象，并对其中存在个人房产状况、婚姻状况申报不实以及个人开办公司等情况的10名科级干部进行了问责。④ 新疆博湖县把报告对象从县级以上领导干部延伸至党政机关、企事业单位、社会团体中在职的科级领导干部、副主任科员及以上非领导职务的干部，近期可提拔乡科级副职人选，村"两委"正职等600余名党员干部，报告内容从过去的学历、身体状况、社会兼职情况等延伸至个人工作经历、奖惩培训情况，报告对象的家庭拥有车辆、土地、林地情况，主要社会关系、主要邻里关系、海外关系等情况。⑤ 通过扩大对公职人员整体廉洁状况的监督面，督促干部向组织说真话、报实情。

（二）以转变作风的实际行动取信于民

1. 督促干部走进群众为民服务

"八项规定"实施以来，各级领导干部开始从文山会海和接待应酬中走出来，把时间和精力用在深入调查研究和解决实际问题上。中央电视台、人民日报等主流媒体改进了新闻报道模式，对"会见、外交、会议"等以领导活动

---

① 《广东省纪委会同省委组织部将抽查官员财产报告》，《南方日报》2013年7月4日。

② 《南沙将率先试水领导干部重大事项报告官员申报抽查比例拟定15%》，http：//epaper.oeeee.com/M/html/2013－03/22/content_1826224.htm，访问时间：2013年4月25日。

③ 《新提任市管干部将抽查个人事项报告》，http：//www.dfdaily.com/html/21/2013/4/11/976477.shtml，访问时间：2013年4月25日。

④ 《申报个人事项不实淮安问责10官员》，http：//www.dfdaily.com/html/33/2013/8/20/1056264.shtml，访问时间：2013年8月21日。

⑤ 《新疆博湖县：领导个人事项报告"双延伸"》，http：//www.gjfs.com.cn/mos/cms/html/255/1061/201304/38606.html，访问时间：2013年6月8日。

为主的时政新闻报道"瘦身"，将镜头更多地对准住房、教育、医疗、就业、养老等与民生息息相关的内容。不少部门和地区对领导干部下基层进行强制性规定，国土资源部规定，部党组成员每年至少到基层调研1个月。公安部要求领导干部下基层调研不得警车开道，不得交通管制。教育部规定，部领导到基层调研司局陪同人员不超过3人。上海市将每周四定为下基层调研日，同时要求市委市政府领导下基层调研每年不少于2个月，调研不事先踩点，不安排布置，注重听真话、察实情。杭州市规定市领导每季度至少参加1次群众来访接待，每年参加3次以上定点接访和1次以上集中下访约访活动。福建省开展了"四下基层"活动，推进领导干部到基层开展信访接待、现场办公、调查研究和宣传党的方针政策，帮助群众化解矛盾、解决诉求，促进发展。云南省出台了《改进调研联系群众转变作风实施细则》，对调查研究提出了八个方面的要求，其中尤其强调到基层调研不打招呼、"一竿子插到底"、领导自己写报告。

2. 督促公职人员拒奢节俭

中央纪委先后下发了《关于在全国纪检监察系统开展会员卡专项清退活动的通知》，以及对于公款月饼、公款贺卡和公款烟花爆竹的系列"禁令"，结合关键时间节点防止公款浪费。按照中央"厉行节约，杜绝浪费"有关规定要求，各级党政部门开始逐步简化公务礼仪，出行活动轻车简从，严格执行公务用车、公务接待、出国境管理等规定，倡导朴素节俭的德行操守。中宣部等5部门联合下发了《关于制止豪华铺张、提倡节俭办晚会的通知》，制止豪华晚会和节庆演出，狠刹滥办展会、滥请高价"明星""大腕"的歪风。中秋期间，各地电视台纷纷精简和控制晚会规模，不少电视台取消了中秋晚会。中央纪委先后下发了"狠刹中秋国庆期间公款送礼等不正之风"和"严禁公款购买印制寄送贺年卡等物品""严禁用公款购买赠送烟花爆竹年货"的通知，根据中央要求，各地严格禁止中秋节、国庆节公款送月饼送节礼、公款吃喝和奢侈浪费等现象，防范"节日腐败"。国家审计署把查处大吃大喝、大操大办、奢侈浪费行为作为审计监督的重要内容，在预算执行、经济责任等审计中，高度关注各地各部门会议费、招待费、出国费和公车购置费等安排使用情况。全国纪检监察系统和人民法院系统开展了会员卡专项清退活动，要求各级干部自行清退所收受的各种名目的会员卡，做到"零持有""零报告"。新疆维吾尔自治区要求对外接待工作用餐不超过45分钟，禁止区内各单位之间用公款相互宴请。安徽省专门制定了《省直单位接待经费管理暂行办法》，要求公务接待安排自助餐或工作简餐，标准为每人每天不超过90元。湖南省严禁豪华装饰公务用车，要求领导干部逐步换乘国产自主品牌汽车。河南省要求在筹办各种节会活动时做到"俭"字当先，严格控制活动经费开支和活动规模。在全省推广建立了4987个公务灶，实行公务灶接待的单位，接待费平均下降20%。[①] 银川市针对公务浪费行为制定了专门的问责办法，对公务活动、公款使用、单位内部管理、车辆配置和使用中违反勤俭节约规定的26种具体行为实行问责，问责形式包括警示谈话、效能告诫、诫勉谈话、考核扣分、取消评先等10种。[②] 江苏省逐步将公务接待、商务接待纳入制度化、规范化的轨道，要求公务活动期间，"不跨地区迎送，不张贴悬挂标语横幅，不铺设迎宾地毯，不得以任何名义赠送礼金、有价证券、各类纪念品和土特产"等。[③]

3. 督促党员干部遵守社会家庭道德规范

在加强从政道德建设的同时，党员领导干部也应对自身道德修养和生活作风严格要求，主动管好自己的事，为公众做出表率。重庆市颁布了"党员干部生活作风'十二个不准'"，把原则性要求变成具体可操作的"铁的纪律"，对"赌博，酗酒滋事，婚丧喜庆事宜大操大办，不尽抚养、赡养、扶养责任，与异性进行不正当交往或保持不正当关系"等行为进行了明令禁止。[④] 浙江湖州市探索推行社区评议领导干部，由社区党组织根据平时了解、掌握、核实的领导干部个人修养、社会交往、家庭生活、公益活动、遵纪守法等情况，如实填写"领导干部社区表现记实卡"，定期不定期地向组织部门反馈。[⑤] 青岛市从一线职工、社区居民、机关党员干部、企事业人员、民主

---

① 《河南省落实"八项规定"以实际行动转变作风见闻》，《河南日报》2013年6月18日。
② 《银川要求厉行勤俭节约 26种公务浪费将被问责》，《人民日报》2013年6月3日。
③ 《江苏规范公务商务接待：简化迎来送往严禁奢华接待》，《新华日报》2013年8月28日。
④ 《重庆市党员干部生活作风"十二不准"》，《重庆日报》2013年9月12日。
⑤ 《湖州：监督领导干部八小时之外的"一举一动"》，http://zzgz.zjol.com.cn/zzgz/system/2013/03/25/019234597.shtml，访问时间：2013年7月18日。

党派、工商联和无党派人士中聘请了 100 名干部监督员，对领导干部 8 小时之外的"生活圈""社交圈"等隐蔽领域进行监督，督促领导干部严格自律，谨言慎行，改进生活作风。宿迁市宿城区在 25 个城市社区建立了"16 小时"党支部，将 3286 名在职党员全部纳入居住地社区"16 小时党支部"管理，要求党员干部在 8 小时工作之外开展社区志愿服务，并实行双岗履职、双重管理、双向考评，促进党员干部主动服务社区群众，履行社会职责。①

（三）完善公职人员道德诚信守则

1. 制定可行的行业规则和岗位操守

针对公共服务部门和行业存在的不正之风和公职人员的行为失范现象，一些地区和部门逐步把道德诚信建设摆在更加突出位置。广播影视系统结合行业和岗位职责要求，制定了细密的行业规范和行为指引，对违背道德诚信的行为提出明确禁止性要求。中组部、中宣部、教育部党组联合印发《关于加强和改进高校青年教师思想政治工作的若干意见》，要求强化青年教师职业理想和职业道德教育，实行师德"一票否决制"，促进青年教师严守教育教学纪律和学术规范，激励青年教师爱岗敬业，以高尚师德、人格魅力和学术风范教育感染学生。公安部出台"三项纪律"，要求公安民警"决不允许面对群众危难不勇为、决不允许酗酒滋事、决不允许进夜总会娱乐"，着力规范公安民警行为。② 民政部在全国范围内部署开展行业协会行业自律与诚信创建活动，要求行业协会逐步探索建立社会评价、失信惩戒和"黑名单"等行业信用管理制度，鼓励行业协会设立专门自律与诚信工作机构，行业协会研究制定行业职业道德准则，规范从业人员的职业行为。③ 为落实卫生部制定实施的《医疗机构从业人员行为规范》，安徽省颁布了具体实施细则，明确对管理人员、医师、护士、药学技术人员、医技人员等 6 类医疗机构从业人员的行为规范，要求医师不得索取和非法收受患者"红

---

① 《江苏宿城依托社区"十六小时党支部"监督"八小时以外"》，《中国纪检监察报》2013 年 7 月 5 日。

② 《公安部出台"三项纪律"》，公安部网站，http://www.mps.gov.cn/n16/n1237/n1342/n803715/3906978.html，访问时间：2013 年 10 月 9 日。

③ 《行业协会将建诚信"黑名单"》，http://news.xinhuanet.com/gongyi/2013 - 04/08/c_ 124550 868.htm，访问时间：2013 年 6 月 5 日。

包"、礼品等财物，不得违规参与医疗广告宣传和药品医疗器械促销。如违反有关规定，将面临解聘、调离岗位等处理，涉嫌犯罪的移送司法机关依法处理。① 南昌市重点强化医德医风建设，规范诊疗行为，纠正和查处滥检查、大处方、乱收费、收受回扣、索要和收受"红包"等行为。② 江苏省南通市制定出台了《教育系统师德师风暂行标准》《警察职业道德诚信准则》《医德考评制度》等，形成具有行业特征的廉洁诚信标准。

2. 分层分岗强化道德诚信意识和行为

一些部门和地区将公职人员道德诚信教育纳入经常性教育培训范畴，督促公职人员遵守道德诚信行为规范。黑龙江、天津、浙江等地持续开展分层分岗廉政教育，综合运用电视宣传片、宣传手册、主题实践活动等多种形式，将公务道德教育的内容寓于公务人员的日常管理和工作中，不断增强公务道德教育的针对性、实效性。山东东营从思想、工作、心理疏导等方面，对全市 678 个重点岗位的 736 名工作人员实施廉政关爱教育，帮助其在工作中调整心态和情绪，强化廉洁自律意识。③ 广东省中山市紧扣"领导干部"角色身份和职务特点，从政治品质、社会公德、职业道德、个人品德、家庭美德等 5 个方面为领导干部编制"道德行为指南"，具体提出了"依法秉公用权""严格要求亲属""培养高雅志趣"等 20 条行为指引。④ 广州市发布的《公务员职业道德手册》，包括了忠诚、为民、依法、公正、守信、尽责、务实、服从、保密、协作、节俭、遵纪、廉洁、勤学、达礼等内容，将公务员职业道德和信用情况纳入绩效考核的重要事项，对公务员职业道德、信用进行监督、征信、考核。

（四）防治公职人员失德失信行为

2013 年 5 月，河北、上海、浙江、山东、湖北 5 个试点省市均正式宣布成立新闻道德委员会，各省成立新闻道德委员会，旨在加强新闻职业道德建

---

① 《安徽省医疗机构从业人员行为规范实施细则出台》，http://www.ahwang.cn/anhui/20130725/1300200.shtml，访问时间：2013 年 8 月 21 日。
② 《南昌严查"因人设岗""吃空饷"治理医疗乱收费》，http://www.chinanews.com/sh/2013/05-31/4880221.shtml，访问时间：2013 年 6 月 5 日。
③ 《东营对重点岗位开展廉政关爱教育》，《中国纪检监察报》2013 年 6 月 3 日。
④ 《广东中山领导干部道德行为有"指南"》，《中国组织人事报》2013 年 7 月 12 日。

设、强化新闻行业自律、规范新闻采编行为，促进新闻事业健康发展。国家新闻出版广电总局专门开通了新闻采编人员不良从业行为举报电话"12390"、"010—65212870"和"010—65212787"，加大对新闻敲诈、有偿新闻、虚假报道、强制发行报刊等问题的监督和查处力度。① 中国社会科学院在创新工程考核过程中，把廉洁自律、学风作风、述职述纪、民主评议等情况作为对创新岗位评价的重要依据。通过创新课题经费管理制度，从源头上防治科研人员虚假报销课题费、虚列会议费等常见违规问题，将市内交通费、餐饮费、办公用品费和劳务费支出限定在较低比例，要求使用公务卡和支票结算，保证科研经费使用真实合规。延安市建立了人力资源电子监管制度，全市 574 个市级机关事业单位的人员信息被全部录入。从 2012 年 9 月至 2013 年 6 月，延安查处各类"吃空饷"人员数千人，追缴"吃空饷"资金 346 万余元，88 人受到责任追究，16 名县处级领导干部因未如实填报家属在岗情况受到全市通报批评。② 南通市建立了领导干部道德诚信考评机制，组织开展党员领导干部年度述职述廉述德活动，把道德操守评议测评结果作为领导干部考核评优、晋职晋级的主要依据之一，并在司法、教育、卫生等行业全面推行诚信档案制度，建立信息共享机制。为确保"述廉述德活动"不走过场，湖南永州要求干部述廉述德报告经纪委审核通过后在永州廉政网上公示，接受社会各界对被评议对象的意见和建议，并在被评议人所在县区或单位组织开展民主测评，力求比较全面和客观地掌握述廉述德对象的德、廉方面的情况。

六 社会廉洁文化创建活动丰富多样

（一）拓宽廉洁文化覆盖面

适应社区居民的文化需求，开展形式多样的以廉洁为主题的群众性文化艺

---

① 《新闻出版广电总局设立新闻采编人员不良行为举报电话》，http://news. xinhuanet. com/politics/2013 – 06/04/c_ 116032030. htm，访问时间：2013 年 6 月 5 日。

② 《9 个月内延安查处"吃空饷"数千人 追缴资金 346 万》，http：//www. sxdaily. com. cn/n/2013/0608/c324 – 5150250. html，访问时间：2013 年 6 月 10 日。

术活动，营造廉荣贪耻的社区人文环境。广西各地把廉洁文化建设纳入社区建设总体规划，在社区建立廉政警示栏、廉政宣传橱窗，张贴廉政宣传画，利用社区图书馆（室）设立廉政书报专柜，在社区休闲场所建立廉政文化角，举办廉政讲座，播放廉政影视，组织廉政文娱演出。厦门市湖里区金山社区整合利用社区资源，发挥社区文化活动场所、文化设施的作用，建设了社区廉政清风园、廉政文化长廊、廉政文化广场，组织居民创作演出廉政小品、相声、歌曲、戏剧等，利用 LED 电子显示屏、电梯显示屏等设备滚动播放廉洁文化作品。

把青少年廉洁教育作为实施素质教育的重要内容，开展各类青少年廉洁教育实践活动，深入推进校园廉洁文化建设。宁波市江东区将廉洁教育纳入教育体系、融入特色教育、建立评价模式，逐步形成分年龄、分时段的廉洁教育机制，[1] 在校园文化建设中有机融入廉洁文化元素，让学生"眼所观、性所致、手所及"，接受廉洁文化的熏陶，将特色教育与廉洁教育相融合，形成"一校一特"的生动局面。[2] 宁夏回族自治区编写了小学、初中和高中三个版本的廉洁教育系列教材，进入"宁夏中小学教学用书目录"，从 2012 年秋季起，免费发放给全区中小学生循环使用。[3] 从 2014 年起，宁夏将把廉洁教育纳入全区"初中毕业暨高中阶段招生考试"。[4] 广东省惠州市纪委与惠州学院联合举办学生"廉洁诚信"为主题的辩论赛，进行廉洁公民宣誓。[5]

结合社会主义新农村建设和美丽文明乡村建设，通过送文化下乡活动等文化惠民措施，使廉洁文化进入农村日常生活。浙江绍兴利用农村看"社戏"的习俗，开展"越乡清风千村万里行""廉政越剧大家唱"等活动，把廉洁文化戏曲送到农村各地。江苏南京高淳区组织镇村干部和村民代表到农村党员干部勤廉教育馆参观，上廉政党课，把灌入式教育转变成现场直观教育，用身边

---

[1] 幼儿重点加强"有爱心、懂节约、守纪律"的教育，小学生重点加强"真诚待人、文明礼仪、爱护公务、遵守纪律"教育，中学生重点加强"诚信意识、道德意识、自律意识、法律意识"教育。

[2] 柯涛涛、陈浩：《廉雨润心伴祖国花朵成长》，《中国纪检监察报》2013 年 6 月 4 日。

[3] 廉洁教育作为宁夏地方课程，小学在五年级开设，初中在二年级开设，高中在一年级开设，小学为 10~12 个课时，初高中各为 12~14 个课时。

[4] 王利宏：《宁夏将廉洁教育纳入中考》，《中国纪检监察报》2013 年 5 月 16 日。

[5] 陈惜辉：《校园廉政辩论赛》，《中国纪检监察报》2013 年 6 月 26 日。

人、身边事教育村干部和村民。[①] 河南鲁山县张沟村主干道两旁立着廉政文化宣传标牌；村头廉政文化广场上，设立廉政文化宣传栏；村委会大院里，廉政书屋、廉政电教室一应俱全。

结合企业生产经营管理，把企业廉洁文化建设纳入企业发展战略，融入企业党建工作和文化建设之中。中国移动北京公司理顺廉洁文化建设、党风建设和企业文化建设的关系，把廉洁文化的内涵融入企业理念、企业精神、企业核心价值之中，制定了细分教育对象、丰富教育内容、创新教育方式、开展教育活动的教育防腐"四部曲"。[②] 浙能集团充分利用企业报刊、网站、宣传栏广泛开展反腐倡廉建设形势教育、警示教育、党纪党规教育等活动。[③] 云南省引导非公有制企业把廉洁文化建设与企业文化建设相结合，强化对企业负责人和关键岗位人员的教育、监督和管理。曲靖市沾益县广厦房地产开发有限公司提出"向廉洁要效益"的新战略，公司内部形成了"学廉、倡廉、崇廉、守廉"的良好氛围。[④]

（二）建设各类廉洁文化阵地

挖掘历史文化名胜、旅游景点中蕴含的廉洁文化资源，使之成为弘扬廉洁文化的重要场所。江西景德镇市打造了浮梁古县衙廉政文化基地、新四军瑶里改编地、红十军诞生地等红色廉政文化示范点。[⑤] 浙江宁波市在"清风园"建设中，以慈城古县衙为依托，先后投入资金近1000万元，使改造后的"清风园"总占地面积达5862平方米。[⑥] 绍兴市依托周恩来同志祖居，建成浙江首批廉政文化教育基地"周恩来风范园"，大力弘扬周恩来同志廉洁奉公、勤政爱民

① 王冀、刘小良：《欣闻"慢城"溢"廉"香》，《中国纪检监察报》2013年5月21日。
② 晶怡：《中国移动北京公司：构建城防体系建设与生产经营的"双螺旋"》，《中国监察》2013年第4期。
③ 浙能集团：《积聚反腐倡廉建设"正能量"》，《中国纪检监察报》2013年1月2日。
④ 黄波：《云南扎实推进非公有制企业防治腐败工作——"内外兼修"促发展》，《中国纪检监察报》2012年6月27日。
⑤ 江景：《古为今用推陈出新》，《中国纪检监察报》2013年6月5日。
⑥ 颜新文：《"薪火相传"唱廉歌——浙江省探索创建"廉政文化教育基地"纪事》，《今日浙江》2012年第22期。

的精神风范，已有750.36万人次到教育基地学习参观。① 陕西省挖掘整理和拓展充实当地爱国主义教育基地、革命纪念馆（地）、历史文化名胜中蕴含的廉政资源，相继建成21个主题鲜明、各具特色的省级廉政教育示范基地。② 井冈山市打造了以荆竹山为代表的"廉政纪律教育基地"、以井冈山革命博物馆为代表的"廉政传统教育基地"、以看守所和法院庭审现场为代表的"廉政警示教育基地"等五大廉政教育基地。③

建设廉政文化景观，设置与城乡环境相协调、与自然生态相融合的廉政文化设施。福建省厦门市思明区建成全长4.5公里的厦门老铁路廉政法治文化长廊。该长廊以"思廉明志·清风鹭岛"为主题，由"莲之高雅"和"竹之高节"两部分组成，廉政组雕、石刻小品、创意画等点缀其间，是全国最长的廉政法治文化长廊。④ 山东潍坊市在车站、机场、公园、广场等大型公共场所设置廉政文化角，把廉政文化宣传引入公交车和公交站台。⑤ 山东淄博市临淄区建设了晏婴公园、齐文化生态园、太公广场等廉政主题公园，通过大量廉政文化景观和雕塑，以艺术性的表现手法，为市民创造一个温馨和谐、潜移默化、寓教于乐的休闲娱乐环境。⑥

（三）提升廉洁文化成果质量

中共中央政治局2013年4月19日第五次集体学习，中国社会科学院中国廉政研究中心两位副理事长就"我国历史上的反腐倡廉"进行了讲解。中共中央总书记习近平在主持学习时强调，要"研究我国反腐倡廉历史，了解我国古代廉政文化，考察我国历史上反腐倡廉的成败得失"。两位专家从"历代王朝腐败的表现""古代反腐败的思想和制度设计"等角度解读了古代吏治的成败得失，指出历代王朝存在用人不公、权钱交易、贪婪奢

① 傅祖民：《浙江绍兴：着力打造"名士清风"品牌》，《中国纪检监察报》2013年5月30日。
② 陈晓声、陈金来：《以史为鉴 倡廉育人——陕西开展省级廉政教育示范基地建设纪实》，《中国纪检监察报》2013年5月22日。
③ 颜芳明：《井冈山有朵不败的花》，《中国纪检监察报》2013年6月19日。
④ 何劲松、卢弘：《思明"思廉明志"清风来》，《中国纪检监察报》2013年5月30日。
⑤ 郭瑞燕：《潍坊：四举措扩大廉政文化影响力》，《中国纪检监察报》2013年1月30日。
⑥ 邢强：《临淄区 传统文化育廉洁之花》，《中国纪检监察报》2013年5月20日。

靡、正气不彰等腐败现象，古代政治家、思想家提出的以民为本、信贤尚贤、循名责实、公私分明、正身律己、家国同构等廉政思想对于廉政文化建设具有启发意义，古代官员管理选用与管理制度、奖励与养廉制度、监察与权力制衡制度、舆论监督制度及惩贪治腐制度对于今天的廉政建设亦有借鉴价值。2013 年以来，专家学者发表了大量有关我国历史上优秀廉洁文化的论著。[1]

北京市利用首都丰厚的文化教育资源，广泛吸纳专家学者参与廉政文化理论研究，市纪委、监察局与市委宣传部联合组织北京市社会科学院有关专家组成课题组，在全国率先开展"中国古今官德研究"，出版发行《史说官德》《大道官德》《为官史鉴》《申论官德》等四部专著。北京市东城区就"北京廉政历史文化"开展专题研究，以北京建都 860 周年为契机，举办"廉者仁心——古代廉政历史文化展览"，揭示北京金、元、明、清四朝"成由勤俭败由奢"的历史规律。[2] 中国社会科学院中国廉政研究中心和国际阳明学研究中心合作开展了"王阳明廉政思想与行为"课题研究，并出版文集。

传统载体与创新形式相结合丰富廉洁文化产品。福建省将廉政主题融入戏剧创作，开展廉政戏剧创作演出活动，近三年来共创作廉政小戏 120 多出，其中从传统戏剧中挖掘、整理折子戏 50 多出，新编廉政小戏 70 多出。[3] 福建芳华越剧团开展"廉政文化进社区"越剧专场活动，演出的廉政折子戏广受观众欢迎。平顶山市宝丰县利用"一日能看千台戏，三天能读万卷书"的国家级非物质文化遗产"马街书会"，将当代廉政楷模、典型腐败案例编排成曲艺节目搬上舞台，使观众接受廉政文化的熏陶和影响。[4] 景德镇组织陶瓷艺术大师创作保廉灯、百廉钟、尚廉瓷板、清廉瓶等青花瓷精品。汝州市利用汝瓷文化开发寓意清廉的汝官瓷笔筒、茶具等作品，刻绘上廉图、廉句、廉文。浙江临海市利用第一批国家级非物质文化遗产黄沙狮子和临海词调的资源，以"一武一文"的艺术

---

[1] 例如，李书君：《韩非子思想的廉政启示》，《中国纪检监察报》2013 年 5 月 26 日；余华青：《中国古代廉政建设的基本经验》，《中国纪检监察报》2013 年 5 月 15 日等。

[2] 王新民：《古韵新声 以文化人——北京创新廉政文化建设纪实》，《中国纪检监察报》2013 年 5 月 14 日。

[3] 《深圳廉洁城区建设亮点纷呈》，《中国纪检监察报》2013 年 1 月 15 日。

[4] 李修乐：《鹰城大地廉潮涌——平顶山廉政文化建设纪略》，《中国纪检监察报》2013 年 2 月 6 日。

形式诠释了刚正不阿和重德修身的廉洁内涵。[①] 湖南凤凰县组织30余名苗族歌师将党纪法规及本县名人清廉故事等改编、整理成专集《廉政苗歌100首》，组织百余名苗歌爱好者在全县巡回传唱。[②] 各地还创新载体，一大批以廉政为主题的动漫、微电影、微视频被制做出来，对年轻受众起到了积极的教育效果。

推介和传播廉洁文化优秀作品。中央纪委在全国范围内开展了廉政文化优秀作品征集推选活动，建立廉洁文化精品库。国家新闻出版广电总局精选《生死抉择》《忠诚与背叛》《雨中的树》等10部廉政题材国产影片，制作了《中国电影集锦——廉政文化建设专辑》，发送各地各部门纪检组织组织干部观看。2013年10月，中纪委监察部网站为河北邱县的廉政漫画开辟了专栏，挂出一批作品。山东新闻出版局推动全省18个主要报刊设立了反腐倡廉专栏，2012年以来，共刊登反腐倡廉类文章5660多篇，加强对中央关于反腐倡廉重大决策部署、形势任务和工作成效的宣传，弘扬社会主义核心价值观。[③] 厦门市思明区开通了全国首个纪检监察微博群——"@思廉明志·思明纪检监察"微博发布厅，整合7个区直部门、10个街道、96个社区居委会的官方微博，通过部门、街道、社区互动以及与"粉丝"的交流，在累积民意和汇聚民智的同时，使微博成为传播廉洁文化的新阵地。[④] 亚洲最大的国家级电影博物馆——中国电影博物馆依托其丰富的馆藏影片资源，利用新中国成立以来拍摄的红色经典影片、主旋律影片、廉政教育影片，举办了"风清气正扬宗旨——北京市反腐倡廉教育影像展"，截至目前已接待观众9万余人次。[⑤] 全国优秀廉政公益广告展播于2012年10月底在全国启动，各级电视台、电台、重点新闻网站参与展播，利用车站、机场、商业街区、城市社区、旅游景区等公共场所

---

① 黄曼影、邵莎莎：《推进廉政文化建设"乡土工程"》，《中国纪检监察报》2013年5月19日。

② 吴勇英：《凤凰：活用苗歌开展廉政教育》，《中国纪检监察报》2013年6月29日。

③ 陈钦峰：《山东新闻出版局：发挥职能优势增强廉政文化影响力》，《中国纪检监察报》2013年1月16日。

④ 目前，微群发布厅粉丝数已超过10万人，113个微博群成员单位共发布微博2.3万条，跟进处置纠风效能、爱心传递等方面问题1200余个。参见何劲松、卢弘《思明"思廉明志"清风来》，《中国纪检监察报》2013年5月30日。

⑤ 王新民：《古韵新声 以文化人——北京创新廉政文化建设纪实》，《中国纪检监察报》2013年5月14日。

LED 显示屏，以及货车、飞机、地铁、城市公交移动电视等各类载体循环播放。①

七 社会公众对反腐倡廉建设的认同与期待

中国廉政研究中心课题组问卷调查显示，党的十八大以来，新一届中央领导层真抓实干，正作风、治特权、"打老虎"，社会出现人心回暖思进之潮。78.7% 的受访者认为目前党和政府的反腐败工作效果明显，比 2012 年上升 14.6%；88.5% 的受访者对党和国家的反腐败努力程度表示认可，比 2012 年上升 11.55%；73.7% 的人对今后 5～10 年我国反腐败工作取得明显成效有信心，比 2012 年上升 13.7%。总体上看，把权力关进制度"笼子"的决策力、加强作风建设的执行力、打老虎苍蝇的震慑力和践行群众路线的向心力正汇成合力，公众普遍认为党的十八大以来我国反腐倡廉建设呈现新特点。

1. 政治局颁布八项规定确立了作风标杆

八项规定从"轻车简从不搞迎送""不铺地毯不摆花"等具体行为入手，为端正党风政风"打样"，反映了中央新一届领导集体的勤廉施政风向。各地区各部门结合实际情况，细化举措，纷纷制定密切联系群众、严控公款消费、改进工作作风的落实办法，取得明显成效。军队从治理军车、严控会议经费、高级将领下连当兵等具体举措抓起，整肃军容军纪出现新变化。

2. 中央纪委重拳治理"成风"问题效果明显

中央纪委监察部在全国纪检监察系统开展会员卡专项清退活动，树立了"打铁自身硬"的良好形象；通过明令严禁中秋国庆公款送礼等不正之风，打响了治理"节庆腐败"的攻坚战；严禁用公款印制贺年卡和挂历、公款购买烟花爆竹等行为，把治理消极腐败现象的覆盖面继续扩展。一系列掷地有声的通知，收到了明显效果，虽是初步的但得到了社会广泛认同。

3. 国务院简政放权限权深得人心

新一届中央政府明确提出"楼堂馆所不得新建、财政供养人员只减不增、

---

① 钟继轩：《全国优秀廉政公益广告展播引起社会广泛关注》，《中国纪检监察报》2013 年 6 月 25 日。

三公经费只减不增"等具体目标，"让人民过上好日子，政府就要过紧日子"的理念深入人心。把行政审批制度改革作为转变政府职能的突破口和释放改革红利、打造中国经济升级版的重要一招，把取消和下放行政审批事项的工作情况纳入部门年度考核的主要内容，并对必要的行政审批加强规范，为预防腐败夯实基础。

4. "开门反腐"激励了社会有序参与

反腐败工作向新媒体高科技平台延伸，中央纪委监察部正式开通官方网站，在开放透明的网络环境中治党执纪。同时，最高人民法院、最高人民检察院适时公布了关于办理利用信息网络实施诽谤等刑事案件适用法律若干问题的解释，以"网络谣言入刑"的法治方式促进了网络监督的规范化发展。

5. 高强度惩腐彰显反腐决心

党的十八大之后，从地方到军队，从机关到国有企业，中国治理腐败的触角不断延伸，力度持续加大。截至 2013 年 11 月初，已有 12 名省部级领导干部因严重违纪问题被查办，办案的力度增强，对腐败的高压态势得到国内外媒体的广泛关注和积极评价。对原中央政治局委员、重庆市委书记薄熙来的依法公审和宣判，更是彰显了反腐决心和司法公信。

党的十八届三中全会通过的《中共中央关于全面深化改革若干重大问题的决定》强调，全面深化改革的总目标是完善和发展中国特色社会主义制度，推进国家治理体系和治理能力现代化。社会公众普遍期待，反腐败在体制机制创新和制度保障方面推出强有力举措，为国家治理体系建设和治理能力现代化注入新活力。党的十八届三中全会公报特别指出，"坚持用制度管权管事管人，让人民监督权力，让权力在阳光下运行，是把权力关进制度笼子的根本之策。"

推进反腐倡廉建设，民意可依。课题组在调研中了解到，近一段时间公众对腐败蔓延的高焦虑感和反腐倡廉建设的高期望值同在，主要表现为以下几个方面。

1. 为腐败仍多发感到焦虑

"虎患"频现喻示治本之路还较漫长，对违纪违法领导干部的从严查办赢

得了广泛社会认同，也暴露出权力监控和干部监管薄弱的深层问题。不正之风仍很顽固，消极腐败问题仍有滋生蔓延的土壤。

2. 对社会不良风气担忧

在法官集体嫖娼、医务人员贩婴、校长性侵学生等丑闻导致公职人员形象和公信受损之时，知名"大 V"嫖娼、传谣、"富豪俱乐部相亲"、网络"炫富、晒奢"等此起彼伏，显示不良党风政风社风形成"交叉感染"。

3. 期待提升制度反腐质量

公众对"八项规定"带来的作风建设成效满意度最高，各地各部门的反腐倡廉制度建设热情日趋高涨。但调查显示，仍有很多制度执行力不够、操作性不强、实效性不足。公众认为，要把权力关进制度的"笼子"，关键要健全可行可信的管用制度。

4. 盼望修复党群干群关系

调研显示，党员干部工作"五加二、白加黑"现象十分常见，却又经常遭遇"仇官"和"污名化"窘境，直接面对群众的基层公职人员更易被"妖魔化"，党群干群缺乏互信情况仍较突出。工资待遇差导致不少干部感叹"被幸福"，不利于廉洁用权。

八 课题组对当下治理腐败的思考与建议

反腐倡廉建设任重道远。课题组建议，集中治理人民群众反映强烈的突出问题，稳扎稳打，以量变求质变。

1. 对权力运行进行廉洁性评估和公正性审查，提高公职人员道德诚信水平

对掌握执法权、处罚权岗位的人员加强监管，对自由裁量权细化规范化。在推行地方各级政府及其工作部门权力清单制度过程中，强化公开时效性和失责追究，让法规制度刚性运行。加快审判公开规范化进程，将司法公开拓展到立案、庭审、执行、听证等各环节。推行新提任领导干部报告个人有关事项公开试点，与巡视组抽查领导干部报告个人事项相衔接，探索将公职人员申报个人情况不实等行为纳入司法解释和管辖范围。建立健全公职人员准入标准和从业记录，强化失德失信人员退出和终生禁业机制。

2. 以"三公"经费可节约、可公开、可质询为基础，把公共资金收支全面纳入监管范围

以克服享乐主义和奢靡之风为目标，加强财政资金、其他公共资金及项目的监督检查和绩效测评。中央国家机关到地方调研开会，费用全部自己买单，不得接受任何形式的补贴。切实执行接待费、会议费、差旅费开支范围及标准，降低总体开支水平，加强部门预算公开化、透明化，压缩和规范部门用钱的权力。改革完善激励机制，调动公职人员节约使用"三公"经费的积极性。继续在中央纪委监察部官方网站等通报违反八项规定的案例，保持反对"四风"的高压态势。

3. 以民生安全为重，对民生项目和资金实施全面有效监管

对社保基金、住房公积金、扶贫救灾救济资金等加强管理监督，坚决纠正教育、医疗卫生、征地拆迁、土地和矿产资源管理、食品药品安全、环境保护、安全生产、保障性住房建设和管理、执法司法等领域损害群众利益的行为。对群众身边发生的或食品药品等直接损害群众利益的腐败案件更要严肃查办，以廉价药、放心奶等惠民安民。加大对跨国公司在华行贿行为的打击力度。把信访制度改革与网上信访创新有机结合，健全及时就地解决群众合理诉求机制，创新社会治理体制。

4. 以更大力度治理违规收送礼金礼品行为，对于成风的不良行为进行文化改造

净化公职人员从政环境，将会员卡、商业预付卡"零持有"扩延到党政机关、事业单位和国有企业。开展公款送礼专项治理，明确规定公职人员之间和与管理服务对象之间不得收送礼品礼金，把个人间的礼尚往来限定在没有利益冲突的亲友范围，明确公权和私利的边界，实现法理和人情的平衡。健全改进作风的长效制度，落实到年节、假日等关键时间节点，一个标一个标地治，坚决防止反弹，持续净化党风政风和行风社风。

5. 合理调整公职人员薪酬水平和结构，压缩与公共权力相联系的灰色收入空间

建立科学合理的收入水平比较机制，清理规范各类津贴、补贴、福利，突出绩效收入，提高收入透明度，提升公务员的薪酬保障水平，遏制"心理失

衡找平衡"的动机。调控垄断行业国有企业高管的过高薪酬，缩小其与党政机关、事业单位公务人员的薪酬差异。加快建立覆盖全民的财产登记制度和社会保障体系。完善领导干部工作生活保障制度，出台实施细则，切实减少特权思想和作风的滋生土壤。

6. 强化垂直管理，提升纪检监察机构监督的权威性和有效性

加强顶层设计和具体指导，研究制定上级纪委对下级纪委加强领导的实施方案，下级党委政府和同级党政部门主要负责人任期内向纪委全会公开述廉并接受评议，让党内监督的主体力量真正具有权威性。深化纪检监察派驻机构改革，强化派驻纪检监察机构对党政领导班子及其成员的"贴身"监督，重要情况直接向上级纪委报告，抓紧在党务工作部门及重要团体增设派驻机构。探索纪检监察、反贪、审计等机构的职能整合，形成专门机关惩贪肃纪的合力。

专项报告

Special Reports

B.2

国家审计：反腐败"利剑"高悬[*]

中国社会科学院反腐倡廉建设课题组[**]

摘　要：

作为国家监督体系的重要组成部分，国家审计通过全过程跟踪审计、盯住重点领域和环节、看好国家财政资金、以经济责任审计监督权力运行、建立案件移送协调会商机制以及堵塞制度漏洞抵御腐败等举措促进反腐倡廉建设并取得积极效果。国家审计监督具有普遍性、经常性、专业性等特点，在履行反腐职能过程中面临地方保护影响审计独立性、审计权限和手段有限、协调配合机制不够健全、审计力量配备不足等诸多挑战。课题组建议在反腐倡廉建设中强化国家审计的监督作用，应保护审计工作的独立性，优化审计执法相关制度，完善审计成果利用

---

* 本文部分材料由审计署提供。

** 课题组组长：孙壮志。课题组成员：吴海星、王海生、汪德华，中国社会科学院财经战略研究院财政审计研究室主任、副研究员；赵早早，中国社会科学院财经战略研究院财政审计研究室副研究员；范三国。执笔人：赵早早、范三国。

机制和审计工作保障机制。

关键词：

国家审计　审计监督　财政资金

国家审计是国家监督体系的重要组成部分，是国家利益的"捍卫者"，公共资金的"守护者"，权力运行的"紧箍咒"，深化改革的"催化剂"，更是反腐败的"利剑"。中国国家审计制度自创立以来，在维护国家的经济安全、促进民主法治的建设、推进和深化体制改革等方面做出了积极的贡献，尤其在推动反腐倡廉建设方面取得了引人注目的成效。

一　国家审计促进反腐倡廉建设的主要做法与成效

（一）全过程跟踪审计

近年来，审计机关将关口前移、提前介入，依据国家有关法律法规，在相关被审计事项发展过程中的某个环节介入，并跟随被审计事项的发展过程①，实现了对财政资金的全过程跟踪、全方位监管，确保财政资金的规范使用，为预防贪污腐败发挥了重要作用。

由于事后审计所反映的腐败问题，所造成的损失可能永远无法挽回，即使"亡羊补牢"，也可能"为时已晚"。跟踪审计则是中国审计机关审计方式上的重大创新，最初主要运用于政府投资审计领域，现已逐步扩展到其他审计领域。跟踪审计主要有三种类型。①项目跟踪审计。即以投资项目、资源环境开发利用与环境保护项目等为主要审计内容的，如奥运场馆、三峡工程、京沪高铁项目、西气东输工程等。②专项资金跟踪审计。以财政或者其他各类专项资金为主要审计内容，如农业综合开发资金审计、社保资金审计等。③政策跟踪审计。以相关政策贯彻执行为主要审计内容，如中央扩内需促发展政策措施执行情况及其效果审

---

① 刘家义主编《中国特色社会主义审计理论研究》，中国时代经济出版社，2013，第83页。

计。当然，在审计中严格区分项目、资金、政策类型是比较困难的，审计人员可以根据审计经验，有侧重点地选择具体的审计方式。①

跟踪审计包括6个步骤。一是审计立项。主要选择需要而且可以跟踪审计的项目，能够产生经济效益和社会效益、宏观效益和微观效益的事项，审计风险在可控范围内的项目立项。二是确定审计方案。任何跟踪审计工作开始之初，必须根据对被审计单位基本情况和相关资料的分析研究，编制相关审计工作方案，确保跟踪审计的顺利开展。三是发出审计通知。审计机关根据审计实施次数、时间跨度特点，在第一次审计时向被审计单位一次性制发审计通知书。四是组织审计实施。依据审计工作方案和实施方案，在被审计事项实施的某个环节介入，并跟随被审计事项实施过程而持续进行监督。五是公布审计结果。在跟踪审计实施过程中，审计机关通过"审计情况通报"的形式，及时向被审计单位及其主管部门通报跟踪审计情况、审计发现的问题，并有针对性地提出跟踪审计的意见建议，要求其举一反三进行整改。在审计工作全部结束后，出具完整的审计报告，全面系统地阐述整个跟踪审计的基本情况、发现问题、审计意见和建议。六是审计归档和公告。审计机关将审计资料及时归档，并根据"边审计、边公告，谁审计、谁公告"的原则，分别在跟踪审计过程中、年度跟踪审计后以及整个跟踪审计项目完成后，按照公告原则和程序进行结果公告。

最近几年，审计机关先后对汶川、青海玉树、甘肃舟曲、云南彝良、四川雅安应急救灾和灾后恢复重建，以及奥运会、世博会、亚运会等重大公共事项实施了全过程跟踪审计，较为有效地保障了救灾和灾后恢复重建工作有力、有序开展，保障了重大赛事和会议的顺利、圆满筹办，在国际社会上树立了良好的国家形象。

（二）盯住重点领域和环节

审计机关有针对性地实施审计监督，加强对腐败案件易发多发领域、环节、手段等情况的综合分析，将查处重大违法违规案件的重点放在财政、金

---

① 刘家义主编《中国特色社会主义审计理论研究》，中国时代经济出版社，2013，第88~89页。

融、企业、投资和资源环境等领域，重点关注重要项目审批、土地交易、项目招标投标、重大物资采购、重大项目投资决策、银行贷款发放、债券交易、国有股权转让、专项资金分配等环节，力求审计对各领域中的腐败问题能够找得准、查得透、打得狠。分析 2012 年审计署发现的 175 起案件，多为"窝案""串案"，涉众性强、利益链条长，呈现一些新特点。

1. 利用权力设租寻租

2012 年审计共发现此类案件 21 起，主要是在行政审批、工程建设、财政补贴、贷款发放、业务经营等过程中，有的公职人员通过违规插手招投标、协助"公关"甚至直接参与造假等方式，向特定关系企业或亲友输送利益，有的企业甚至随公职人员异地调动而长途迁徙。

2. 借助内幕交易或关联交易侵权牟利

2012 年审计共发现此类案件 9 起，主要是有关人员利用掌握的矿产储量、上市公司业绩、基金投资策略等非公开信息，提前低价买入，等待市场估值高涨后再倒手卖出，从中牟利或向关联方输送利益 80 多亿元；参与倒卖探矿权的有关企业及个人实际不具备探矿资质和资金技术实力。

3. 组织实施网络化

2012 年审计发现，一些人员利用网上银行大规模转移资金，参与单位达 5000 余家，起核心组织作用的 88 户企业存在明确上下游分工，巨额资金跨地区多账户频繁划转，最终被用于非法经营等。由于监管难度大，有的低俗网站、网络赌博及"钓鱼"诈骗等还通过第三方支付平台，进行资金结算。

4. 侵害公众利益

2012 年审计发现的 17 起虚开药品增值税发票案涉及金额 15 亿元，有关药品经销商在涉嫌偷逃税款的同时，还利用假发票套取资金用于商业贿赂，诱使相关医院高价购买特定药品、医务人员为回扣滥开药方，个别医师对特定药品处方使用剂量相当于同岗位平均水平的 30 多倍。

（三）看好国家财政资金

在实际工作中，审计机关不仅大力"反腐"，而且注重"倡廉"；不仅着力查处资金使用过程中的各种违法违规行为，而且通过加强对财政资金的监管，提升资金使用绩效，防范资金运行的风险，着力促进厉行节约，促进每一笔财政资金都能用在"刀刃"上。

1. 通过绩效审计使财政资金花得更有效益

近年来，审计机关坚持把绩效理念贯穿于审计工作始终，把检查项目建设情况、建成后的运营状况和实际效果相结合，把评价经济效益、社会效益和环境效益相结合，针对各类项目，积极揭露和查处违背国家产业政策和结构调整方针、严重铺张浪费、财政资金损失、国有资产流失、重大资源毁损及效益低下等问题。通过绩效审计，实现了投资管理水平和资金使用效益的提高，30年来，审计机关共促进增收节支和挽回损失1.2万多亿元。除了经济效益，在审计过程中还注重发挥资金的社会效益和生态效益。2012年部署开展了对全国社会保障资金、保障性住房建设、中小学校舍安全工程和农村中小学布局调整情况等民生项目的审计和跟踪审计，揭示存在的困难和问题，提出完善制度、规范管理的建议。2012年底至2013年3月，对18个省市能源节约利用、可再生能源和资源综合利用节能环保类三个款级科目资金进行了审计，涉及资金621.1亿元，发现了项目存在资金沉淀、没有按计划建设运营等问题，其中16.17亿元资金被挤占挪用、虚报冒领，目前已要求其进行深入整改。

专栏1：绩效审计在中国

随着中国社会主义市场经济体制的逐步完善和财政秩序的逐步好转，党的十六大以后，为更好地探索中国政府审计的发展方向，以及实现与国际审计发展的接轨与融合，审计署在《审计署2003至2007年审计工作发展规划》中提出："实行财政财务收支的真实合法审计与效益审计并重，逐年加大效益审计份量，争取到2007年，投入效益审计力量占整个审计力量的一半左右。"

为推动效益审计的深入发展，审计署连续在2007年和2008年两年时间里组织开展了效益审计项目展评活动。展评活动反映出了中国现阶段绩效审计或效益审计的两大特点：一是最突出的特点和最基本的形式，就是效益审计与财政财务收支审计的紧密结合；二是财政财务收支审计项目与效益审计再立项项目的结合。具体来看，很多项目都把效益审计目标与真实合规性目标相结合，

大案要案的查处效果非常显著。例如，2007年南京办在开展对福建省救灾资金项目的审计工作中，较好地实现了财政财务收支审计与效益审计的有效结合。南京办认为：一是财政资金审计与效益审计有天然的联系。财政资金与企业资金不同，它更多地要求发挥社会效益。因此，救灾资金的使用目标就是衡量救灾资金效益的主要指标。二是查处挤占挪用和损失浪费问题也可以成为财政收支审计与效益审计的共同的具体审计目标。救灾资金的使用目标可以细化为两个具体的效益审计目标：即救灾资金是否用到了原定用途，救灾目标的完成是否合理有效地利用了资金。这样，救灾资金财政收支真实合规性的检查目标与救灾资金效益的评价目标就实现了统一。

中国效益审计的另外一种形式，即财政财务收支审计项目与效益审计再立项项目的结合。以前，像这种类型的项目通常都是按照延伸审计的思路进行的，效益审计思路并不突出。经过各级审计机关的不断努力，审计工作在很多项目上实现了效益审计思路贯穿项目全过程的目标。例如，2008年，长春办实施的曹妃甸开发区迁曹铁路项目，针对主体工程已经竣工一年多，但铁路始终未通车，严重影响项目整体效益的突出问题，适时地开展专项效益审计调查，在明确的效益审计思路指导下实施效益审计，效益审计思路贯穿了项目的全过程。

资料来源：董大胜主编《政府效益审计案例选编》，中国时代经济出版社，2006，编写说明；审计署审计科研所：《效益审计展评项目的分析与评价》，《审计研究简报》2008年第9期。

通过"小金库"专项治理堵住贪腐的重要渠道。"小金库"一度成为贪腐行为的重要资金来源。多年来，审计机关按照中央治理"小金库"工作领导小组的统一部署，参与"小金库"的专项治理工作。在此过程中，审计机关与各部门协调配合，加大督促检查力度，形成了"小金库"治理工作的合力。2008年，审计机关结合年度中央部门预算执行审计，对中央部门会议费使用情况进行了全面审计，发现了虚假经费列支等一系列问题；在2009年度中央部门预算执行审计中，审计机关对2万多张可疑发票进行了核实，查处虚假发票5000多张，涉及套取资金9000多万元。

2. 通过债务审计规范地方政府融资平台的运行

2011 年，按照国务院的部署和要求，全国审计机关动员 4 万多名审计人员，以"见账、见人、见物，逐笔、逐项审核"为原则，对全国省市县三级地方政府性债务进行了全面审计，涉及部门机构单位 8 万多个、项目 37 万多个和债务 187 万多笔。通过审计，深入挖掘了地方政府性债务中存在的问题并督促落实整改，规范了地方政府融资平台的运行，回应了各界质疑。2012 年 11 月至 2013 年 2 月，审计署共对 36 个省本级政府和省会城市本级政府 2011 年以来的政府性债务情况进行了审计。此次地方政府性债务审计涉及的政府部门和机构达到 903 个，公用事业单位 83 个，经费补助事业单位 1249 个，融资平台公司 223 个，还有 273 个其他单位和 22240 个项目，共 75559 笔债务。① 审计结果显示，截至 2012 年底，被审计的 36 个地方政府，其本级政府性债务总余额达到 38475.81 亿元，比 2010 年增加 4409.81 亿元，增长 12.94%。② 其中，政府负有偿还责任的债务规模总计 18437.10 亿元，政府负有担保责任的债务总额为 9079.02 亿元，其他相关债务总额达到 10959.69 亿元。③ 从债务率来看，如果仅计算政府所负有偿还责任的债务率，那么有 10 个地区的此类债务率超过 100%；如果再加上政府负有担保责任的债务，那么共有 16 个地区债务率超过 100%。④ 根据国务院的工作部署，2013 年 8 月起，审计署组织全国审计机关对政府性债务进行审计。与前两次审计相比，此次审计将对包括中央、省、市、县、乡的五级政府性债务进行彻底摸底。

3. 通过"八项规定"执行情况审计促进各级政府廉洁从政

2012 年底以来，审计机关落实中央要求，把各级党政机关执行中央"八项规定"情况作为审计工作的重点内容，把各级政府机关厉行勤俭节约的情

① 中华人民共和国审计署办公厅：《审计结果公告 2013 年第 24 号》，http：//www. audit. gov. cn/ n1992130/n1992150/n1992500/3291665. html。
② 中华人民共和国审计署办公厅：《审计结果公告 2013 年第 24 号》，http：//www. audit. gov. cn/ n1992130/n1992150/n1992500/3291665. html。
③ 中华人民共和国审计署办公厅：《审计结果公告 2013 年第 24 号》，http：//www. audit. gov. cn/ n1992130/n1992150/n1992500/3291665. html。
④ 中华人民共和国审计署办公厅：《审计结果公告 2013 年第 24 号》，http：//www. audit. gov. cn/ n1992130/n1992150/n1992500/3291665. html。

况纳入了审计的范畴,特别是加强了对会议费、"三公"经费使用情况的审计,进一步促进廉洁从政、俭朴从政。2012 年 11 月至 2013 年 3 月,审计署对中央部门的 2012 年会议费和因公出国(境)经费管理使用情况进行了审计。会议费审计方面,45 个中央部门本级 2012 年共举办会议 8698 个,包括三类及以上会议 2036 个、其他论证和评审等会议 6662 个,实际支出 6.98 亿元,通过审计发现未经批准和计划外召开会议问题普遍、节俭办会措施不到位以及会议费支出不严格等问题,提出了完善管理办法、细化预算编制、加强监督检查等审计建议;因公出国经费审计方面,45 个中央部门本级 2012 年因公出国(境)团组 4609 个,实际支出 12.13 亿元,审计发现了因公出国计划管理不严格、出国行程安排不符合规定、预算管理不规范以及经费来源控制不严格等问题,提出了加强分类管理、强化预算管理、健全监管机制等审计建议。

(四)以经济责任审计监督权力运行

经济责任审计是中国国家审计特有的制度安排,符合中国政治体制和行政管理体制,能够促进各级党政主要领导干部和国有企业领导人员守法守规守纪尽责。

腐败问题与"钱"密不可分,但"钱"的背后是掌握资金使用者的"权"。在经济责任审计中,审计机关都坚持从审计财政财务收支的真实合法性入手,以权力行使和责任落实为重点,着力监督和检查党政主要领导干部和国有企业领导人员的守法守规守纪尽责情况,不仅查找资金管理使用中出现的问题,还注重分析产生问题的原因,明确被审计领导干部的责任,把权力与责任联系起来,强化了对权力运行的监督制约。经济责任审计最初主要进行国有企业厂长经理离任审计、承包经营审计,后来发展到党政领导干部的经济责任审计。目前,对各级各类领导干部的经济责任审计全面推开,特别是对省部级党政主要领导干部的经济责任审计,在试点探索的基础上建立了经常性的审计制度。30 年来,共审计领导干部近 50 万名,其中省部级党政领导和中央企业领导人 215 名,1.8 万多人受免、降、撤职等处分,移送纪检监察和司法机关8500 人。

（五）建立案件移送协调会商机制

打击犯罪、惩治腐败，是国家审计的重要职责之一。近年来审计机关对被审计单位存在的重大问题，坚持查深查透、如实报告、依法处理。一方面，注重分析新形势下腐败案件发生的特点和规律，将查处大案要案与重点行业、重点领域、重大项目和关键环节中存在的突出问题治理相结合，查处了一批大案要案，揪出了一批"硕鼠"和"蛀虫"。例如，在对民航部门进行审计时，审计机关从首都机场集团公司预算执行情况出发，发现了该公司原董事长李培英利用职务便利，违规对外投资和拆借资金，并涉及个人受贿、贪污等问题；在对铁路运输企业审计时，审计机关从企业的财务收支入手，发现了铁道部原党组成员、政治部主任何洪达在任哈尔滨铁路局局长期间，超越权限安排哈尔滨铁路局为关联上市公司增股筹资出具行业审查意见，涉嫌从中收受贿赂；在对铁路运输工程审计时，发现一些工程承包商通过虚列支出等手段套取资金，以"中标服务费"等名义转给丁羽心（又名丁书苗）等人控制的多家民营企业的案件线索，最终查出原铁道部部长刘志军受贿、滥用职权的问题；在对国家开发银行的审计中，审计机关从其中一笔不正常的贷款款项着手，发现了该行违规发放3亿元贷款，并顺藤摸瓜最终发现王益等人从中收受贿赂1000余万元的案件线索；在对某公司的审计中，审计机关通过加强对该公司股票账户的监督，发现了股市"名嘴"、北京首放投资顾问有限公司董事长汪建中利用其影响力，借向社会公众推荐股票之机，通过其控制的股票账户事先买入及抢先交易等手法操纵证券市场，并从中非法获利的事实。

另一方面，为了提高打击腐败案件的能力，建立了对审计移送案件的跟踪和查处通报制度，并在此基础上积极与纪检监察、检察、公安机关沟通协作，先后与中纪委、监察部建立了在查处案件中加强协作配合的机制，与最高人民检察院建立了在打击职务犯罪和腐败案件中的联动机制，与最高人民检察院、公安部建立了案件移送协调会商机制，形成了反腐败工作合力。近30年来，全国审计机关向司法、纪检监察等部门移送重大案件线索4.2万多件，为国家挽回了巨额经济损失，对腐败犯罪行为形成了沉重有力的打击。

同时，注重加强自身廉政建设和作风建设，以铁的纪律打造审计铁军，审计中发现违法违纪问题，无论涉及谁都要一查到底，坚决将案件线索厘清并移交相关部门处理。

专栏2：首都机场李培英案

2009年8月7日，经最高人民法院核准，首都机场集团公司原董事长李培英——这位曾经有着"第一国门掌门人"之称且显赫一时的重要人物——在山东省济南市被执行死刑。

这场关乎国家利益，惊心动魄的反腐斗争源于2007年1月中旬。当时，审计署交通运输审计局在对民航总局2006年度预算执行审计时，决定延伸审计首都机场集团公司使用部分财政资金扩建首都机场T3重点奥运建设项目的情况。由于奥运机场建设项目是2008年北京奥运会的重点配套项目，也是国家的重点工程项目，国家财政为此投入了大量的专项资金。因此，该项目的执行情况及其财政资金的使用情况将直接关乎奥运会整体进展，意义非同寻常。对于如此重大的建设项目，审计机关对此进行有针对性的审计，本身具有重要意义，也是保证财政资金安全和使用效益的重要方式。然而，就是这样一个常规的审计工作，却一石激起千层浪，掀起了巨大波澜。

以李培英为代表的利益集团，从开始就通过各种途径试图阻止审计小组进驻T3项目开展工作。甚至动用高层领导，给审计署打招呼，或者威逼利诱审计小组的工作人员。尽管如此，在审计署的支持下，审计小组冲破障碍，分兵两路进驻首都机场，一方面对T3项目进行审计，另一方面对首都集团财务收支进行了解。最终，经过审计小组认真细致的工作，证实李培英利用职务便利，贪污、受贿共计1亿多元。自1999年起，李培英利用担任机场集团总经理及机场股份董事长等职务便利，违规投资和对外拆借资金共计88.49亿元。审计机关提交给司法机关的相关证据完整且有力，这为案件审理立下了汗马功劳。

这起案件也反映出审计机关查处重大案件的基本理念，即审计中发现违法违纪问题，无论涉及谁都要一查到底，坚决将案件线索厘清并移交相关部门处理。因为，在审计职责范围内的重大违法违规问题，应当查出而未查出的问题，查出了应当报告而未报告，直接后果是纵容了犯罪分子，使腐败者不能得到应有惩罚，更严重的是成为腐败分子的保护伞。

（六）堵塞制度漏洞抵御腐败行为

审计机关在揭露查处问题的同时，注重分析案件背后反映出的制度建设及制度落实方面的漏洞，积极建言献策，弥补制度缺失，从根本上消除违法犯罪行为生存的空间和土壤。

在财政领域，审计署每年在受国务院委托向全国人大常委会作的审计工作报告中，相继提出修订预算法、推进预算公开、规范预算支出标准和定员定额管理、规范"三公经费"概念和标准、健全统一完整的政府预算体系、建立财权与事权相匹配的财政体制、建立规范的转移支付制度、规范地方政府举债行为、优化财政支出结构、提高预算执行效果等建议，得到全国人大常委会和国务院的肯定，推动了相关领域改革。

在金融企业领域，提出了加强金融监管协作及健全责任追究和问责机制等多项建议，促进有关部门按照国务院的要求，制定和完善了《关于进一步加强中央企业金融衍生业务监管的通知》《关于进一步促进中小企业发展的若干意见》等制度。

在资源环境领域，针对审计反映的我国部分地区违规用地、耕地和基本农田保有量低于控制指标以及稀土等资源管理利用不规范等突出问题，有关部门按照国务院领导批示要求，开展了专项治理活动，并制定了《稀有金属管理条例》等4项制度；针对审计反映的我国地下水超采和污染严重的问题，有关部门根据国务院领导批示要求，出台了《关于加强农村水资源保护工作的通知》，要求各地切实加强水源地保护工作。

在交通运输领域，审计机关结合多年具体审计情况和案件规律，向国务院和有关部门提交了《关于我国民航运输业发展状况审计调查情况的报告》《关于进一步推动我国铁路建设科学发展的几点建议》等专题报告，促进有关部门完善了相关保障措施。此外，结合审计查处具体案件的特点和规律，审计机关还先后上报了专题报告和信息，促进预防腐败更加有效。

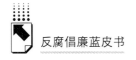

二 国家审计发挥反腐倡廉功能具有鲜明特点

国家审计形成的监督体系可以及时发现贪污腐败的苗头或倾向性问题，提前发出警报，对腐败问题能够起到预警作用，可以减少公共资金被非法或低效占用、政府项目质量出问题、领导干部被腐蚀、资金遭受损失等情况的发生。

国家审计及其审计机关坚持以批判的眼光和态度去审查每个项目、每个事项、每个单位和每笔财政资金，通过对财政、财务收支的真实、合法、绩效的监督检查，揭示违法违规、经济犯罪、奢侈浪费、损害人民群众利益等各种行为，并依法对这些行为进行惩戒。审计监督具有三个特点。

1. 普遍性

根据法律规定，在任何情况下，任何机构和个人如果使用公共权力、公共资源和公共资金，必须接受审计的监督。这使得审计监督随着资金和权力的运行轨迹，涉及众多的领域和单位，具有普遍性特点。根据《审计法》和《审计法实施条例》的规定，审计机关对以下事项直接进行审计：本级预算执行情况和其他财政收支情况；本级各部门（含直属单位）和下级政府预算的执行情况和决算，以及其他财政收支情况；国家事业组织和使用财政资金的其他事业组织的财务收支；中央银行的财务收支；国有及国有资本占控股地位或主导地位的金融机构、企业的资产、负债、损益；政府投资和以政府投资为主的建设项目的预算执行情况和决算；政府部门管理的和其他单位受政府委托管理的社会保障基金、社会捐赠资金以及其他有关基金、资金的财务收支；国际组织和外国政府援助、贷款项目的财务收支；对地方党委、政府、审判机关、检察机关正职领导干部，中央和地方党政工作部门、事业单位和人民团体正职领导干部及国有企业领导人员进行经济责任审计。这就使得审计覆盖范围内的单位和个人，不确定什么时间就会受到审计监督。审计监督，就像悬在每个人头上的一把利剑，对使用公共权力和公共资源的个人形成一种天然威慑，促使其规范地开展工作、认真地履行职责。

2. 经常性

审计有别于纪检监察、检察、公安等监督机构的工作，不是根据举报、怀疑或者其他特殊事项确定项目，而是按照审计的年度计划例行开展的监督行为。按照法律规定，审计机关每年对公共资金实施监督，并向人民代表大会做审计工作报告。每年10月到次年5月，审计署对财政部组织的中央预算执行情况和编制的年度中央决算草案审计，以及对中央部门年度预算执行情况审计和决算（草案）审计，其他时间要开展企业审计、金融审计、资源环境审计、涉外审计和党政主要领导干部和国有企业领导人员经济责任审计。这种经常性的特点，使审计监督更具有主动性、及时性，很多案件都是在没有预警、"风平浪静"的情况下揭示出来的。

3. 专业性

审计主要针对财政财务收支的真实性、合法性和效益性展开监督工作。专业性很强的会计是保证财政财务收支信息真实、合法、准确的基础，也是审计监督的基础。因此，基于会计基础之上的审计监督必然也必须具有很强的专业性。会计记录和反映了公共财政资金的运行轨迹。近年来，从宏观方向上审计机关坚持"财政资金运行到哪里，审计就跟进到哪里"；从微观的查处上就是顺着业务的流程和资金的流向去深挖追踪。专业的审计监督必然地、先天地成为违法违规问题的"克星"、铲除腐败分子的"利剑"。

三 国家审计履行反腐职能面临的挑战

多年来，审计机关在促进反腐倡廉建设中发挥了较大作用，但在履行职责的过程中也遇到了一些困难和问题。

（一）地方保护影响审计独立性

按照1982年的《宪法》规定，国务院设立国家审计署，县级以上的地方各级人民政府设立地方审计机关。审计署向国务院总理负责，而地方审计机关则实行双向负责制，即同时向本级人民政府和向上一级审计机关负责。同时，依照法律规定，地方审计机关可以独立行使审计监督权。国家审计署是最高审计机关，主管全国审计工作，地方各级审计机关的组建需要按照审计署的统一工作标准展开。强调审计机关工作标准和审计依据的统一性，一

方面是为了维护社会主义法制的严肃性，另一方面也是增强审计机关之间工作的可比性，使各自的工作成果可以相互利用，以提高整个政府审计机关的工作效率。①

　　然而，目前在中国现实的审计工作中，地方审计机关受到更多的约束和干扰，特别是一些地方政府对审计工作干涉过多、过广、过深，导致审计工作难以实现其独立性，影响全国审计工作的统一性和系统性。比如，涉及审计专项资金的管理、使用情况需要向上级审计机关报告时，有的地方领导往往会要求审计机关隐瞒真相，使上级审计机关很难掌握真实、全面的情况。

（二）审计权限和手段有限

　　《审计法》对审计机关的权限和手段做了明确规定。审计机关的主要权限包括要求报送资料权、检查权、调查取证权、建议权、处理和处罚权、通报和公布审计结果权、提请协助权、其他权限（包括制止权、通知暂停拨付、责令暂定使用权、采取证据保全措施权、采取或建议采取资产保全措施权）。审计机关在以上权限范围内，主要通过查看财务信息资料等方式和手段，获得相关证据，据此进行审计判断和推论。然而，这些法定权限和手段使用的有效性，很大程度上受制于被审计方和相关信息所有方的配合程度。

　　很多情况下，尤其是针对那些大案要案展开的专题审计工作，审计机关有时会遇到被审计单位隐瞒、拒绝提供资料，或提供伪证、恶意销毁会计资料等行为。另外，审计工作所依赖的一些线索还可能涉及民营企业和个体工商户等不在审计范围内的单位，甚至需要政府相关部门配合提供其部门所掌握的线索和数据。然而，由于审计机关在获取这些数据和信息时，并没有强制性获取的权力，所以当这些相关企业和机构拒绝提供资料或拒不配合时，审计机关通常无可奈何。另外加上政府各部门之间的信息和数据共享不够，审计通过政府内部渠道获取必要信息的路径也不通畅。因此，很多时候审计机关就像面对一座坚固的"玻璃房"，看得很清楚，就是难以介入。很多重要案件的线索就是在这种无可奈何中"看得到而摸不到"。审计工作难以突破甚至不得不中断。

---

① 董大胜主编《中国政府审计》，中国时代经济出版社，2008，第23页。

（三）协调配合机制不够健全

按照《审计法》规定，审计机关可以通过处理和处罚、通报或公布审计结果等方式，维护审计监督权威，发挥审计监督作用。其中，审计机关对审计对象最严厉的惩治方式就是处罚，即通过警告、通报批评、罚款、没收违法所得以及依法可采取的其他处罚措施，实施审计监督权威。然而，审计机关所揭发和公布的各类问题，其解决与否以及解决的实际效果，还依赖于审计对象以及其上级部门和单位的配合程度。如果这些机构和部门不配合或者阳奉阴违，那么审计结果应有的效益将大打折扣。

目前，审计机关经常遇到以下情况：有的地方、部门和单位对审计的协查要求不予配合；有的地方认为"家丑不可外扬"，对审计移送的案件线索和事项拖而不办；有的被审计单位对审计做出的预警不理睬、没反应，很多审计建议被束之高阁；有的对审计指出的制度机制性问题，没有从深化改革的层面加以研究解决，治标不治本。这些问题使审计效果打了折扣，浪费了有限的审计资源。

（四）审计力量配备不足

审计署每年仅能审计 10% 左右的审计对象，有些单位从未接受过审计；由于审计人员职业准入和任职资格等制度尚未建立，审计队伍质量难以保证，特别是拥有全国约 80% 审计人员的县级审计机关相当部分是安置性人员，很难形成有效的审计力量；审计经费不足的问题也较突出，有些基层审计机关审计期间不得不依靠被审计单位解决交通和食宿问题，影响了审计监督的独立性，增加了审计机关的廉政风险。

四　在反腐倡廉建设中强化国家审计的对策

（一）保护审计工作的独立性

审计监督是《宪法》赋予的权力，监督权必须相对独立。中国属于行政

型审计模式，审计机关作为行政系统的一个重要组成部分，必然受到行政系统内部自上而下权力运行模式的影响。尽管如此，为了充分发挥法律赋予国家审计的监督权力，在制度设计方面必须保证审计在行政系统中相对独立的地位，并赋予其相应的职权，以保证独立监督的可行性。

《宪法》规定审计机关接受双重领导，横向接受同级行政首长的领导，纵向接受上级审计机关的业务指导。为了保证审计独立性，需要在纵向和横向两个层面进行制度创新和完善。

地方政府应支持审计机关独立开展审计。各级地方政府必须严格执行《宪法》和《审计法》的规定，真正实行本级人民政府行政首长负责制或直接领导制的审计工作制度，杜绝审计工作由其他领导具体分管的现象。

审计机关上级对下级实行业务领导和工作指导。各级地方党委政府应该充分尊重审计工作的客观规律，增强对审计信息自下而上进行汇总和共享工作方式的理解与支持。为了国家安全尤其是国家经济安全，主动支持独立的审计工作，不给独立审计制造人为障碍。

（二）优化审计执法相关制度

从法律层面完善审计执法权。对阻挠和破坏审计工作、拒不配合的被审计单位，或被审单位拒不执行审计决定等行为，应明确审计机关管辖范围之外单位的配合义务，以及审计机关进行处理处罚的依据和权力。

健全联席会议制度或有关会商机制。由政府主导或审计机关牵头，纪检监察、组织人事、发展改革、财政、国有资产监督管理、税务等部门组成联席会议制度或有关会商机制，加强协作配合，做到信息资源共享、情况互通，任何部门和单位不得以涉及国家秘密等为由拒绝提供相关资料，确实不能提供的，经审计机关同意后由相关部门出具说明。

建立统一的政府电子信息平台。研究制定政府部门信息系统建设的总体规划、信息交换与共享的规则和标准。

（三）完善审计成果利用机制

在整改工作中明确各级党委政府、被审计单位和审计机关的责任义务。各级审计机关应强化整改督促检查职能，对审计决定、审计建议等执行和采纳情况进行跟踪检查和后续督导，及时将整改情况向本级人民政府报告。

建立健全审计后整改联动机制。审计机关提请有关部门协助落实整改意见，或者依法移送有关主管部门纠正、处理处罚、追究有关人员责任的，有关部门应当依法及时做出处理，并将结果书面反馈审计机关。

继续加大对审计查出问题的问责力度。对于无故拖延、推诿甚至拒不整改的有关单位和个人，纪检监察机关应根据审计机关的提请，按照有关规定进行严肃处理。继续加强审计结果公开与公民有序参与的有机结合，主动接受公民监督，为公民有序参与反腐倡廉建设提供合法渠道，积极打造参与式审计或开放式审计。这是联合国公约要求，亦是国情所需、利国利民之举。

（四）健全审计工作保障机制

以被审计单位规模、性质和涉及资金量等为依据增加审计人员编制。近年来，随着中国经济社会快速发展，审计任务日益繁重。1998年以来，全国审计人员基本稳定在8万人左右，而同期全国财政收入增长了13倍。特别是县级审计机关行政编制一般为15人左右，市辖区的编制有的只有几人，而每年承担的审计项目达到几十个。这种现实状况不利于审计工作发挥更广泛的作用。

把好入口关，探索审计人员职业化建设。审计工作是国际公认的专家行为。按照审计工作的未来发展趋势分析，今后将更多地需要复合型审计专业人才，既懂审计又懂经济、既懂法律又懂计算机应用、既懂财务又懂工程等。但是，当前中国国家审计人员的整体素质、学历和能力还有待进一步提高。据统计，全国各级审计机关中，本科及以上学历仅占6成，40岁以下青年干部仅占4成，其中县级审计机关占比更低。加大审计人员职业化建设不仅迫在眉睫，而且需要细水长流。

各级政府对审计机关必需的经费在年度预算中予以足额保障。审计机关经费保障是行政机关中唯一通过法律予以明确的。但是，从中国的实际情况看，除了审计署和省、市级审计机关以外，广大的基层审计机关受到地方财力等因素影响，难以获得足额的审计经费，仅能勉强保证人员工资和维持基本运转等

支出。受审计工作自身特点影响，若要获得较高质量的审计监督结果，必须有一定的财政资金支持审计机关完成深入调查、搜集证据和材料等工作。然而，广大基层审计机关在经费捉襟见肘的情况下，不得不依靠被审计单位或者其他业务收入来弥补，在一定程度上影响了审计监督的独立性和客观公正性。所以，加快推动审计工作的财政保障制度研究和相关的制度建设，在充分尊重地方实际情况的前提下，提高审计工作业务经费将非常有必要。

B.3
农业部以反腐实效保障"三农"发展[*]

中国社会科学院课题组[**]

摘　要：

面对新形势下农业农村反腐倡廉建设的问题和挑战，农业部深入推进农业系统反腐倡廉建设，通过监督保障国家"强农惠农富农"政策落实、探索农村集体资金资产资源规范管理、整治损害农民利益的突出问题、规制农业行政权力运行、培育廉洁敬业为农的政风行风等举措，维护农民群众的合法权益，改善农村党群干群关系，端正为农服务的政风行风，为农业农村健康发展提供保障。

关键词：

农业　三农政策　反腐倡廉

中央始终把解决好农业农村农民问题作为全党工作的重中之重，部署了加快发展现代农业和建设社会主义新农村等战略任务，密集出台了一系列强农惠农富农政策，建立起了稳定的农业投入增长机制和农业支持补贴制度。近5年中央财政"三农"累计支出4.47万亿元，年均增长23.5%。[①]

随着中央"三农"支持力度持续加大，农业部直接管理的资金项目数量和规模不断扩大，落实政策的要求越来越高，加之农业系统摊子大、人员多、工作战线长，在农业管理和公共服务过程中，反腐倡廉建设面临诸多压力和挑

---

[*] 本文所用部分数据及材料由中央纪委驻农业部纪检组提供。

[**] 课题组组长：吴海星。执笔人：李国祥，中国社会科学院农业发展研究所宏观室副主任、研究员；王继锋。

[①] 《温家宝在十二届全国人大一次会议上的政府工作报告》，2013年3月5日。

战。部分财政支农项目资金使用效益不高、监管不到位等问题依然存在，一些涉农部门及其干部利用职务之便贪污挪用国家强农惠农富农政策款项，在惠农补贴、补助、补偿发放中乱收代扣问题时有发生，一些地方村干部私自处理集体资产资源，侵占、截留集体资金事件仍不断出现，农村义务教育、计划生育、农民建房等领域涉农乱收费以及向村级组织、农民专业合作社集资摊派等现象有所抬头，影响了党和国家强农惠农富农政策的有效落实，阻碍了农业农村的健康发展。

近年来，农业部纪检监察机关紧紧围绕"两个千方百计、两个努力确保、两个持续提高"[①] 的中心任务，从农业系统点多、面广、战线长的工作实际出发，从农业农村工作政策性强、类型多、构成复杂的基本特点出发，从农业部门干部和农技人员身处一线、与农民群众直接打交道的行业特点出发，不断深化对农业系统反腐倡廉建设规律性的认识，积极探索提高农业系统反腐倡廉建设科学化水平的有效途径，努力建立"措施配套、运行规范、易于操作、管理有用的反腐倡廉制度体系""结构合理、配置科学、程序严密、制约有效的权力运行监控体系"，以及"敬业为农、优质服务、文明执法、廉洁高效的作业作风规范体系"，为农业增效、农民增收和农村和谐稳定提供了保障。

一　监督保障国家"强农惠农富农"政策落实

在国家"强农惠农富农"政策体系中，涉农项目和资金种类名目繁多，存在"小、散、杂"等问题，不同政策的目标、执行主体、实施程序以及主要受惠群体等存在较大差异，有的政策项目在制定和执行过程中仍存在制度漏洞，这不仅影响了政策实施的实际效果，也滋生了权力寻租和腐败的土壤。为此，农业部加强与财政、审计、纪检监察机关的协调配合，共同构建监督保障机制，确保"强农惠农富农"相关政策项目和资金发挥最大效益。

---

① 2009 年 12 月 27 日，农业部部长韩长赋在全国农业工作会议上提出，"千方百计保持粮食产量稳定在 1 万亿斤以上，千方百计保持农民收入增长在 6% 以上，努力确保不发生区域性重大动物疫情，努力确保不发生重大农产品质量安全事件，持续提高农业科技进步贡献率和农业资源利用率"。

（一）整合涉农政策资金项目

为解决政策项目"碎片化"问题，农业部加强了预算管理和对涉农项目资金的整合。从政策设计入手，强化项目整体设计，改善总体布局，防止"一事一议"的项目立项方式和"撒网捞鱼"的争取资金方式，构建了农业生产促进、农民补贴、技术与服务支持、防灾减灾、资源生态保护、大县扶持等6大板块20个政策项目，覆盖了农业生产的多数领域和环节，较好地解决了项目小和散的问题。2012年，专门组织开展基层农技推广和农业补贴两项重大政策整体设计研究，编制了农机购置补贴政策实施体系中长期规划，使项目设计更为科学。

农业部还加大了对项目资金的统筹力度。2011年，将园艺作物标准园创建和畜禽标准化养殖统一整合为"菜篮子"产品生产扶持项目，并将项目内容扩展到水产健康养殖方面，项目资金由原来零散的6亿元增加到2012年的15亿元。2012年，结合春耕生产形势，将冬小麦"一喷三防"、东北水稻大棚育秧、南方早稻集中育秧、西南干旱地区玉米覆膜等农业生产关键技术措施整合转化为农业防灾减灾稳产增产关键技术补助政策，整合后中央财政投入达33.15亿元，提升了资金使用的规模效益。此外，农业部还推进了粮棉油糖高产创建、基层农技推广体系改革与建设等项目间的优化整合，把涉及农民培训的内容整合到"阳光工程"项目中，实行集中安排，统一实施，避免重复投入。

（二）规范项目资金管控

2012年，农业部直接管理以及与财政部门共同管理的财政支农资金达1080亿元，部门预算项目资金突破200亿元。为管好用好项目资金，农业部会同财政部制定了具体的资金管理办法，明确各部门之间、中央和地方之间的职责分工，建立了农业部门负责组织项目实施，财政部门负责资金管理的分工协作机制。根据实际情况和形势发展要求，陆续出台了《农业部部门预算管理工作规程（试行）》《财政专项转移支付项目管理工作规程（试行）》等一系列规章制度，以及《中央财政农业生产防灾救灾资金管理办法》等项目资金使用管理办法。初步构建了覆盖项目申报、审批、实施、资金使用、验收等项目全过程的农业财政项目管理制度体系。为保证农机购置补贴政策落到实处，农业部构建了以"三个严禁、四个禁止、五项制度、八个不得"① 为核心的一整套制度体系，基本涵盖了政策实施的全过程，为防止权力寻租、确保政策规范有效实施提供了有力的制度保障。

在项目资金分配和使用管理上，农业部依托现代信息技术，推行网络化管理。在提出农业生产救灾等资金分配方案时，利用农情管理系统和农业遥感等信息资源，力求科学、合理、规范。自 2008 年起，对项目和资金安排，采取因素法、公式法，力求资金分配更加公平合理。2009 年，农业部选择部分省市开展农机购置补贴管理系统试点，2010 年在全国启用了农机购置补贴管理软件，实现了补贴机具目录管理、经销商管理、申请管理、购机管理、结算管理、信息管理及随机抽查的信息化和网络化。2012 年，研发了农业财政项目管理系统，要求除涉密项目外，所有申报农业部部门预算项目的单位，都要通过管理系统上报，进一步强化项目立项、评审、管理、资金安排、验收等各个环节的规范管理，2013 年将部分专项转移支付项目也纳入系统管理，提高了项目管理的科学化、规范化和信息化水平。

（三）考评资金使用绩效

农业部将绩效理念融入项目资金分配、管理的全过程。在资金申请和分配阶段，以绩效目标和预期效益为重要依据。在项目完成阶段，以绩效评分标准进行考核验收，将绩效考评结果作为下一年度项目资金分配的重要依据。2006年起，农业部开始对农业科技跨越计划等部门预算项目开展绩效考评，并把考

---

① 三个严禁：严禁采取不合理政策保护本地区落后生产能力，严禁强行向购机农民推荐产品，严禁借国家扩大农机具购置补贴之际乱涨价。四个禁止：禁止向农民收费、禁止向农机生产企业收费、禁止向补贴产品经销商收费、禁止以工作经费不足为由向企业和农民收费。五项制度：补贴机具竞争择优筛选制、补贴资金省级集中支付制、受益对象公示制、执行过程监督制、实施效果考核制。八个不得：各级农机化主管部门和农机化推广机构不得指定经销商；不得违反规定程序确定补贴对象；不得将国家和省级推广目录外的产品纳入补贴目录；不得保护落后强行向农民推荐补贴产品；不得向农民和企业以任何形式收取任何额外费用；不得以任何理由拖延办理农民购机补贴手续和补贴资金结算手续；不得委托经销商代办代签补贴协议或机具核实手续；不得以购机补贴名义召开机具展示会、展销会、订货会。

评结果运用于改善预算管理和资金拨付工作。2009 年，农业部将绩效考评工作融入部门预算管理整体工作中，增强了考评工作的规范性和约束力。为规范农业财政项目绩效评价工作，提高评价工作的质量和水平，2012 年，农业部专门出台制度，对项目评价工作组织管理、评价项目的确立、各方权责、评价主体应具备的条件等工作规范，绩效目标、绩效指标、绩效评价形式、评价方法、评价报告的主要内容等技术规范，在绩效评价过程中要遵守的回避、保密及有关纪律规定等行为规范和评价结果应用等方面都进行了明确的规定。为推动项目绩效评价工作的落实，农业部对项目绩效评价工作开展的时间节点和工作分工进行了明确划分，对预算支出绩效管理规程也进行了明确规定。2013 年，农业部部门预算中实行绩效评价项目总金额超过 6.4 亿元；编报绩效目标的项目总金额超过 64 亿元。在此基础上，农业部创造性地将绩效考评机制引入到专项转移支付项目管理中，2011 年，选择"菜篮子"产品生产扶持项目进行试点，在指标设计、考核程序、考核方法等方面进行了有益尝试，初步建立了一套相对完整的项目考评体系，为今后深入开展专项转移支付项目绩效管理积累了经验。2012 年，农业部又按照国务院推进政府绩效管理的有关要求，选择农机购置补贴和基层农技推广体系改革建设作为试点项目，在中央国家机关中率先对省级部门开展强农惠农富农政策落实延伸绩效管理。这是一项全新的工作，在各省的大力支持和积极配合下，按照科学规范、客观公正、先易后难、简便易行、定量定性、综合评价的原则，科学设计考核指标，统一考核方法、实施步骤和评价方式，强化工作督导和验收考核，促进政策落实和工作创新，初步形成了上下联动、齐抓共管的绩效管理工作格局。通过两年的实践，绩效管理从部门预算项目扩大到专项转移支付项目，从对部系统的考核延伸到省级农业部门，从单一对资金使用的考核拓展到对政策落实的全过程全方位的考核，对各个项目进行动态诊断把脉，进一步增强了农业系统绩效管理的理念，"抓业绩、讲效率、求效益"的良好氛围正在逐步形成。

（四）督查"三农"政策落实

近年来，农业部积极探索强农惠农富农政策监督检查工作的新思路、新办

法、新举措，把专业力量监督与社会力量监督、全面检查与重点检查、经常性检查与专项检查、传统检查方式与现代科技手段结合起来，注重发挥监督检查的综合效率，通过事前预防、事中监控、事后查处，提高监督检查的威慑力。2010 年，农业部对 2007～2009 年部门预算内项目资金开展专项清理和检查，从项目申报审批、资金下达、拨付和使用等重点环节下手，全面组织自查自纠，共整改纠正违规资金 1297.6 万元。2008 年第四季度起到 2010 年底，农业部从国家安排的近 8000 个扩大内需农业项目中，抽取不低于项目总数 10% 的比例，进行了重点抽查。由驻农业部纪检组牵头，对部属单位承担的 9 亿元以上的项目逐一进行了重点检查。部署要求各省级农业主管部门按照不低于项目总数 30% 的比例，对垦区棚户区改造等 9 类项目进行专项检查。2012 年以来，重点对农机购置补贴、草原生态保护奖补、农业防灾减灾稳产增产关键技术补助等项目进行专项检查。通过抽查和专项检查，及时督促整改政策执行和项目建设中存在的问题，惩戒违规违纪违法行为。

二 探索农村集体资金资产资源规范管理

我国农村集体"三资"总量庞大，2012 年底，全国 58.9 万个村级集体经济组织账面资产总额（不含土地等资源性资产）达 2.2 万亿元，村均 369.3 万元。除农村集体资产外，还有一些农村集体拥有机动地、"四荒地"和矿产等资源。农村集体"三资"管理，直接涉及农村最基本的生产关系，关系着农民群众的基本权益和党在农村的基本政策。但从全国来看，各地农村集体"三资"管理工作进展不平衡，不少地区仍存在产权归属不明晰、资产家底不清楚、三资监管不得力、管理制度不完善等问题，有的还滋生了村干部腐败和职务犯罪，引发群体性事件和恶性案件。近年来，农业部一直把加强对农村集体"三资"管理的指导与规范作为反腐倡廉建设的一项重要内容，积极探索农村管理机制改革的新路径和新举措，逐步规范农村集体资金资产资源管理。

（一）编制农村集体"三资"管理制度网

2009 年，农业部专门制定了《关于进一步加强农村集体资金资产资源管理指导的意见》，完善出台农村集体"三资"管理的 14 项具体制度①，指导和帮助集体经济组织健全"三资"管理制度，要求各地区在农村党风廉政建设、落实"四议两公开"工作法②以及村务公开等工作中纳入"三资"管理制度建设和落实情况。在健全制度的基础上，农业部部署开展了清产核资工作，夯实农村集体"三资"管理基础。2010 年，召开了全国农村集体"三资"管理工作座谈会，明确要求各省（区市）统一部署开展"三资"清理工作，用三年时间摸清底数、建立台账。截至 2013 年 6 月，全国已有 27 个省份统一部署开展了清理工作，超过 90% 的村完成了清理。结合清产核资工作，农业部要求各级农经部门帮助集体经济组织发现"三资"管理方面存在的问题和漏洞，指导集体经济组织完善合同管理，依法对村集体经济合同进行清理规范。此外，农业部鼓励各地建设"三资"管理信息化平台，截至 2013 年 6 月，全国已有 7 个省、85 个地（市）、1558 个县（市）建立了"三资"网络管理平台。

（二）以典型带动规范农村集体财务管理

多年来，农业部从健全财务会计制度、规范账务处理程序、建立民主管理机制等方面，逐步推进农村集体财务管理的规范化，先后开展了两次"全国农村集体财务管理规范化示范单位"评选活动，确定了 326 家示范单位，在全国发挥典型引领和示范带动作用。在此基础上，联合监察部修改发布了《农村集体财务公开规定》，逐步扩大至省、市、县三级示范试点，强化村级财务公开和民主理财机制建设，以财务规范化保证资金收支的规范化。2013年，农业部联合相关部门出台了《加强和规范村级财务管理工作的指导意见》，指导各地区完善村级财务民主监督机制，审计监督农村集体财务，规范村级会计工作，稳定农村财会队伍。各地普遍落实了新的会计制度，改进了记

---

① 农村集体"三资"管理的 14 项制度包括：财务收入管理制度、财务开支审批制度、财务预决算制度、资金管理岗位责任制、财务公开制度、资产清查制度、资产台账制度、资产评估制度、资产承包租赁出让制度、资产经营制度、资源登记簿制度、公开协商和招标投标制度、资源承包租赁合同管理制度、集体建设用地收益专项管理制度。

② "四议两公开"工作法，即农村所有村级重大事项都必须在村党组织领导下，按照"四议""两公开"的程序决策实施。"四议"是指党支部会提议、"两委"会商议、党员大会审议、村民代表会议或村民会议决议；"两公开"是指决议公开和实施结果公开。

账方法，会计电算化率达56％，许多地方会计人员实现了培训后上岗，有的做到了持证上岗。2013年，全国村集体财务公开比例达98％，比较规范的村超过70％，90％以上的村建立了民主理财小组。[①]

为完善村级会计委托代理服务，发挥乡镇对农村财务的监管职责，农业部专门制定了指导意见，并联合有关部委下发通知予以规范指导。全国各地在坚持民主自愿和集体资产所有权、使用权、审批权和收益权不变的基础上，逐步完善了村级会计委托代理制的机构建设、岗位设置、内部监管和服务流程，账、证、表等各类票据格式逐步规范，严格按照会计业务流程规范操作。2012年，全国实行会计委托代理制的村超过80％，乡镇对农村的会计监督得到了落实。

专栏1：浙江省创新农村"三资"管理办法

近年来，浙江省以"农村财务规范化管理示范点（示范县）"创建为抓手，不断规范村级财务管理，创新农村"三资"管理路径和方法。

浙江全面推行了村级会计委托代理制，在乡镇（街道）建立村级会计代理机构，村设报账员，实行"村财民理乡（镇）代理"。2009年开始，绍兴、宁波等地又探索将乡镇会计代理提升为"三资"服务，服务内容拓展为集体资产经营处置、债权债务管理以及资源开发利用、收益分配等各方面。2010年，全省各地相继设立了乡镇"三资"管理服务中心，按照4～5个村1名服务人员的标准配备人手，办公经费、人员报酬等费用由财政列支。

浙江省还全面实行了"一村一基本账户"制度。97.5％的乡镇实现了会计做账电算化，88.8％的县（市、区）建立农村财务计算机监管网络，其中46.7％的县（市、区）率先实现"县－乡镇－村"三级联网，实现了财务数据的互通共享。村级开支均经村务监督委员会审核后入账，收支经村务监督委员会审核后向群众公开。99.6％的村实行了财务按月或按季公开、逐笔逐项公开、重大事项按时公开，部分地区还使用电子触摸屏公开方式，随时接受群众

---

① 《农业部副部长陈晓华在全国农村经营管理工作会议上的讲话》，农业部网站，http：//www.moa.gov.cn/sjzz/jgs/gzjl/201305/t20130513_3459064.htm，访问时间：2013年9月15日。

查阅,实现了"三资"运行监管的全公开、真公开。

资料来源:2011年度全国农业系统反腐倡廉理论研讨会材料。

(三)审计监督农村集体经济

农业部落实《农村集体经济组织审计规定》,指导各地加强对村集体经济活动的审计监督,强化农村经营管理机构的监督责任,健全村级民主监督、乡镇会计监督、政府审计监督、网络实时监督、责任落实监督"五位一体"的农村资产财务监管体系。各地加强了对村集体经济活动的审计监督,农村集体经济审计基本实现了经常化、制度化。2012年,38.8万个村级单位接受了经济审计,涉及资金超过8500亿元,查出违纪资金8亿元,查处违纪人员2158人。在做好日常审计和专项审计的同时,建立了审计查处事项的问题移交、定期通报和责任追究制度,确保审计处理结果的落实。

(四)推进农村集体产权制度改革

农业部按照归属清晰、权能完整、流转顺畅、保护严格的要求,开展农村产权制度改革试点,稳步推进以股份合作为主要形式,以清产核资、资产量化、股权管理为主要内容的农村集体经济组织产权制度改革,将集体权益固化到户、到人,让集体经济组织成员成为拥有明确数量集体股份的股东,并逐步形成激励与约束有机结合的现代企业管理运行机制。截至2012年底,全国已有27个省份开展了农村集体产权制度改革试点,2.4万个村量化资产超过3600亿元,设立股东3700多万个,累计股金分红达812.8亿元。

三 整治损害农民利益的突出问题

针对当前任意增强农民负担、违法收回农民承包地、强迫农民推行土地流转、滥征乱占农民承包地以及克扣挪用国家政策性补贴资金等损害农民群众利益的突出问题,农业部重点开展了农民土地权益保护、落实减轻农民负担政策、农资打假等方面的监督检查和专项治理工作。

（一）集中整治损害农民土地权益问题

近年来，农业部探索加强土地承包经营权流转管理，逐步推行土地承包纠纷的调解仲裁，开展土地承包经营权登记试点，强化流转土地用途监管，建立了国土、农业两部门农用地用途管理协同机制，努力保障农民的土地权益。

1. 健全土地承包法律体系

依据《农村土地承包法》和《物权法》等有关法律，农业部开展了配套法律法规的建设，先后推动颁布实施了《农村土地承包经营纠纷调解仲裁法》，组织制定了《农村土地承包经营纠纷仲裁规则》《农村土地承包仲裁委员会示范章程》，与以往颁布实施的《农村土地承包经营权证管理办法》《农村土地承包经营权流转管理办法》等，共同构筑起农村土地承包法律体系，为维护农民土地承包权益提供了法律和制度保障。

2. 依法落实农民承包土地权利

农业部按照承包地块、面积、合同、证书"四到户"的要求，推动各地做好延包后续工作，妥善解决遗留问题。到 2010 年底，"全国 2.29 亿农户承包了耕地，签订承包合同 2.2 亿份，颁发土地承包经营权证书 2.06 亿"，[①]90% 以上农户的土地承包经营权得到法律确认，农村土地承包关系总体保持稳定。按照中央部署，农业部从 2009 年起组织开展土地承包经营权登记试点，重点解决承包地块面积不准、"四至"不清[②]、空间位置不明和登记簿不全等问题，广东、湖北、上海、重庆集中开展了土地承包确权颁证工作。2012 年，农业部会同有关部门在 28 个省（自治区、直辖市）选择 50 个县（市、区）开展了相关试点工作。2013 年，根据中央"用五年时间基本完成农村土地承包经营权确权登记颁证工作"的要求，又选择 105 个县（市、区）进行试点，逐步探索健全土地经营权登记制度，确保土地承包关系稳定并长久不变。

---

① 《全国土地承包经营权流转总面积已经达到 2.07 亿亩》，中央政府门户网站，http：//www.gov.cn/jrzg/2011－12/28/content_ 2031998.htm，访问时间：2013 年 9 月 20 日。

② "四至"就是地籍上每宗地四邻的名称。一宗地四个方位与相邻土地的交接界线。一般填写四邻的土地所有者或使用者单位和个人名称。若毗邻的土地为道路、河流等线状地物或湖泊、山峰等，其"四至"填写为相关地物的名称。

3. 加强土地流转管理服务

按照归属清晰、形式多样、管理严格、流转顺畅的要求，依托乡镇农经管理机构土地流转服务中心，为承包农户提供合同签订、政策咨询、价格评估、纠纷调处等服务。依托县市农经管理机构建立土地流转有形市场，搭建土地流转交易平台，为当事双方提供产权交易服务。规范土地流转合同管理，加强对土地用途的监管，遵循依法自愿有偿原则，引导承包农户流转土地承包经营权，发展多种形式的适度规模经营。截至 2012 年底，全国家庭承包耕地流转总面积达到 2.78 亿亩，占家庭承包经营耕地面积的 21.2%，土地承包经营权流转总体健康有序。

4. 以仲裁化解农村土地纠纷矛盾

农业部全面贯彻实施农村土地承包经营纠纷仲裁法，推动各地建立健全农村土地承包经营纠纷调解仲裁体系，形成乡村调解、县市仲裁、司法保障的农村土地承包经营纠纷调处机制，较好地解决了农村土地承包经营纠纷，维护了土地承包当事人的合法权益。2010 ~ 2012 年，各地农业部门和仲裁机构共受理农村土地承包经营纠纷 54.51 万件，其中，调解 43.16 万件，仲裁 11.35 万件。

（二）监管治理农民负担

农村税费改革后，农业部将减轻农民负担工作的重点从"治重""治乱"逐步转到防止农民负担反弹上来，通过重点领域专项治理、监测预警、监督检查和责任追究，维护农民群众合法权益，巩固农村税费改革成果。

1. 健全农民负担监管制度

2012 年，农业部推动出台了《国务院办公厅关于进一步做好减轻农民负担工作的意见》，全面部署了当前及今后一个时期减负工作的总体思路、工作措施、制度建设、监督检查，建立健全了涉农收费文件"审核制"、涉农价格和收费"公示制"、农村公费订阅报刊"限额制"、农民负担"监督卡制"和涉及农民负担案（事）件"责任追究制"等五项监管制度，同时建立了农民负担监测、信访举报等监管制度。此外，农业部坚持对减轻农民负担制度落实情况进行监督检查，督促各省每年集中开展 1 ~ 2 次专门检查，协调国务院减

负联席会议有关部门组成检查组，每年重点抽查 4 个省份，推动减负政策落实。2006～2012 年，共查处各类问题 568 个，处理有关责任人 142 名。

专栏2：河南完善农民负担监督卡制度

农民负担监督卡制度作为农民负担监督管理工作的基本制度，长期以来，在制止农村乱收费、乱罚款和各种摊派，保护农民合法权益，便于群众监督等方面发挥了重要作用。

河南省在全国率先改革农民负担监督卡的样式和内容，把以往"收费登记式"改为"政策宣传监督卡"，将原来主要靠监管部门监督逐步转变为群众性和社会性监督。新监督卡印有主要涉农收费的政策、项目、标准及有关部门的监督举报电话。监督卡在手，农民就明白应该交什么、不应该交什么、应该交多少，有了问题向谁反映。农户还可以在监督卡的反馈联上填写需要反映的问题，免费寄回省农监办。

新监督卡制度畅通了农民负担信息反馈渠道，对农村乱收费问题起到了较好的遏制作用。

资料来源：《河南省农民负担监管工作取得新进展》，农业部网站。

2. 重点治理农民负担问题

针对行业性和区域性农民负担问题，农业部重点组织开展了农民负担专项治理和综合治理。一是规范涉农行政事业收费管理。2008 年，农业部会同有关部门对涉农价格和收费进行了规范和清理整顿，取消或停止行政事业性收费 319 项，降低收费标准或价格 109 项，涉及金额 28.74 亿元。2009 年，农业部在全国范围组织专门开展了面向农民专业合作社乱收费的清理工作，取消向合作社收费、罚款、集资项目 121 个，降低收费标准 38 项，减轻合作社负担超过 2 亿元。二是开展对农民反映突出问题的专项治理。2006～2012 年，针对农村义务教育、计划生育、农机服务、修建通村通乡公路、报刊订阅等领域以及向村级组织、农民合作社乱收费和摊派集资等农民反映强烈的问题，组织开展了专项治理，共减轻农民负担 69.25 亿元。2012 年，农业部联合纠风办、发改委对全国 30 个省（区市）50.6 万个村开展了专项治理，清退金额 1.29

亿元，追究责任人 716 人，制定文件 745 件，减轻农民负担 6.74 亿元。三是实施农民负担综合治理。农业部每年选择部分农民负担较重、问题较多的县（市）实施区域性综合治理。2006~2012 年，通过全程监督、重点排查、派员督导、违规查处、检查验收等举措，先后在 120 个县（市）开展了综合治理工作，取消涉农收费、罚款、集资项目 441 个，共减轻农民负担 11.68 亿元。

3. 监管一事一议筹资筹劳

一事一议筹资筹劳是农村税费改革后解决村级公共设施建设和公共服务投入问题的一项制度安排。2008 年，农业部在黑龙江、河北和云南 3 省启动开展村级公益事业建设一事一议财政奖补试点，并逐步扩大试点范围，协调有关部门加强指导监管，探索规范议事范围、议事程序、限额标准等内容，推动一事一议财政奖补工作健康发展。经过 3 年试点推广，2011 年在全国范围内实施。针对有的地方操作不规范、借机加重农民负担甚至以权谋私等问题，2012 年，农业部专门制定了规范筹资筹劳操作程序的指导意见，对议事程序、方案审核、资金劳务筹集、组织实施、验收检查、建成项目管理等做出明确规定。2008~2012 年，全国农村开展一事一议中，农民筹资 377 亿元，农民筹劳 54 亿个，各级财政投入奖补资金 1697 亿元，建成村级公益事业项目 136 万个，改善了农民生产生活条件。

专栏 3：农业部信访督查员制度

中央纪委驻农业部纪检组组长朱保成说："我在农村调研以及接待农民信访时发现，有些农民反映的问题久拖不决，尽管农业部门非常重视，但真正落实还很不容易，如何解决政策落实的'最后一公里'问题？农业部建立了信访督查督办制度，聘请了六位退休司局级干部成立专门的督查小组，进村入户，深入基层，一件一件地落实农民反映的问题，下决心解决那些久拖不决的事儿。"据统计，2005~2011 年，农业部共派出 41 个由信访督查员带队的督查组，分赴 17 个省（区市），对 93 个重点信访问题进行了实地督查，推动解决了一大批实际问题，受到了信访群众和当地有关部门的好评。

资料来源：《认真解决好政策落实"最后一公里"问题》，农业部网站。

此外，农业部还积极拓展农民负担监管领域和监管范围，逐步将农民负担监管领域向农村基础设施建设、农村公共服务、农业社会化服务等方面延伸，探索推行农村基础设施建设项目审核制，防止应由政府投入的建设项目向农民和村级组织摊派。

（三）开展"农资打假"和监管农资市场

1. 研发"农资打假监管系统"

2011年，农业部研发的"农资打假监管系统"在全国省级农业部门开始运行，2012年，逐步推广应用到市、县两级。各级农业部门依据自身业务采集农资打假数据信息，并通过系统逐级上报。农业部监管局对全国信息进行汇总后，建立农资打假基本信息数据库，并负责数据信息管理和统计分析。依托该系统，各地农业部门可按季度报送农资打假信息，及时上报"大要案"（涉案金额5万元以上）情况，通过信息汇总分析，为农业部统一部署工作，找准农资打假重点，跨省追查与联合执法提供信息支持。

2. 进行农资打假专项治理

农业部会同有关部门每年部署开展农资打假专项治理，制订年度监管工作要点和实施方案，指导各地有针对性地开展专项治理。2012年，农业部重点打击了制售假劣农资坑农害农行为，全国农业系统共出动执法人员400余万人次，检查了288万家相关经营企业，打掉了一批非法生产的黑窝点，为农民挽回直接经济损失34.24亿元，向社会公布了75起涉及假农药、假种子、假疫苗等农资打假的典型案例。此外，农业部还定期组织开展对种子、农药、肥料、饲料和兽药等农资质量监督抽查，通过网络及时公布抽检结果，推介优质放心农资产品，曝光不合格产品和企业。

3. 推动"放心农资下乡进村"

农业部开展了"放心农资下乡进村示范县"建设，组织召开现场会，推广农资连锁经营、农资农技"双连锁"、组建农资行为协会、建设农资信用体系等成功经验和做法。截至2013年，全国示范县总数达到252个，较好地推动了农资市场秩序不断规范。农业部每年组织举办"放心农资下乡进村宣传周"活动，大范围组织执法人员、专家和农技人员深入到农村基层举办现场咨询、鉴定服务活动，手把手传授假劣农资识别、维权途径、病虫害防治、实用种植养殖技术、良种良法、动物防疫等知识，指导农民科学规范地购买、使用农资，提高广大农民的识假辨假和自我保护能力。

四　规制农业行政权力运行

有效监督和制约农业行政权力运行是农业部构建惩治和预防腐败体系的必然要求。近年来，农业部根据中央的要求，不断推进农业行政审批制度改革和政务公开，探索实施岗位廉政风险防控，努力推动农业行政权力阳光规范廉洁运行。

（一）精简和规范农业行政审批权

为建立程序规范、审批透明、办事高效、监管有力的行政审批权力运行机制，实现依法审批、高效审批和廉洁审批，农业部积极探索改革行政审批制度，创新行政审批方式和方法，促进行政审批权公开透明规范地运行。经过十年努力，农业部行政审批综合办公已成为农业部政务服务的响亮品牌，行政审批制度改革工作成为全国的先进典型，受到服务对象和社会公众的赞许。

1. 依法取消和规范行政审批项目

根据国务院统一部署，农业部坚持把市场机制能够自行调节的审批事项减下来，把地方农业部门能够审批的事项主动放下去，依法取消、调整和规范行政审批权限，规范办事流程，明晰职责义务。截至2013年，先后取消调整了48项行政审批项目，其中，取消35项，下放管理层级7项，改变管理方式1项，合并同类审批4项，减少审批部门1项。废止了涉及农业行政许可的规章制度及规范性文件20件，修订了有关行政许可的实施主体、条件、程序、期限和收费的规章和规范性文件40件。农业部编制了《行政审批综合办公办事指南》和审批流程图，在中国农业信息网上全面公开每项行政许可的审批内容、法律依据、办事条件、办理程序、承诺时限、收费标准和审批流程，保障管理相对人的知情权。

2. 推行"一个窗口对外"

2003 年，农业部在国务院部门中率先设立行政审批大厅，实行"一个窗口对外"，将保留的全部行政审批项目分期分批纳入综合办公，实行统一受理和统一回复。选派熟悉业务的干部到行政审批大厅进行集中办公，负责对申请材料的合规性和完备性进行初审，实行一次性告知、全程跟踪督办和限时办结。自行政审批综合办公制度实施以来，所受理的行政审批事项基本可实现按时办结。在审批流程上，一般由省级有关部门负责行政许可申请的受理工作，地方农业部门初审，农业部综合办公大厅统一受理。对于受理的审批事项，实行相关检测机构检验、专家组集体审评和行政司局依法审批，实现各负其责、相互制约和相互监督。为减少和规范审批自由裁量权，农业部建立了专家评审制度，成立评审委员会，建立了专家库，严格实行专家任期制、回避制、随机抽取制、集中评审制和主审人负责制。2007 年，农业部探索推行网上审批，开通了"行政审批综合办公网上申请系统"，开展了农业转基因生物安全管理许可的网上审批试点。2009 年以来，逐步探索推进农业转基因生物安全管理、农药、种子、渔业、船检、植物检疫等行政许可网上审批，做到从申请人、省级农业行政主管部门到部机关的全程网上运转。截至目前，已经开发完成了 42 项全程网上审批，占农业部审批总量的 46.2%。

3. 实行电子监察和网上投诉举报

为避免行政审批大厅成为"收发室"，农业部专门成立了行政审批综合办公室，以"第三者"的身份，通过综合办公业务处理系统（包含督察督办制度、责任追究制度和理由说明制度），对整个审批过程进行全程跟踪和督察督办。农业部建立了行政审批电子监察系统，监督规范行政审批权力。通过该系统可实时查阅所有行政审批的意见和流程，预警提醒可能超时办理的事项，发现核实涉嫌违规的审批事项，实现了行政审批的全过程监督。农业部还研发了行政许可网上投诉举报系统，自动收集、汇总、反馈投诉举报信息，制定了《行政许可网上投诉举报处理暂行办法》，对网上投诉举报的受理范围、责任分工、工作流程、办理时限及工作要求等做出明确规定，确保投诉信息得到及时处理，维护投诉举报人的合法权益。农业部在全国推行了"12316"三农服务热线，不仅为农民提供科技、市场、政策、价格等全方位的即时信息服务，还接受对假劣农资等的投诉举报。据初步统计,"12316"平台已经惠及全国1/3以上的农户。此外,"农业部还开设网络服务专栏和短信服务平台,在行政审批大厅开辟信息查阅区,社会公众可以随时查阅农业部所有公开文件,以及行政审批项目的办理条件、承诺时限、收费标准和审批进程等信息"①,较好地实现了规范高效透明。

(二)阳光透明制定和执行政策

农业部按照"公平、公正、公开"原则,规范项目立项和资金分配管理,严把项目申报审核关。对于涉及农业补贴类的项目,每年政策一经落实,农业部即会同财政部在相关新闻媒体上进行宣传,并要求地方相关部门在村里公开展示,力求做到家喻户晓。"十一五"期间,累计公开涉及资金1500多亿元,项目500余个。在中国农业信息网上设立财政项目专栏,对部门预算内项目,除涉密项目外,项目申报指南、资金分配方案全部在网上公开;在网上公开转移支付项目所有项目的实施指导意见,接受社会监督。2010年,农业部就开始向社会公布了部门预算情况,使公众进一步了解部门预算各项支出的内容及重点支持方向。为了便于社会监督,农业部及时公布农业基本建设投资项目、农业财政性专项资金和其他有关农业项目的申报、立项、实施等相关信息,强化项目监管,确保资金安全和项目顺利实施。

专栏4:吉林农机购置补贴信息公开透明

2013年,吉林省开通了覆盖全省所有市、县的农机购置补贴信息系统,通过农机购置补贴信息专栏向农民朋友发布政策信息。该省的购机补贴信息系统功能十分齐全,专栏划分为通知公告、补贴政策、补贴标准、补贴产品、监督投诉、补贴申请程序、支持推广目录、政策咨询、曝光台、资料下载、补贴机具经销商查询等多个板块;全省各市(州)和所有农机购置补贴实施县的专栏由省里统一建设,统一规范信息公开内容,使用户查询方便,操作简单;整个系统各级页面的专题内容全省上下联动,省里公示的有关信息自动显示在市级和县级专栏中,市级和县级发布的有关信息也同步在省级专栏中显示。通过该系统,农户可直接查询农机购置补贴产品目录,了解各型号机具的基本配

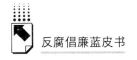

置及参数，咨询购机补贴政策和相关法律法规文件，参与到农机购置补贴政策的实施和监督过程。下一步，吉林省还将建设覆盖全省所有乡级农机站的购机补贴政策网络系统。

资料来源：《吉林省农机补贴信息平台透明公开》，中国农业新闻网。

此外，农业部还通过组织开展政策宣传和解读，提高政策执行的透明度。2009 年，农业部印发了《关于切实加强强农惠农政策宣传确保各项政策有效落实的通知》，要求各地强化财政支农政策宣传，让广大农民群众知晓惠农政策，并对项目区内享受补贴政策的农民登记造册，接受社会监督。为广泛宣传强农惠农富农政策，每年年初制定年度宣传计划，充分利用社会媒体，有计划有重点地加以落实，利用广播电视、报刊、网络等媒体，采取新闻发布会、在线访谈等多种形式，宣传政策，倾听民声，使政策进村入户，深入人心。2010年，编制了 100 万份农机购置补贴政策解读和工作流程解读，免费发放到村里。

（三）切合实际周密管控廉政风险

2010 年底，农业部党组在部系统内部署开展了廉政风险防控管理工作，围绕农业部门的核心职能，抓住重大问题决策、重要人事安排、重大项目建设、大额资金分配使用、强农惠农政策落实等重点权力，查找腐败问题易发多发的薄弱环节，构建科学防控体系。发展计划司把创新农业投资项目监管手段和协作机制作为突破口，将廉政风险防控理念融入农业投资项目监管的全过程。财务司围绕强农惠农政策落实，采取自查、互查、集体查等方式，分析政策实施中的权力、责任和风险，绘制流程图并制定防控措施。人事劳动司以干部选拔任用为重点认真查找风险，抓住民主推荐、组织考察、讨论决定等关键环节细化防控措施。农药检定所结合农药登记审批核心业务开发了农药登记审批软件，把农药登记的 24 个环节分配到 7 个业务处室，实行全程网上电子审批，实现了对农药登记审批全过程的制衡、预警和监控，防止关系审批和越权审批。水科院东海所结合科研单位自身特点，按照"流程为基础、控制为要点、质量为生命"的质量控制理念，建立了以 ISO9000 管理模式为基础的廉政风险防控体系。① 2013 年，农业部将廉政风险防控管理逐步延伸到部业务主管的社团组织，专门制定了实施方案，结合社团组织特点指导推进廉政风险防控工作。据统计，"农业部 20 个司局和 46 个直属单位共梳理绘制重点权力运行和业务流程图 586 份，排查出廉政风险点 8215 个，有针对性地制定防控措施 11965 条，并全部编制了本单位的《廉政风险防控手册》。"② 结合廉政风险防控管理，2011 年，农业部还组织开展了制度廉洁性评估工作。作为国家预防腐败局确定的试点单位，农业部专门研究制定了《农业部规范性文件管理规定》，对制度廉洁性评估提出明确要求。并组织部门对已公布的有关制度、今后新制定的制度进行评估审查，对廉洁性风险较高的制度，按照法定程序予以立、改、废，并向社会公布。

五 培育廉洁敬业为农的政风行风

农业系统的行风状况，直接关系到党的"三农"工作和各项政策的落实，直接关系到党和政府在农村、农民中的形象。多年来，农业部坚持抓党风带政风促行风，通过干部绩效管理、群众路线实践教育、查处纠正违规违纪行为，着力营造"为民、务实、清廉"的干部作风和政风行风。

（一）干部绩效管理激发干事热情

2010 年，农业部在中央国家机关率先推行绩效管理，把职责履行、依法行政、领导班子建设、党风廉政建设等方面的工作任务细化量化为具体指标，年终进行考核评估，提高机关行政效能。

1. 坚持指标引导

围绕中央关于"三农"工作的部署要求和"两个千方百计、两个努力确保、两个持续提高"的中心任务，把"十二五"规划、中央 1 号文件、政府

---

① 《农业部以规范权力运行为重点 全面推行廉政风险防控》，《中国纪检监察报》2011 年 10 月 21 日。
② 《农业部部署廉政风险防控管理工作》，新华网，http://news.xinhuanet.com/lianzheng/2011 - 07/07/c_ 121637218. htm，访问时间：2013 年 9 月 20 日。

工作报告等有关"三农"的重大决策部署作为制订指标体系的依据，制订三级量化指标。对不能量化的任务，提出可以衡量的标准，考核评价落实到处室，明确责任主体、落实措施和完成时限。同时，通过确定核心指标，加大考评权重的方法，突出工作重点，督促相关任务落实，先后确定了粮食增产、农民增收、重大动物疫病防控、农产品质量安全等最能反映"三农"工作成效的20项核心指标。此外，农业部还把违规失职评估作为"一票否决"和减分因素使用，明确规定发生3种违规违纪行为要"一票否决"，即不能在年终评估时评为优秀或良好档次，发生其他违纪违规问题要减5~10分。

2. 强化过程督促

把监测与评价贯穿于绩效管理的全过程，建立了年初"建账"、年中"查账"、年底"结账"的动态监控机制。制订绩效管理工作任务落实的路线图和时间表，坚持日常、月度、季度绩效沟通，及时发现不足和偏差，对进度缓慢、落实有难度的绩效指标加强督查督办。通过研发的绩效管理信息系统，实现了网上制定指标、网上监测过程、网上评估考核、网上公开信息，提高绩效管理工作的效率。在年中和年底分别开展的绩效评估中，采取"司局、单位自评→绩效办组织核实→绩效管理领导小组审核→部党组审定"的方式，逐项核实各项指标完成情况，对每个司局和单位形成评估结果意见，在此基础上，汇总完成年度绩效管理评估报告，并在互联网上公开。

3. 注重结果激励

在考核结果的运用上，农业部坚持以正面激励为主，一方面，把查找问题、分析原因和提出改进措施作为绩效管理工作的重心，避免过分地追求打分和排名。另一方面，将年终评估结果作为领导班子建设和干部选拔任用、培养教育、管理监督、激励约束的重要依据，发挥绩效考核的激励引导功能。年终评估结果由部党组审定后，按40%的比例对绩效评估结果为优秀档次的司局（单位）予以表彰，考核结果为较差档次和连续两年评估排在后两位的，由分管部领导对领导班子进行诫勉谈话，必要时结合班子考核、干部考察情况对领导班子做相应调整。此外，还鼓励支持试点事业单位与绩效工资、绩效奖金挂钩，给予试点事业单位增加10%的工资总额的优惠政策。

（二）"百乡万户调查"践行为民理念

为加强机关干部的能力培养和实践锻炼，密切同农民群众的联系，防止"庸、懒、散、奢"现象，农业部着力将机关干部基层实践教育活动常态化和制度化，构建多渠道、分层次、全覆盖的干部基层锻炼格局，鼓励机关干部深入"三农"一线摸实情办实事儿。结合创先争优活动，农业部在全国农业系统大力弘扬对党忠诚、不畏艰难、无私奉献的北大荒精神、南沙精神和祁阳站精神。特别是近两年，每年春季组织"百乡万户调查"，"三秋"大忙季节开展青年干部"接地气、察民情"实践锻炼活动，两年来，共派出 336 名机关干部和科技人员，走访 700 多个乡镇，访谈农民 3 万余人次，收到了解基层实际、推动解决问题、锤炼队伍作风、提升服务"三农"科学发展能力等多重效果。农业部还要求机关干部"把农民当兄弟，把自己当农民"，从基层地区和农民群众的视角审视农村发展状况和国家强农惠农富农政策的落实情况，撰写调研信息和调查报告，为将来做好科学决策提供帮助。此外，农业部建立了部司领导基层联系点制度，12 位部领导定点联系 14 个村（龙头企业），83 位机关司局级干部定点联系 83 个村（农场、牧场、专业合作社、龙头企业），下派了 117 名机关干部到基层单位挂职，帮助农民群众解决了不少实际困难和问题。在关键农时季节和抗灾救灾重要时刻，农业部派出 240 多个工作组，采取切实手段帮助农民稳产增产、防灾减灾，努力为农民办实事，逐步把基层联系点打造成领导干部"三深入"的实验基地，把基层调研活动打造成机关干部实践锻炼的精品工程，把基层挂职锻炼打造成年轻干部成长成才的实践平台。

（三）查纠违规违纪行为净化政风行风

近年来，农业部狠敲防腐警钟，严肃查办案件，通过坚决查纠违规违纪行为增强教育的说服力、制度的约束力和监督的威慑力，改善政风行风。农业部业务领域广泛，涉及种植、畜牧、兽医、渔业、农机、农垦、乡镇企业等 7 个行业（系统），设有 20 个司局和 46 个直属事业单位，整个系统近 2 万人。驻部纪局平均每年接收的群众信访在 200 件左右。2007～2012

年，驻农业部纪检组监察局以信访举报为案件线索的主要来源，共初核案件线索 50 件，立案 28 件，给予党政纪处分 30 人。其中，司局级干部 10 人，处级干部 13 人，移送司法机关干部 10 人。从查处的案件看，主要集中在三个方面：一是严肃查办农业部系统干部特别是领导干部违纪违法问题；二是督促查办基层政府或有关部门侵害农民土地承包权益或假冒伪劣农资坑农害农的问题；三是纠正和查处强农惠农资金、项目落实中存在的违规违纪问题。其中立案查处了中国动物卫生与流行病学中心原主任、党组书记李洋受贿 1500 余万元问题，给予李洋开除党籍处分，移送司法机关后被判处死刑缓期两年执行。立案查处了全国畜牧总站协会工作处正处级干部、中国畜牧业协会原秘书长沈广贪污公款 1482 万余元等严重违纪违法案件。给予沈广开除党籍、开除公职处分（目前法院正在对该案进行审理）。注重查办案件的治本功能，李洋案件发生后，专门制作了警示教育片《迟来的忏悔——李洋系列案件警示录》，组织各单位开展了专题警示教育，引导广大党员干部筑牢思想道德防线。农业部党组更加重视对部属单位"一把手"的监督，通过集中巡视、任中审计、专项检查等措施，进一步加强对党员领导干部特别是京外单位"一把手"的日常管理和监督，并出台了《关于加强事业单位所办企业管理的若干意见》。沈广案件发生后，农业部组织部业务主管社会团体开展了廉洁从业风险防控管理，要求认真查找风险点，制定完善防控措施，制定高质量的《廉洁从业风险防控管理手册》。2010～2012 年，农业部机关和直属单位共有 67 人次主动上交了价值 41.17 万元当面未能拒绝的现金、有价证券、支付凭证和一些贵重礼品。

六　农业部反腐倡廉建设的主要成效与经验

农业部推动反腐倡廉建设的一系列做法和举措，带动了农业系统广大党员干部勤廉作风的进一步转变，促进了国家强农惠农富农政策的有效落实，为农村基层经济社会的健康发展提供了保障。

（一）促进了农业建设的发展

农业部注重以科学的方式推进农业系统反腐倡廉建设，强化用制度管人、管事、管权，在确保中央"三农"工作决策部署和强农惠农富农政策有效落实的同时，促进了农业管理和公共服务水平的不断提升，规范了农村"三资"管理，释放了农业生产力，在近年来国际农产品市场大幅波动和宏观经济形势复杂严峻的背景下，农业农村经济实现了"稳中有进"。粮食生产实现"九连增"，2010～2012年，粮食产量分别达到10928亿斤、11424亿斤、11791亿斤。农民增收实现"九连快"，2010～2012年，农民人均纯收入分别达到5919元、6977元、7917元，分别比上年增长10.9%、17.9%、13.5%，增幅连续3年超过城镇居民人均可支配收入增幅。

（二）有利于维护农民群众的合法权益

多年来，农业部结合农业农村特点开展反腐倡廉建设，财政支农资金管理水平不断提高，农村"三资"管理迈开新步伐，农民负担得到有效控制，农业行政权力运行更加规范，保证了各项政策落实不走样，涉农资金落实不打折扣，损害农民利益的行为得到纠正，让党和国家强农惠农富农政策真正惠及广大基层农村和农民群众。在农业生产、义务教育、医疗卫生、社会保障等方面农民群众得到国家补贴的项目不断增多，数额不断增加。2013年，新型农村合作医疗覆盖95%以上的农民，农村最低生活保障制度覆盖5000多万农民，新型农村社会养老保险全覆盖，上亿农民领取了养老金。农民群众形象地概括为"种田不缴税，上学不交费，看病能报销，生产得补贴，生活有低保，养老也放心"。

（三）有利于改善农村党群干群关系

随着农村改革的逐步深化，农民减负工作不断加强，惠农政策力度不断加大，基层干部作风逐步转变，由原来的催粮催款，要钱要物，到为农民提供服务，主动了解掌握农民群众的合理诉求，遇事与农民商量，全程接受农民监督，农民衷心拥护党和政府的农村政策。尤其是农村税费改革以来，随着统筹

城乡发展和减轻农民负担工作力度的不断加大，农民负担总体上保持在较低水平，2012年农民直接承担的费用人均49.66元，缓解了农民的经济压力，干群矛盾得到缓解，农村社会得到进一步稳定，党在农村的群众基础得到进一步巩固。

（四）端正了为农服务的政风行风

多年来，农业部坚持以工作方式创新推进职能和作风转变，通过推进行政审批制度改革、绩效管理和效能监察工作，使农业系统广大干部依法行政和为农服务的意识不断增强，进一步规范了行政行为，较好地防止了"庸、懒、散、奢"现象。2012年，农业部21个机关司局和13个试点事业单位确定的1447项绩效管理指标全部完成，许多指标取得了巨大经济社会效益。近三年，农业部相关工作受到党中央、国务院、全国人大、全国政协、中央军委表彰12项。特别是八项规定出台以来，农业部结合实际狠抓落实，部系统各项工作作风得到了进一步转变提升，党员干部队伍精神面貌显著改变，树立了农业部门为民、务实、清廉的良好形象。据统计，农业部2013年全国性会议计划数量比2012年减少了54.4%，出国（境）计划派出团组和人次分别比2012年实际执行数减少20个团组、33人次。部机关公务接待费、车辆购置及运行费和办公用品费用大幅下降。

结　语

党的十八届三中全会提出了强化权力运行制约和监督体系的新任务和新要求，在当前和今后一个时期，深入推进农业部门反腐倡廉建设，必须始终把加强和改进对领导干部行使权力的制约和监督，加强反腐败体制机制创新，确保中央"三农"工作决策部署和强农惠农富农政策落实作为履行监督职责的重要任务。农业部部长韩长赋指出："实现中国梦，基础在'三农'。"而持续保障农业农村健康发展，农业系统反腐倡廉建设至关重要。应持续强化监督检查，严厉查处违规行为，推动完善各项落实机制；必须坚持用制度约束权力，建立完善反腐倡廉制度体制，抓好制度落实和对制度执行情况的监督检查，从体制机制上降低领导干部违纪风险；必须按照服务型政府要求，从行政审批制度改革入手，深入推进政务公开和职能转变；必须坚持勤政廉政"两手抓"，持之以恒抓好干部作风，推荐改进作风常态化建设；必须坚持严明纪律、查办案件，严厉惩治腐败，不断净化干部队伍和工作环境。必须坚决维护农民群众合法利益，严厉打击坑农害农、加重农民负担等损害农民利益的行为，推进农村基层党风廉政建设，着力解决群众最关心、最直接、最迫切的问题。

B.4

我国网络反腐的发展现状及展望

中国社会科学院"网络反腐"课题组*

摘　要：

本文着重分析了党和政府重视网络监督举报作用之外，注重发挥"网络反腐"在建构群众参与反腐倡廉路径、形成权力透明运行的压力和动力传导机制、推动中国特色政治文化建设等方面的正向价值，同时分析了"网络反腐"的多面性和复杂性，提出大数据时代的"网络反腐"亟需规范引导，认为"网络反腐"规范发展的前景是：提高执政能力，须"网聚"反腐倡廉正能量；推进"数字纪检"，实现网络反腐再平衡；打造"无谣网络"，构建网络监督新秩序。

关键词：

网络反腐　网络举报　网络监督

网络时代是历史进步的新阶段和人类社会的新形态。我国于1994年正式接入互联网，截至2013年6月底，网民规模达5.91亿人，互联网普及率为44.1%。① 互联网渗透到社会生活各领域，深刻改变了人们的生活、生产方式，并成为报刊、广播、电视之后最具影响力的"第四传媒"。随着反腐败工作向新媒体高科技平台延伸，腐败行为的知情者或受害人利用互联网进行信访举报、控告揭发，或向纪检监察机关和党政部门官网反映问题的网络反腐应运而生。中央党校编辑出版的《中共党建辞典》正式收录"网络反腐"一词。

＊ 课题组组长：李秋芳。执笔人：高波。

① CNNIC第32次调查报告。

近年来，随着大数据技术的广泛应用，利用互联网海量信息进行腐败证据挖掘和举报等行为成为新热点。

总体上看，网络反腐为政治发展、民主参与和腐败治理注入了活力。党和政府重视网络监督举报作用之外，着力发挥其倒逼公共权力透明运行、公共服务规范增效等功能，运用科技手段治理不勤不廉行为。网络反腐在规范公权运行、方便群众举报、强化官员监督等方面的正效应不断呈现。但也要看到，网络反腐具有多面性和复杂性特征，网络手段运用不妥、网络事件处置不当、网络谣言屡禁不止，会引发新的矛盾和问题。因此，应兴利除弊，加快构建规范有序的网络监督新秩序，实现网络传播再平衡，发挥其在惩防腐败中的作用。

一　我国高度重视网络反腐的正向功能

从政策面和基本面来说，我国领导人高度重视网络对治国理政和反腐倡廉的积极作用。2012 年 12 月 7 日，习近平总书记在广东考察时指出，掌握互联网海量信息并做出最客观、精确的分析，对政府提出的建议很有价值。2013 年 3 月 26 日，李克强总理在国务院第一次廉政工作会议上强调，中国已是透明度很高的社会，微博用户数以亿计，政府信息公开要说真话、交实底，接受人民群众和媒体的监督。中央纪委书记王岐山在党的十八大后的专家学者座谈会上指出，网上的舆论，包括骂声都要听；他在中央纪委监察部网站调研时强调，网站是前台，支撑在后台，纪检监察干部要学网懂网用网，要提高办网水平，向群众解疑释惑，回应社会关切。因此，尽管网络反腐泥沙俱下、鱼龙混杂，我国网络反腐作为信息化时代提高执政能力、抗御腐败风险的有效渠道，着力发挥其正向功能。

（一）运用网络助力反腐倡廉的氛围日渐浓厚

2006 年全国"两会"因博客的应用与报道，形成了独特的"博客议政"现象。代表、委员纷纷发布博客"亮"议案、提案，征集民众反馈。公职人员财产申报、食品药品安全等问题成为热门议题。2009 年被称为中国"微博元年"，"两会"代表、委员和网民"织围脖（写微博）"引发的"网络两会"，成为中国民主政治建设的生动写照。2011 年，政府机关大批开通微博，当年被称为"政务微博元年"（见图 1）。2012 年，网络上推出"两会"微博开放日，书记、省长等发公开信、写"微心愿"，引来网友围观。"严封小金库""今后财政预算须向大会作口头报告，并安排时间审议"等网络建议迅速传播。① 中央政治局委员、新疆维吾尔自治区区委书记张春贤，浙江省委组织部长蔡奇等人的实名微博受到许多网民关注，成为民众与领导互动的新平台。与此同时，越来越多的政务微博从"微博问政"走向"微博施政"。2011 年 11 月 14 日，深圳市中级人民法院用微博直播了对"老赖"进行拘留的强制行动，直播从 12∶57 开始到 14∶20 结束，共 8 篇微博，配以大量现场图片和简短文字，获得网民广泛好评和律师界密切关注。② 人们普遍认为，通过微博促进政务公开，保障了公众的知情权、表达权、参与权和监督权，并且促使政府部门规范自身行为，遏制腐败和改进作风。③

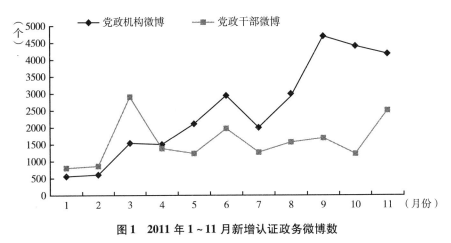

图 1　2011 年 1~11 月新增认证政务微博数

资料来源：参见杜晓《全国诸多政务微博大面积上线 部分仍患"痴呆症"》，《法制日报》2011 年 11 月 29 日。

2009 年 2 月，中央组织部开通"12380"举报网站，到 2010 年底访问量已达 270 万次，接到举报 5528 件，1284 名责任人员受到组织处理、纪律处分或刑

① 张意轩：《微博上的两会》，《人民日报》（海外版）2012 年 3 月 15 日。
② 蒋哲等：《中国政务微博从"微问政"走向"微施政"》，《南方日报》2012 年 1 月 3 日。
③ 杜晓：《全国诸多政务微博大面积上线 部分仍患"痴呆症"》，《法制日报》2011 年 11 月 29 日。

事处罚。① 2011 年该网站增设换届工作监督专栏，成为反映拉票贿选、跑官要官等违反"5 个严禁和 17 个不准"问题的窗口。② 2009 年 4 月 23 日，最高人民检察院首次修订《举报工作规定》，增加网络举报途径。同年 6 月，最高人民检察院开通"12309"举报电话，并将网站网址改为 www. 12309. gov. cn。2009 年 6 月至 2012 年 6 月，最高人民检察院"12309"收到网络举报线索十几万件，控告申诉案件 20 余万件，较开通举报网站前增加约 8 倍，与来信来访基本持平。③ 2013 年初，最高人民检查院反贪污贿赂总局提出要对网络揭露的腐败现象做出回应，更有效地发现和查处贪污贿赂犯罪。④ 2011 年，北京市检察机关规定对网上实名举报国家工作人员贪污、贿赂等犯罪的公民，经查实结案后，最高可奖励 10 万元。重庆市人民检察院出台了《网络举报（控告、申诉）信息处置试行办法》，将网络论坛上的举报（控告、申诉）信息作为举报重要线索来源进行规范化管理，要求相关机构和人员每天巡检网站及论坛从中收集举报、控告、申诉信息；业务部门接收信息后 3 个工作日内反馈情况，不及时报送、处置重大线索的，要给予纪律处分。

（二）纪检监察机关借助网络信息"开门办案"的主动性增强

2005 年，中共中央颁布实施的《建立健全教育、制度、监督并重的惩治和预防腐败体系实施纲要》强调："加强反腐倡廉网络宣传教育，开设反腐倡廉网页、专栏，正确引导网上舆论。" 2008 年颁布施行的《建立健全惩治和预防腐败体系 2008—2012 年工作规划》要求："加强反腐倡廉网络文化建设和管理，开展反腐倡廉网上宣传和热点问题引导。"根据中央部署，中央纪委监察部于 2009 年 10 月 28 日统一开通全国纪检监察举报网站，中央纪委设立了网络信息处，把"网络反腐"列入年度重点工作。2008～2012 年，中央纪委、监察部举报网站共收到网络件 30.1 万件次，约占中央纪委监察部同期信访举报总量的 12%，其中检举控告类网络件 21.9 万件次，网络举报已经成为继来信、来访、来电话之后的又一重要举报渠道。中央纪委向党的十八大的工作报

① 董宏君：《中组部举报网站已收到举报 5 千多件 1284 人被处理》，《人民日报》2010 年 9 月 9 日。
② 《中组部"12380"举报网站全新改版运行》，《组织人事报》2011 年 5 月 5 日。
③ 《最高检：发帖反腐不算网络举报 举报提倡实名》，《法制日报》2012 年 6 月 14。
④ 《最高检 2013 年将加强借助网络力量反腐》，《京华时报》2013 年 2 月 20 日。

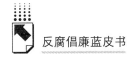
告提出，"及时处理和回应新闻媒体及网络舆情反映的问题"，将网络反腐摆在愈加突出的位置。2013 年 4 月 19 日，人民网、新华网、中新网、新浪网、搜狐网等国内主要网站在首页开设"网络监督专区"，分别链接中纪委监察部、中组部、最高检、最高法和国土部五个对应举报受理网点，为网民举报提供"一站式"服务，中纪委、监察部举报网站日均访问量由此增长 3 万次。①2013 年 9 月 2 日，中央纪委监察部网站开通，9 月 2～21 日的 20 天内收到网络举报 15253 件，日均超过 760 件。

各地纪委上网查案件线索日趋常态化。2006 年 10 月，河南省新乡市纪委颁布《关于加强网络廉政文化建设的实施意见》，将廉政网站内容更新等纳入党风廉政建设责任制考评内容。2008 年，湖南省株洲市纪委制定了《关于建立网络反腐倡廉工作机制的暂行办法》和操作规程等，探索了"网络反腐"制度化路径。2010 年，天津市纪委设立了地方纪委首个"网络信息室"。同时，网络举报成为纪检监察机关的重要案源。如 2010 年至 2011 年 7 月，广东省纪委受理网络举报 12734 件，占全省举报的 44.8%，比 2009 年增长 73.2%。肇庆市端州区原区长率队公费出国旅游、茂名市副市长严重违纪违法等大案，均是通过网络举报直接查获。②2012 年初，广东省纪委出台《纪检监察机关网络举报工作规定》，规范网络举报工作，保障举报人安全和合法权益。③2010 年至 2013 年 7 月初，广东省纪委共搜集 5891 条网络反腐信息，经查属实 685 条，立案 160 宗，给予党政纪处分 179 人。④ 总体上看，网络反腐越来越受到反腐败专门机构的重视（见图 2）。

网络"案源"提升纪检查案进度。据上海交通大学新媒体与社会研究中心的《2012 年微博年度报告》统计，其搜集的影响较大的 2012 年 15 个真实网络反腐案例，政府已公布处理结果的 13 个，13 个已处理案例的举报时间与政府公布结果时间差平均为 28.08 天。⑤ 从 2008 年周久耕因网曝"名烟名表"

① 戴玉：《夹缝中的微博反腐》，《南风窗》2013 年第 16 期。
② 《广东纪委书记：茂名副市长贪腐案线索来自网络举报》，《羊城晚报》2011 年 7 月 5 日。
③ 王景喜：《广东省出台规定进一步规范网络举报工作》，《中国纪检监察报》2012 年 2 月 8 日。
④ 《广东 4 年网络反腐党政纪处分 179 人》，《广州日报》2013 年 7 月 2 日。
⑤ 田享华：《2012 年网络反腐较大案例超六成被证真实》，《第一财经日报》2012 年 12 月 26 日。

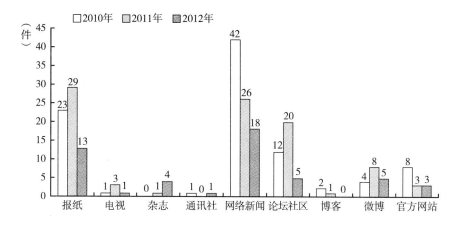

图2 2010~2012年反腐事件首次曝光媒体统计

资料来源：中国社会科学院新闻与传播研究所，《中国新媒体发展报告（2013）》。

被免职用时15天，到2012年底雷政富因不雅视频被免职用时63个小时，纪检监察机关的行动力可见一斑。笔者选取2008年至2013年9月的39起典型网络反腐案例①，经分析有两大趋势比较突出：其一是厅局级和县处级干部被曝光人数较多，乡科级干部人数相对较少但被查处时间最短（见表1）；其二是网络反腐的举报线索主要涉及生活作风、奢靡消费、弄虚作假等方面，因艳照曝光、情妇举报等问题导致官员落马的比例高达48.7%（见表2）。

表1 2008年至2013年9月"网络反腐"不同级别公职人员查处周期

级　别	副部级	厅局级	县处级	乡科级	乡科级以下
人　数	1	16	13	3	6
平均查实处理时间(天)	160	22	13.2	2	19

---

① 案例遴选规则：一是这些事件确属公职人员违纪违法问题或作风等方面问题；二是网络为事件"曝光"的第一来源；三是事件经传统媒体公开报道，事件真实且社会关注度高；四是党委、政府或纪检监察等相关机构介入，事件得到权威定性及核实查处。如2008年的周久耕事件、董锋事件、林嘉祥事件等，2009年的"最牛团长夫人"事件、逯军"雷语"事件等，2010年的马鞍山"6·11"群体事件、韩峰日记事件等；2011年的谢志强微博开房风波、人大代表周杰忠被曝光艳照等；2012年的雷政富不雅视频事件、"微笑哥"杨达才风波、广州"房叔"蔡彬事件等；2013年（1~9月）的陕西"房姐"龚爱爱事件、陆炫杰举报安顺市长王术君等。

表2 2008年至2013年9月"网络反腐"聚焦揭露的问题及比例

问题类型	生活作风	奢靡消费	弄虚作假	渎职枉法	言语不当	群体性事件
案件数量	19	6	5	4	3	2
所占比例(%)	48.7	15.4	12.8	10.3	7.7	5.1

(三)规制网络反腐的法治化程度提升

"网络反腐"没有法外特权。一些人为借"眼球经济"牟利或发泄不满情绪,在网上造谣生事,使"网络反腐"出现不同程度的无序化现象。据《2012年微博年度报告》统计,其搜集到的24起影响较大的2012年网络反腐案例中,非谣言误传的为15个,占总数的62.5%,近40%有误。[①] 网络不是法外之地,"网络反腐"必须依法合规。2000年12月,第九届全国人大常委会第十九次会议通过《全国人民代表大会常务委员会关于维护互联网安全的决定》,明确规定利用互联网造谣、诽谤或者发表、传播其他有害信息,构成犯罪的,依照刑法有关规定追究刑事责任。《互联网信息服务管理办法》等一系列互联网法规也对惩治网络谣言做出了明确规定。为保护网络信息安全,保障公民、法人和其他组织的合法权益,维护国家安全和社会公共利益,2012年12月,全国人大常委会通过《关于加强网络信息保护的决定》(见表3)。2013年9月9日,中国最高人民法院、最高人民检察院公布关于办理利用信息网络实施诽谤等刑事案件适用法律若干问题的解释,明确了引发群体性事件、引发公共秩序混乱、诽谤造成恶劣影响等严重危害社会秩序和国家利益的七种情形,"网络谣言入刑"体现了用法治思维和法治方式管好网络的新理念。

构建"防谣网络"成为共识。2013年上半年,国家互联网信息办在全国范围内集中部署打击利用互联网造谣和故意传播谣言行为,已查处多名利用互联网制造和故意传播谣言人员,关闭了一批造谣传谣的微博客帐号,公安机关对相关人员处以了治安拘留等处罚。[②] 2013年9月8日,公安部官方网站公布

---

① 田享华:《2012年网络反腐较大案例超六成被证实》,《第一财经日报》2012年12月26日。

② 《媒体称网络大V纷纷删帖 欲与秦火火撇清关系》,光明网,2013年8月22日。

表3　我国加强网络规制的主要法规制度

法规名称	涉及网络管理的相关内容
《刑法》	第二百八十七条 利用计算机实施金融诈骗、盗窃、贪污、挪用公款、窃取国家秘密或者其他犯罪的，依照本法有关规定定罪处罚。
《治安管理处罚法》	第二十九条 有下列行为之一的，处5日以下拘留；情节较重的，处5日以上10日以下拘留：……（四）故意制作、传播计算机病毒等破坏性程序，影响计算机信息系统正常运行的。
《关于维护互联网安全的决定》	四、为了保护个人、法人和其他组织的人身、财产等合法权利，对有下列行为之一，构成犯罪的，依照刑法有关规定追究刑事责任：（一）利用互联网侮辱他人或者捏造事实诽谤他人；……
《互联网信息服务管理办法》	第五条　从事新闻、出版、教育、医疗保健、药品和医疗器械等互联网信息服务，依照法律、行政法规以及国家有关规定须经有关主管部门审核同意的，在申请经营许可或者履行备案手续前，应当依法经有关主管部门审核同意。
《关于加强网络信息保护的决定》	九、任何组织和个人对窃取或者以其他非法方式获取、出售或者非法向他人提供公民个人电子信息的违法犯罪行为以及其他网络信息违法犯罪行为，有权向有关主管部门举报、控告；接到举报、控告的部门应当依法及时处理。被侵权人可以依法提起诉讼。

公安机关依法查处个别不法分子私自建立、专门用来实施敲诈勒索的"今日焦点网""社会焦点网""环球视点网"等11个网站。这是继"秦火火"、"立二拆四"、周禄宝、傅学胜等系列网络造谣传谣案后，打击网络谣言犯罪的又一重要举措。2013年以来，上海公安机关已依法查处网络造谣传谣案件380余起、170余人，查处的重点案件包括假借"网络维权反腐"编造谣言并恶意传播。[①] 此外，互联网业界也以行业自律方式防谣禁谣。2012年3月31日，新浪微博和腾讯微博暂停微博评论功能3天，作为对其"集中出现谣言"的惩罚。

二　网络反腐具有群众参与反腐倡廉路径价值

从实践看，"网络反腐"形成了"网上曝光—纪委介入—核查处理"[②] 的

---

① 《2013年已查处380余起网络造谣传谣案件》，《羊城晚报》2013年8月27日。
② 《2013年全国两会声音 网络反腐不能止于"晒艳照"》，《合肥晚报》2013年3月4日。

应激式反映机制，同时具有公民实现民主监督和政治参与的路径价值，调控得当可成为党内监督机构与社会监督主体之间的良性互动平台。

（一）网络举报：署实名率与查实率"微升"

在我国，2003 年可以看作是大众化"网络反腐"的起步之年。当年最高人民检察院开始创建网络举报平台，利用网络的举报功能推进反腐败斗争。2005 年 12 月 28 日，中央纪委、监察部首次公布了中央纪委信访室、监察部举报中心的网址，开通仅半年就受理举报 3.25 万件，月均 2700 多件，极大地提升了群众向专门机关举报的参与度。[①] 值得注意的是，群众参与官方网络举报的署名率快速增长。据统计，2009 年 6 月至 2012 年 6 月，最高人民检察院举报网站所获署名举报占比接近 85%。[②] 网络举报解决了传统举报传递慢、成本高、保密性差等问题，通过网络举报的比重上升，网络举报成为实名率最高的新兴举报方式。同时，通过互联网新媒体进行实名举报的案例有所增加。如2012 年 11 月 23 日，自称黑龙江双城市女记者微博实名举报公职人员孙某要挟保持不正当关系、以权谋私等行为。3 天后，双城市纪委对孙某立案调查，双城市委决定对孙某停职调查，并迅速核实其在处置国有资产问题上有违规违纪问题。2012 年 12 月 6 日发生的《财经》杂志副主编罗昌平微博向中纪委实名举报国家发改委副主任刘铁男事件，成为十八大之后"打老虎"的典型案例。尽管 2012 年以来网络反腐事件的署实名率与查实率有所上升，但据中国社会科学院新闻与传播研究所《中国新媒体发展报告（2013）》统计，虽近 3年来每年通过新媒体曝光反腐舆情事件的数量已超过传统媒体，基于网络线索而展开调查的案件占比仍是小概率事件。

（二）网络监督："假恶丑贪"揭示率提升

从 2008 年开始，以互联网为代表的网络舆论监督十分活跃，《人民日报》刊文称当年为"中国网络监督年"。据"人民网"舆情监测室统计，

---

① 张鑫：《民间网络反腐亟须制度化出口》，《法制日报》2009 年 3 月 16 日。

② 《最高检：发帖反腐不算网络举报 举报提倡实名》，《法制日报》2012 年 6 月 14 日。

2009 年 77 件影响力较大的社会热点事件中，由网络爆料的有 23 件，约占 1/3，表明网络监督发展势头迅猛。与传统媒体舆论监督相比，网络监督在"集体凝视"和"网民围观"下瞬间形成巨大压力，一批"问题官员"因"触网"落马。《人民论坛》杂志 2010 年的一份调查显示，47%的受访官员认为县处级干部最怕网络监督。另据中国传媒大学网络舆情研究所的报告，2011 年上半年，微博已超过论坛成为仅次于媒体新闻的第二大舆情源头，不少党政官员因微博引发不良事件受到处理（见图3）。① 在一系列媒介事件中，网民开始证明自己不是"麻烦制造者"而是建设性推动者。如 2009 年云南牢头狱霸致人死命的"躲猫猫"事件中，政府在调查过程中邀请网民成立"网民调查委员会"，彰显了网络监督的重要作用。特别是在大数据时代，以数据打捞、数据挖掘等技术手段还原证据链，可推动相关问题查处，如"表哥"杨达才等人的普通新闻图片被集成为铁证。这如同把公权力关进监督之笼，使施政行为处于信息阳光之中。2010 年我国政府首次发布的《中国的反腐败和廉政建设》白皮书指出："网络监督日益成为一种反应快、影响大、

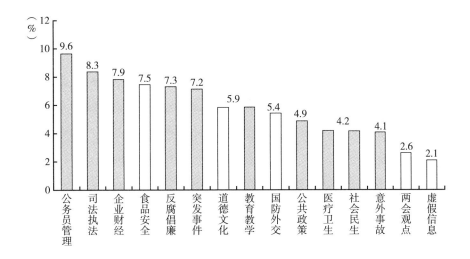

图 3　2012 年上半年网络舆情领域分布情况

---

① 转引自杨章怀《政务微博何去何从?》，奥一网，http://www.oeeee.com/a/20111119/102 8898. html。

参与面广的新兴舆论监督方式""为公民利用网络行使监督权利提供了便捷畅通的渠道"。①

（三）网络纠风："在线民心工程"群众满意率攀升

群众通过网络平台表达利益诉求，解决损害切身利益的突出问题，起到了相互"取暖"、民心"得暖"的积极效果。如荣获全国纪检监察系统"十佳互联网"称号的辽宁省"民心网"，2004 年 5 月至 2012 年 5 月，共解决群众网上诉求 14 余万件，群众满意率达 98.46%，通过纠正乱收费等其他违规行为，8 年来向群众退款、赔偿、清欠总金额达 4.45 亿元。② 上海市以"制度＋科技"理念创新政风行风建设，开通"纠风在线"网站，2010 年 8 月至 2011 年 2 月底的网站访问量达 388 万人次，群众诉求办结率达 92.5%，并以"染色馒头"事件为教训在卫生、环保、食品安全等领域进行政风行风网上评议。③ 山东省青岛市将"纠风网"与"行风在线"节目结合起来，在全市形成全方位、多层次的纠风工作网络系统，使群众满意度不断提高。在"在线维权"的环境下，群众监督被寓于行政权力的运行中，变事后监督为包括事前监督、事中监督的全过程监督，变被动监督为主动监督，促使群众的问题得以解决。"人民网"2009 年的一项调查显示，参与调查的网民有 87.9% 非常关注网络监督；93.3% 的网民选择网络曝光。④ 可以预见，不论是国家层面的改革动力，还是民间层面的参与动力，都将继续发挥互联网新媒体保障群众参与权、话语权的积极作用。

三 网络反腐形成权力透明运行的压力与动力传导机制

当前，网民被称为中国虚拟而又现实的最大"压力集团"，人们通过网络平台监督审视公共治理和社会环境。为适应网络化、开放式施政环境，不少地

---

① 《中国的反腐败和廉政建设》，人民出版社，2010。
② 《辽宁民心网开通 8 年 解决群众诉求 14 余万件》，人民网－时政频道，2012 年 5 月 31 日。
③ 《上海开通"纠风在线"网站》，《解放日报》2011 年 4 月 19 日。
④ 转引自刘素华《学会从网络上听取民意》，《新湘江评论》2009 年第 3 期。

方和部门按照"权力在阳光下运行，资源在市场中配置，资金在网络上监管"的思路，针对土地出让、政府采购、工程建设、行政审批、国有企业改革等腐败易发多发的重点领域和群众反映强烈的突出问题，利用互联网信息技术规范权力运行，以科技保证制度执行，以平等竞争保障市场机制作用的发挥，在回应群众关切中传导压力和动力，减少腐败问题的发生。

（一）网络信息公开性增强，推动政府与民众良性互动

信息公开是防治腐败的重要措施，网络平台提供了加快推进信息公开的强大工具，特别是改变了信息发布方（被监督者）和信息需求方（监督者）的信息供求关系，促使和民众互动常态化、理性化和规范化，避免因信息不对称、民众不信任而造成的社会紧张。贵州、广东、云南、江苏等地纷纷设立政府网络新闻发言人，回应群众关切，对一些涉访、涉诉、涉腐问题加强信息沟通，探索了发挥网络反腐倡廉功能的重要方面。同时，各地纪委相继设立新闻发言人，通过网络等媒体定期发布反腐倡廉信息。2012 年 4 月 7 日，首期纪检监察系统新闻发言人培训班在中国纪检监察学院开班。这些举措反映了政府在提高纪检监察工作透明度方面做出的努力。

一些地方政府变被动为主动，利用官方微博等发布敏感事件信息，赢得了民众的支持理解。如在 2010 年 9 月江西上饶县一起拆迁冲突中，政府主动将冲突现场的图片、视频资料和证明文档上网公开发布。虽然拆迁户和政府各执一词，但这种"网络动迁"模式提供了解决政府和群众之间纠纷的新路径。[①]江西井冈山市要求市直领导干部必须通过"党员网络号"亮明身份，倾听群众诉求，解决群众难题，在网上建起"为民服务红色根据地"。截至 2012 年 7 月初，井冈山市共收到群众留言 2.5 万条，接受咨询 1.5 万次，解决群众难题 8000 多个。[②] 北京市公安局官方微博"平安北京"也与"110"指挥中心打通，微博涉警信息将"第一时间得到妥善指挥处置"。2013 年 8 月 22 日，济南市中级人民法院一审公开开庭审理被告人薄熙来受贿、贪污、滥用职权案，

---

① 祝华新、单学刚、胡江春：《2010 年中国互联网舆情分析报告》，人民网，http：//www. people. com. cn/GB/209043/210110/13740882. html。

② 颜芳明等：《依托"党员网络号"解民忧听民声》，《中国纪检监察报》2012 年 7 月 7 日。

济南中院官方微博实时播报庭审情况，向全世界表明中国依法治国的信心和坚决反腐的决心。

（二）网络政务发育度增高，提升公权运行透明度和规范性

网络政务是借助计算机和网络技术进行的政务活动，打破了传统行政机关的时空和部门分隔，提高了政府行政效率和透明度，抑制了传统行政方式中的"寻租"行为。[1] 如江苏南京市依托有形建筑市场集中交易场所和现代网络信息技术，改革传统运作和监管模式，在国内率先研发并运用了"e 路阳光"网上电子招标系统，实现了招投标全程网络阳光运行，在规范工程建设领域中的行政权力运行等方面效果明显。2008 年南京市 1300 个招投标项目中有近 200 个遭投诉，投诉率达 15%。2009 年"e 路阳光"系统开通后，两年多招投标案件仅发生两件。至 2011 年上半年，先后有 1230 个工程项目通过"e 路阳光"实施招投标，招标周期减少了 20%；废标率由 15% 下降到了 1%，每年因文书纸张成本降低可节约近 1 亿元。2009 年，山西运城建立起覆盖 13 个县（市、区）、228 个涉农单位、153 个乡（镇、办事处）3197 个行政村的"阳光农廉网"[2]，改变普通公务网站仅限于公开法规政策、动态活动等表层信息的惯例，将惠农资金、涉农项目、三资管理、重大村务、基层党务、村干履职等 6 方面、1260 万条信息全部上网公布，基本涵盖了农民群众最关心的农村政务事务。千万网上信息既"网"住个别基层干部胡作非为的手脚，也使农民维权从"跑腿磨嘴上访，变为信息沟通上网"，整体信访量由 2008 年全省最高降至 2011 年的倒数第三；通过受理网上投诉 7460 个，督办解决 3877 个，核查案件 740 件，给予责任追究 840 人，全市共堵塞农村不合理开支和防止集体资产资源流失 6.63 亿元。[3] 2012 年 7 月 3 日，全国村务公开民主管理工作会议在运城市召开。这些贴近实际的"网络政务""网络村务"，为防治腐败筑起了更加坚实灵敏的"防火墙"。

---

① 桑小明：《电子政务及其对腐败的预防作用》，《中共山西省委党校学报》2004 年第 5 期。

② 王乐乐等：《"点"出来的滚滚春潮》，《中国纪检监察报》2012 年 6 月 17 日。

③ 《山西运城：阳光农廉网给农民知情权参与权监督权》，《山西日报》2012 年 6 月 7 日。

（三）电子监察实行率大增，"科技网络"在有效抗御"人情网络"

近年来，我国地方政府纷纷建立以行政审批为主的电子监察系统，坚持自由裁量权"上网是原则，不上网是例外"，运用网络科技手段对政府的管理、服务职能进行标准化管理和在线监督。例如，深圳市建设了行政审批电子监察、重大投资项目审批电子监管、政务信息资源共享电子监督、政府绩效评估和政务公开电子监测等五大系统；上海实行"制度＋科技"思路，以建筑有形市场、规划国土、政府采购、社保资金、出入境管理为重点，对权力配置和运行实施精细化管理。湖北建立了覆盖招投标活动各个环节的统一招投标电子平台，实行网上招标、网上投标、评标专家电子语音通知、不良记录网上公告，力争防止暗箱操作和人为因素的影响。山东省注重对"科技反腐"的统一规划和系统推进，成立了现代科技手段预防腐败领导小组，并专门下发文件，自上而下协调部署综合电子监察系统建设，提供必要的资金和技术支持。该系统纵向覆盖省、市、县（市、区）三级，横向涵盖公共权力运行、公共资源交易、公共资金监管的各个领域，在全省范围内形成信息共享、安全可靠、运转顺畅、监督有效的预防腐败网络。实践证明，干部作风好坏、办事效率高低，在电子监察系统面前不再是一笔糊涂账。刚性流程和"无情的电脑"，管住了善于变通的"人脑"，促使效能监察科学规范，促进干部不断增强为民履职的责任意识。

四 "网络反腐"有助于推动中国特色政治文化的理性建构

网络是一个表达公心民意，进行社会交往的开放空间，中国特色政治文化需要以公共伦理的理性构建为基础。诸多网络反腐事件，体现了理性构建我国政治文化的"溢出效应"，如在信息公开中形成平等对话、理性沟通的话语氛围，避免社会对抗和利益冲突；培育社会廉洁文化，矫正"人情社会"中"公权私用，私事公办"的陈规陋习；倡行廉洁高效的公共伦理，推动"现代社会公德观念的型构"，[1] 形成廉荣贪耻的舆论环境和理性包容的开放话语体系等。

---

[1] 陈乔见：《公德与私德辨正》，《社会科学》2011 年第 2 期。

（一）净化公共伦理秩序，倡行"公域无私隐"的从政理念

一些领导干部利用社会转型期公共领域的"私密化态势"①，将包养情人、不法财产等视为个人隐私，频频挑战要求党员干部廉洁自律的刚性制度。而网络公域所形成的"道德法庭"，对于公仆的不道德、不检点行为进行道德审判，引发了社会正义力量的集聚施压。2006年，山东济南的女大学生王静向中纪委检举生父"包二奶"，并自费创建首家"反二奶网（即家庭反腐败网）"。2011年7月9日，中国科学院院士候选人段振豪被妻子发帖指控其挪用国家科研经费"包二奶"、养私生女，该帖在天涯论坛点击量达65万多次。12天后，中国科学院有关网站即发布声明称段振豪涉嫌贪污，院监察审计部门核实后将其移送司法机关，中国科学院在网民"围观"中取消了段振豪的院士候选人资格。同年7月底，微博用户"夕阳下的秋叶"不断爆料，称丈夫浙江省开化县国土局副局长朱小红是"国土贪官"，为情人购车购房，房款"系赃款所得"。8月4日，朱小红被纪委立案查处。从段振豪、朱小红等人被"网曝"查办的效率之高，足见网络道德法庭的效力之大，并在一定程度上填补了公职人员"八小时之外"监督的"真空地带"。2012年，江苏省徐州市出台《关于领导干部"晒权力"的实施意见》②，要求领导干部通过单位局域网、办公自动化平台等"晾晒"八小时以外的工作生活情况，并对试点单位领导班子成员"晒生活"情况开展监督检查。2011年暑期，辽宁本溪615名党员干部签订"不办升学宴"承诺书，有的单位全体干部员工签订了"不赴升学宴"承诺书。③2012年，陕西省扶风县建立了公职人员子女高考升学台账和情况报告制度，并将"廉洁高考"等内容在县电视台、纪检监察网站设立的"党员领导干部诺廉"专栏予以公示，接受群众监督。这些举措在"亮化"公职人员私人生活的同时，也"逼"出了有实质意义的公德舆论压力。

---

① 戴舜利：《公共领域私密化与中国转型期腐败》，《齐齐哈尔师范高等专科学校学报》2010年第1期。

② 李胜：《"晾晒"领导干部八小时之外》，《中国纪检监察报》2012年7月6日。

③ 于尚：《本溪专项治理利借宴请敛财歪风》，《中国纪检监察报》2012年1月17日。

（二）拓展协商民主，形成防止社会利益冲突的舆论氛围

协商民主是中国民主政治建设的一大特色，发挥民众建言作用参与立法评估，正是协商民主制度的一个重要体现。在制度建设方面，多地颁布《人民政府立法工作程序规定》，要求省政府门户网站和省政府法制信息网站开辟专栏，征集省政府立法项目建议。广东省颁布《广东省政府规章立法后评估规定》，要求评估机关在其门户网站上设立政府规章立法后评估专栏，登载被评估规章全文和评估情况，并开设公众意见反馈专栏，方便公众发表意见。湖南省实行政府"开门立法"，公开编制年度立法计划，地方性法规、规章草案一律由政府门户网站等公开征求意见，以克服政府立法过程中的部门利益倾向。① 2011 年，备受关注的《个人所得税法修正案（草案）》面向社会征求意见，全国人大法律草案征求意见管理系统上，对该草案的提交意见数量高达近24 万份，创人大单项立法征求意见数之最。这一做法对于发挥税收的"公平调节器"功能，推进收入分配改革，减轻中低收入群体的税收负担起到促进作用。此外，一些地方通过网络发挥"两代表一委员"的监督主体作用。2012 年 2 月，珠海市纪委在门户网站"珠海清风网"专门为党代表、人大代表和政协委员设立监督举报网上窗口，要求在 15 个工作日内告知举报受理及办结情况，并征求"两代表一委员"对办理结果的反馈意见，为党内外不同监督主体提供履职平台。②

（三）倡导新风正气，传播"接地气"的网络廉洁文化

近年来，各地通过节假日向领导干部群发廉政短信，丰富了廉政文化传播的载体。2009～2012 年初，河南省纪委在重大节日累计向厅级干部发送廉政短信 60 余万条。③ 2007 年，一款以廉政建设为主题的公益性网络游戏《清廉

---

① 邹太平：《湖南：三部政府规章助力反腐倡廉法治建设》，《中国纪检监察报》2012 年 2 月 10 日。
② 朱季轩：《珠海开通"两代表一委员"网络监督"直通车"》，《中国纪检监察报》2012 年 2 月 11 日。
③ 王乐乐等：《河南：撑起"大预防"的蓝天》，《中国纪检监察报》2012 年 6 月 2 日。

战士》，曾引起广泛关注。2009 年 5 月，"人民网"推出大型网络互动平台"反腐总动员"，通过抢注反腐素质测试荣誉证和反腐承诺书、反腐论坛举报、反腐调查、反腐辩论厅等形式，为网民提供公开透明、直接便捷的反腐窗口。① 网络、手机上的"红段子"，成为对"黄段子""灰段子"的有效对冲力量。珠海市纪委 2012 年 1 月启动的"崇尚廉洁自爱，珍惜家庭幸福"红段子征集活动，以颂扬拒腐拒贿、把好家门、管好家人、树好家风，珍惜家庭幸福等为主题，征集小幽默、小小说、对联、广告语、诗词、新格言（谚语）、歇后语、民谣等。一些贴近网民、贴近实际、贴近生活的反腐倡廉网络文化精品不断问世，扩大了社会廉洁文化的辐射面和影响力。2013 年 9 月，中纪委监察部网站为河北邱县的廉政漫画开辟了专栏，挂出一批作品。中央纪委面向全国征集、推广一批以反腐倡廉为主题的优秀漫画作品，以"接地气"的网络文化建设传播正能量、鞭挞腐恶丑，为党风廉政建设和反腐败斗争深入开展营造了良好文化氛围。

五 大数据时代的"网络反腐"亟需规范引导

应当看到，"网络反腐"方便快捷，成本低、效率高、影响大，形成了强大的舆论监督氛围。2012 年以来，"表哥"、"房叔"、法官嫖娼等问题官员被网络曝光于大众"聚光灯"下，受到纪检机关调查处理，网络反腐的速度和实效引人关注。与此同时，在互联网改变世界、大数据方兴未艾之际，腐败治理直面新的挑战和机遇。网络举报中的不真实内容，谩骂攻击、恶意诬陷情况，加上网民任意转帖跟风推波助澜，可能侵害他人合法权益，甚至导致因造谣、传谣、信谣发酵变质增加了社会不和谐不稳定因素，易引发群体性事件发生。一些舆论绑架正义、媒体代替法律的案例，也频频给举报人造成不良心理暗示。

1. 网络反腐是保障公民权益的开放平台，但也可能激化社会利益冲突

网络传播以平民化、开放化为特征，话语权分散，形成人人皆可发言的

---

① 人民网：http：//politics. people. com. cn/GB/8198/9478/。

"意见超市"。现实中本来很难聚合的个体实现了低成本"网集",各路推手操控网络话语催生"多数人暴力","围观"导致不满情绪变味发酵。社会争端触网之后,网络舆论往往成为事件发展的第一动因。利益诉求者、维权者、爆料者都出声,以期大众关注和政府介入,舆论压力替代法律威力。2012 年 1 月至 2013 年 1 月的 100 件微博热点舆情案例中,出现谣言的比例超过 1/3。其中,邪教组织"全能神"借助"末日谣言"蛊惑人心、牟取私利,共计有分布在 16 省份的 1300 余人被公安机关查处。[①]

2. 网络反腐生成治权限权的压力机制,但也可能诱发党群干群关系紧张

官员群体诚信度、廉洁度经受各方审视,有的年轻干部"晋升门"、问责官员"复出门",即便被证明合法合规也屡遭"网疑",甚或沦为倾泻"仇官""仇警"等负面情绪的"垃圾站"。中国人民大学危机管理研究中心《官员形象危机 2012 报告》列举了村干部、基层官员、高层官员、执法官员以及准官员五个高危官员群体,将其面临的五大形象危机描述为:不雅事件成贪官标签,露巨富触犯公众,"被牵连"事件有增无减,"误伤"与"恶意中伤"增多。尽管大量"侦探式"内幕报道、冲动型"微博直播"因为缺少沉淀而极易传布流言,却令各级政府和领导干部疲于应对,屡屡陷于越辩白越苍白、越冲动越被动的境地。

3. 网络反腐契合治理腐败的实践方向,但也可能造成社会舆情喧嚣异动

网络反腐频频引发"蝴蝶效应",涉官涉腐、涉及百姓利益和公平正义的话题常常占据被炒作的舆论前沿,但存在碎片化、标签化、泄愤化倾向。很多网络信息有数据无来源、有转述无调查、有评论无分析、有透明无文明,出现噪音杂音泛滥。甚至出现腐败分子四处"喊冤"并反诬办案人员,利用网民信息不对称打造"弱者"形象博取同情,以"网络审判"干预司法审判。网络集体行动大体会经历情绪积累期、情感激发期、情境共建期和情态平复期。[②] 有人指出,形成舆论风暴的一些网络举报,有情色意味和杀伤力、视觉

---

① 中国社会科学院新闻与传播研究所:《中国新媒体发展报告(2013)》,社会科学文献出版社,2013。

② 卜清、高波:《从"围观"到"行动":情感驱策、微博互动与理性复归》,《新闻与传播研究》2003 年第 6 期。

化的令人惊悚的画面信息，加上"大 V"转发和接力传播，① 不明真相的网络围观者以讹传讹，有很高的点击率和海量跟帖和转发，使网络陷入真假难辨的无序状态。在集体围观的重压之下，相关部门不得不花费大量人力物力对信息进行甄别查证，造成反腐资源的浪费。

4. 网络反腐既生成对腐败的"零容忍"声势，也可能出现侵犯个人隐私的网络暴力

晒艳照、亮房产、曝"小三"等，一些低俗化、娱乐化的网络反腐倾向催生非理性、集体性力量，助力误伤甚至侵权违法行为，易构成网络暴力。如网曝的"拥有 24 套房产"的所谓"房婶"，经查实只是一名普通工程师，其 6 套房产均为合法所得。虽然查明了当事人的清白，但其家庭隐私已被过度曝光。2012 年 4 月，自称成都市计生委办公室主任的微博长时间记录自身生活细节，爆料当地官员贪腐问题，引来网友围观。事后查明，此微博属他人冒名开设。重庆雷政富不雅视频事件中，也有不少无辜者的个人隐私被公众过度热炒，对一些女性家庭造成伤害。因此，一些全国人大代表、政协委员建言，网络反腐绝不能止于"晒艳照、亮房产"，必须成为制度反腐有效的组成部分。②

六 "网络反腐"的发展前景与思考

应当看到，互联网未必是"互信网"，大数据未必是"真数据"。网上谣言四起、假数据泛滥仍是高概率事件。面对"开门办案"的现实和网络"疑官"心理蔓延，延续"小数据"时代的信息密闭管制策略往往事倍功半。十八届三中全会通过的《中共中央关于全面深化改革若干重大问题的决定》要求："运用和规范互联网监督。"党委政府应对"网络反腐"应更加积极主动地拿出倾听包容、可管可控的自信态度。"网络反腐"规范发展的前景应当具有以下几个特征。

1. 提高执政能力，须"网聚"反腐倡廉正能量

应建立健全社会一体化的网络信息传播治理机制，掌握网络舆论调控引导

---

① 《网络反腐江湖的 7 条"军规"》，《东方早报》2013 年 2 月 19 日。

② 《2013 年全国两会声音 网络反腐不能止于"晒艳照"》，《合肥晚报》2013 年 3 月 4 日。

的主动权。加快建构健康有序的网络监督秩序，提高网民媒介素养和社会责任感，疏通公民现实的政治参与途径和民主监督机制，减轻网络舆论瘀滞拥塞所承载的社会重压。建构党和政府与民众的全天候网络沟通机制，对网络热点议程多组织定点访谈，用权威可信的主流话语引导网络舆论，避免民意传播的"网络依赖症"。建立网络舆情回应的责任落实制度，使关注回应网民关切成为职务行为而不是个人行为。通过网络社会吸引民众参与公共决策，多开网上听证会、恳谈会，多从网民"牢骚""诉苦"甚至骂声中捕捉合理民意，促进党委政府决策民主化、科学化。领导干部坚持"上网访民意"和"下网解民忧"相结合，让群众路线在线上线下无缝化延伸。打造"网上信访室"，设置"领导干部网上接访专区"，提高领导干部及时处置网民信访诉求的能力，建立健全网上信访制度，明确受理网上信访的程序及其行政、法律责任。领导干部要加强网络调研，使互联网成为实现公众有序政治参与、汲取民间智慧之地，使网民成为促进社会文明进步的建设性力量。

2. 推进"数字纪检"，实现网络反腐再平衡

纪检监察机关须化害为利、去伪存真，在"与数俱进"中不断创新应变，推动网络虚拟空间实现以理性规范、有序有效为导向的"再平衡"。① 一是平衡线上与线下的资源力量。在对"后台"的纪检监察内设机构进行优化重组，加强案件具体查办机构的组织力量，切实改进巡视工作，保持查办案件和从严治标的高压态势。同时，拓展"数字纪检"工作模式，如中央纪委官方网站适时推出网站的移动客户端等应用服务，并加强官方微博、微信等新媒体的应用；进一步利用好现有巨量数据资源，如"激活"全国干部廉政档案信息和报告个人事项情况，加强跟踪比对和抽查审验，让"休眠"的材料成为评价干部勤廉的有益参考。二是平衡主动与被动的舆情应对。既要第一时间回应网民关切，提升反应速度和工作力度，将网络反腐事件核查处理结果在网上公开，防止社会不满情绪发酵；又应在碎片化、公开化的信息中建构"主动搜索引擎"，利用图谱分析、数据挖掘等技术掌控涉腐信息，在类似"房叔、房姐"等突发舆情热点中抢占应对先机，提高网络腐败线索成案率，并推动提

---

① 高波：《用互联网和大数据助力反腐》，《中国监察》2013 年第 17 期。

升网民在官方网站的实名举报率。三是平衡惩恶与扬善的传播内容。扭转网络反腐"猎奇猎艳多、揭秘揭丑多、曝光走光多"的局面，创新传播理念和方式方法，探索基于大数据挖掘公众的行为习惯和社会偏好，进而对社会心理环境进行持续有效的建设改造，形成党风廉政建设宣传高中低音的"网络和声"，为反腐败累积源源不断的正能量。对社交网络上的集体行动和情绪进行细节化测量，以具有针对性的廉政公益主题广告加以疏解引导；建立廉政题库并实施电子测试，用其分析结果为廉政法规知识教育、岗位廉政风险防控提供方向性指引等。

3. 打造"无谣网络"，构建网络监督新秩序

坚持依法管网与制度反腐协同并进，防止舆论绑架正义、媒体代替法律，避免网络舆情发酵变质导致社会失序失控因素膨胀。科学矫正网络失范行为，疏导"上访不如上网"心理和公众对网络举报的不当依赖感。整合公安、检察院、法院、组织部门等官方举报网站，建立网络舆情分析研判联席会议制度，互通信息，形成对轻微问题和不正之风的网络监督闭环，让各级领导干部不敢懈怠。要明确属实网络举报所涉及的部门的处理职责，凡出现拖延不办、失密泄密，须追究有关人员责任。积极回应民众利益诉求，加大案件查办力度，保护人民群众参与反腐败的积极性，切实改善党群干群关系。完善互联网行业规则，加强对网站的管理，规范网站间竞争，要求网站对所传播信息的真实性进行审核，规避"吸引眼球"对热点信息"只发不管"现象，并将规范网络和打压"水军"兴风作乱的有效做法上升为法律法规。保持对网络谣言的"零容忍"压力，对违反网络管理规定，散布虚假信息、诬告陷害、讹诈钱财等举报行为，应依法予以打击，彰显"依法治网"精神。剖析正反典型案例，告知广大网民何为依纪依法表达诉求，何为侵犯他人权利的诽谤诬告，以及违反网络反腐规则所要承担的责任等，促使举报人严肃、负责、真实地反映情况。严肃追究失密、泄密以及打击报复举报人等行为，鼓励和保护群众实名举报。

我国利用刑事修法手段防治
贪污贿赂犯罪

中国社会科学院反腐倡廉建设课题组*

摘　要：

我国根据《联合国反腐败公约》相关要求，对《刑法》《刑事诉讼法》等法律进行了修改，防治贪污贿赂犯罪的实体法不断健全，程序法更加严密。针对实体法的修改主要有：增设向外国公职人员、国际公共组织官员行贿罪，把利用影响力受贿入刑，提高巨额财产来源不明罪的刑罚幅度，扩大非国家工作人员贿赂犯罪主体范围，将贪污贿赂犯罪纳入洗钱罪的上游犯罪。针对程序法的修改主要有：规定特别重大贿赂犯罪案件律师会见程序，增加特别重大贿赂犯罪案件指定居所监视居住的规定，侦查重大贪污、贿赂犯罪允许使用技术侦查措施，完善腐败犯罪分子资产追回程序，完善刑事司法和行政执法衔接机制。在反腐倡廉建设的新形势下，以刑事修法手段防治贪污贿赂犯罪需要进一步完善罪名体系，坚持"以严为主"的刑事政策，加强国际刑事司法合作，提高刑事司法队伍的素质。

关键词：

联合国反腐败公约　刑法法律　贪污贿赂犯罪

我国一直重视利用刑事手段治理腐败，通过完善实体和程序规定，强化刑

---

* 执笔人：田坤、陈振。

罚对贪污贿赂犯罪的威慑作用。① 2005 年 10 月 27 日，我国批准实施《联合国反腐败公约》（以下简称《公约》）以来，根据《公约》相关要求对《刑法》《刑事诉讼法》等法律进行了修改，最高人民法院、最高人民检察院相继出台系列针对贪污贿赂犯罪的司法解释，为我国更有效地利用刑事手段防治贪污贿赂犯罪提供了法律依据。②

一 防治贪污贿赂犯罪的实体法不断健全

《公约》生效后，我国积极开展履约工作，认真研究《公约》相关规定，查找我国刑事实体法律与《公约》的差距，通过制定刑法修正案、加强司法解释等方式完善贪污贿赂犯罪实体性规定。

（一）增设向外国公职人员、国际公共组织官员行贿罪

《公约》第 16 条规定，缔约国应当将下述故意实施的行为规定为犯罪："直接或间接向外国公职人员或者国际公共组织官员许诺给予、提议给予或者实际给予该公职人员本人或者其他人员或实体不正当好处，以使该公职人员或者该官员在执行公务时作为或者不作为，以便获得或者保留与进行国际商务有关的商业或者其他不正当好处。"我国 1997 年《刑法》未规定贿赂外国公职人员或者国际公共组织官员犯罪。随着改革开放的深入，国际经济交往日益增多，在对外交往中如果出现贿赂外国公职人员或者国际公共组织官员以谋取不正当商业利益的情况，不仅违背公平竞争的市场规则，也影响我国企业的声誉和商业信誉。③

2011 年 2 月 25 日，十一届全国人大常委会第十九次会议通过《刑法修正案（八）》，增设了向外国公职人员、国际公共组织官员行贿罪，并规定单位

---

① 我国先后制定了《惩治贪污条例》（1952 年）、《刑法》（1979 年制定，1997 年修订）、《关于严惩严重破坏经济的犯罪的决定》（1982 年）、《关于惩治贪污罪贿赂罪的补充规定》（1988 年）等刑事实体法，不断完善贪污贿赂犯罪的罪名体系。

② 此外，最高人民法院还通过发布指导性案例加强对全国贪污贿赂犯罪刑事审判的指导，如指导案例 3 号（潘玉梅、陈宁受贿案）、指导案例 11 号（杨延虎等贪污案）。

③ 黄太云：《〈刑法修正案（八）〉解读（三）》，《人民检察》2011 年第 8 期。

也可以构成本罪。考虑到我国的实际情况，对行贿目的并没有照搬《公约》"与进行国际商务有关的商业或者其他不正当好处"的表述，而是限定为"谋取不正当商业利益"，与我国已有的行贿犯罪要求"谋取不正当利益"规定保持了一致。同时考虑我国刑法保护法益和实践中的可操作性，《刑法修正案（八）》应当增设上述犯罪的对向罪名——外国公职人员、国际公共组织官员受贿罪。另外本罪中的外国公职人员、国际公共组织官员是参照《公约》第2条进行解释还是结合我国实际进行细化，有待司法解释做出具体规定。为维护司法主权和法治统一，本罪的立案追诉标准与对非国家工作人员行贿案的立案追诉标准保持一致，即"个人行贿数额在一万元以上的，单位行贿数额在二十万元以上的，应予立案追诉"。①

（二）把利用影响力受贿入刑

《公约》第18条规定了影响力交易罪，要求各缔约国应当考虑将下列行为规定为犯罪："公职人员或者其他任何人员为本人或者他人直接或间接索取或者收受任何不正当好处，以作为该公职人员或者该其他人员滥用本人的实际影响力或者被认为具有的影响力，从缔约国的行政部门或者公共机关获得任何不正当好处的条件。"我国1997年《刑法》对国家工作人员利用影响力收受贿赂的行为进行了规定，依据该法第388条，"国家工作人员利用本人职权或者地位形成的便利条件，通过其他国家工作人员职务上的行为，为请托人谋取不正当利益，索取请托人财物或者收受请托人财物的，以受贿论处"，其范围明显窄于《公约》的规定。

随着经济社会的发展，受贿手段不断翻新，一些国家工作人员在职时不收受贿赂，离职后利用原职权或者地位形成的便利条件收受贿赂。参与受贿的主体在不断扩展，一些国家工作人员的配偶、子女、同学、老乡等关系密切的人，由原来单纯"牵线搭桥"参与贿赂行为，发展为开始利用国家工作人员职权或地位形成的便利条件索取或收受请托人财物。一些案件中，往往很难证

---

① 参见《最高人民检察院、公安部关于公安机关管辖的刑事案件立案追诉标准的规定（二）的补充规定》。

明国家工作人员与其配偶、子女等关系密切的人有共同受贿的故意和行为，不能对国家工作人员配偶、子女等以受贿罪的共犯论处。

2009 年通过的《刑法修正案（七）》增设了利用影响力受贿罪，规定离职的国家工作人员、国家工作人员的近亲属或者其他关系密切的人，通过该国家工作人员职务上的行为，或者利用该国家工作人员职权或者地位形成的便利条件，通过其他国家工作人员职务上的行为，为请托人谋取不正当利益，索取请托人财物或者收受请托人财物，以犯罪论处。这次修改将受贿主体从在职扩展到离职，由国家工作人员本人延伸到与国家工作人员关系密切的人，回应了反腐败的现实需要，符合《公约》对缔约国的要求。同时，考虑到我国的实际情况，利用影响力受贿罪的主体并没有扩展至任何人，而是限定为离职的国家工作人员、国家工作人员的近亲属或者其他关系密切的人，有益于集中有限司法资源解决老百姓反映强烈的腐败问题。

（三）提高巨额财产来源不明罪刑罚幅度

加强对公职人员的财产监督是预防腐败的有效做法。《公约》第 20 条要求各缔约国将公职人员资产显著增加，而本人无法以其合法收入做出合理解释的行为规定为犯罪。我国 1997 年《刑法》规定了巨额财产来源不明罪，对国家工作人员财产或支出明显超过合法收入，差额巨大，本人不能说明来源合法的要追究刑事责任。近年来，在一些腐败案件中国家工作人员被查处的来源不明财产数额呈上升趋势，有的多达上百万元甚至千万元，本人不能说明来源，在司法机关无法查明时最高只能判处 5 年有期徒刑；但同等数额的贪污贿赂所得，则可能被判处 10 年以上有期徒刑、无期徒刑甚至死刑。巨额财产来源不明罪与贪污罪、受贿罪在刑罚配置上的不均衡，可能导致腐败分子有意不说明财产来源，逃避较重刑罚制裁。因此，《刑法修正案（七）》将巨额财产来源不明罪的法定最高刑由 5 年提高到了 10 年有期徒刑。①

---

① 当然，有论者认为，在《刑法》提高法定刑的同时，还得加紧出台《公职人员财产申报法》和提高巨额财产来源不明罪起刑的数额等配套措施，才能真正让巨额财产来源不明罪成为贪官的梦魇。参见《巨额财产来源不明罪是"反腐利剑"还是贪官的"免死牌"？》，http：// cpc. people. com. cn/GB/64093/67206/67707/8185830. html，访问日期：2012 年 5 月 26 日。

（四）扩大非国家工作人员贿赂犯罪主体范围

《公约》第 21 条要求各缔约国将"以任何身份领导私营部门实体或者为该实体工作的任何人为其本人或者他人直接或间接索取或者收受不正当好处，以作为其违背职责作为或者不作为的条件"规定为犯罪。我国 1997 年《刑法》第 163 条规定，"公司、企业的工作人员利用职务上的便利，索取他人财物或者非法收受他人财物，为他人谋取利益"的，构成犯罪。该条规定的犯罪主体与《公约》规定的犯罪主体之间具有很大差别，前者仅限于"公司、企业的工作人员"，后者则包括私营部门中的"任何人"。事实上，随着社会主义市场经济的发展，公司、企业以外其他单位的工作人员实施的商业贿赂行为日益猖獗。一些科研、医疗、体育、出版、教育等技术性服务或者社会性服务单位的工作人员收受、索取贿赂往往数额巨大，公众反响强烈，其社会危害性已达到刑罚规制的程度。

2006 年 6 月 29 日，十届全国人大常委会第 22 次会议通过《刑法修正案（六）》，对第 163 条进行了修改，将商业贿赂犯罪主体扩展到"公司、企业或者其他单位的工作人员"，罪名相应由"公司、企业人员受贿罪"修改为"非国家工作人员受贿罪"；将第 164 条中的"向公司、企业人员行贿罪"修改为"公司、企业或者其他单位的工作人员"，罪名相应变为"向非国家工作人员行贿罪"。2008 年 11 月，最高人民法院、最高人民检察院公布《关于办理商业贿赂刑事案件适用法律若干问题的意见》，将《刑法》第 163、164 条规定的"其他单位"解释为，既包括事业单位、社会团体、村民委员会、居民委员会、村民小组等常设性的组织，也包括为组织体育赛事、文艺演出或者其他正当活动而成立的组委会、筹委会、工程承包队等非常设性的组织，"公司、企业或者其他单位的工作人员"包括国有公司、企业以及其他国有单位中的非国家工作人员。

（五）将贪污贿赂犯罪纳入洗钱罪的上游犯罪

《公约》第 23 条要求各缔约国将腐败犯罪所得的洗钱行为规定为犯罪。我国 1997 年《刑法》针对赃款赃物犯罪规定了洗钱罪，窝藏、转移、收购、销售赃物罪和窝藏、转移、隐瞒毒品、毒赃罪，但洗钱罪的上游犯罪并不包括贪污罪、受贿罪等腐败犯罪，赃物罪的犯罪对象仅局限于犯罪所得的赃物，没有延伸到犯罪所得产生的收益，且窝赃的方式仅靠明示列举的四种传统手段很难将现代社会复杂多样的掩饰、隐瞒行为包含在内。

为了打击腐败分子通过洗钱逃避法律制裁，《刑法修正案（六）》将洗钱罪的上游犯罪扩展至包括贪污贿赂犯罪在内的 7 类犯罪，并对洗钱的行为方式进行了修改完善。① 《刑法修正案（六）》对原有的窝赃罪进行了改造，拓展了行为方式，延伸了行为对象，加重了法定最高刑，相应地将罪名修改为掩饰、隐瞒犯罪所得、犯罪所得收益罪，有效弥补洗钱罪对打击除贪污贿赂犯罪以外的腐败犯罪之不足。考虑到实践中有单位实施掩饰、隐瞒犯罪所得、犯罪所得收益行为，《刑法修正案（七）》增加了单位犯罪的规定。《反洗钱法》对金融机构反洗钱义务、反洗钱调查和反洗钱国际合作作了具体规定，这对于落实《公约》第 14 条和第 23 条的要求具有重要意义。

《公约》第 28 条指出，根据《公约》确立的犯罪所需具备的明知、故意或者目的等要素，可以根据客观实际情况予以推定。考虑到司法实践中对洗钱罪和掩饰、隐瞒犯罪所得、犯罪所得收益罪所要求的"明知"难以把握，最高人民法院 2009 年 9 月通过了《关于审理洗钱等刑事案件具体应用法律若干问题的解释》，明确了洗钱罪和掩饰、隐瞒犯罪所得、犯罪所得收益罪中"明知"要件的具体认定标准，并规定具有七种情形之一的可以推定被告人明知系犯罪所得及其收益，但有证据证明确实不知道的除外。② 细化推定情形为司

---

① 2006 年 10 月 31 日，第十届全国人大常委会第二十四次会议通过的《反洗钱法》第 2 条也明确规定，本法所称反洗钱，是指为了预防通过各种方式掩饰、隐瞒毒品犯罪、黑社会性质的组织犯罪、恐怖活动犯罪、走私犯罪、贪污贿赂犯罪、破坏金融管理秩序犯罪、金融诈骗犯罪等犯罪所得及其收益的来源和性质的洗钱活动，依照本法规定采取相关措施的行为。

② 这七种情形是：a. 知道他人从事犯罪活动，协助转换或者转移财物的；b. 没有正当理由，通过非法途径协助转换或者转移财物的；c. 没有正当理由，以明显低于市场的价格收购财物的；d. 没有正当理由，协助转换或者转移财物，收取明显高于市场的"手续费"的；e. 没有正当理由，协助他人将巨额现金散存于多个银行账户或者在不同银行账户之间频繁划转的；f. 协助近亲属或者其他关系密切的人转换或者转移与其职业或者财产状况明显不符的财物的；g. 其他可以认定行为人明知的情形。

法机关依法准确有效打击洗钱犯罪活动提供了实体认定和程序适用依据，对于腐败犯罪具有重要的遏制和预防作用。

二　防治贪污贿赂犯罪的程序法更加严密

《公约》第 30 条要求各缔约国照顾到在必要时对腐败犯罪进行有效的侦查、起诉和审判的可能性。《公约》第 50 条规定，为有效打击腐败，各缔约国应当在本国法律制度基本原则许可的范围内并根据本国法律规定，在力所能及的情况下采取必要的侦查措施。根据新形势下打击犯罪、保障犯罪人人权的需要和《公约》的相关要求，2012 年 3 月 14 日，第十一届全国人大第五次会议通过了《中华人民共和国刑事诉讼法修正案》，全面修正了 1979 年制定、1996 年第一次修正的《刑事诉讼法》，完善了腐败犯罪的刑事诉讼程序，对惩治腐败犯罪提供了更强有力的程序保障。随后，最高人民检察院、最高人民法院相继出台细化规定，为正确理解和适用贪污贿赂犯罪的刑事诉讼程序提供了具体依据。①

（一）规定特别重大贿赂犯罪案件律师会见程序

贿赂犯罪是对向性犯罪，往往只有行贿人和受贿人双方在场，贿赂手段具有隐蔽性、智能化等特点，一旦在侦查阶段律师利用会见在押犯罪嫌疑人的便利为嫌疑人通风报信，致使行贿人与受贿人串供，订立攻守同盟，隐匿、销毁直接证据，将会导致贿赂犯罪案件很难侦破。对于特别重大的贿赂犯罪案件，犯罪嫌疑人往往职务较高，涉及受贿数额巨大，在社会上受关注的程度很高，一旦不能及时有效侦破，不仅会拖延诉讼周期，造成超期羁押，而且会严重影响人民群众对党和政府反腐败斗争的信心。为此，新刑事诉讼法规定对于特别重大贿赂犯罪案件，② 辩护律师在侦查期间会见在押的犯罪嫌疑人，应当经侦查机关许可。

---

① 如最高人民检察院 2012 年 10 月 16 日通过的《人民检察院刑事诉讼规则（试行）》和最高人民法院 2012 年 11 月 5 日通过的《最高人民法院关于适用〈中华人民共和国刑事诉讼法〉的解释》。

② 根据《人民检察院刑事诉讼规则（试行）》第 45 条规定，有下列情形之一的，属于特别重大贿赂犯罪：a. 涉嫌贿赂犯罪数额在 50 万元以上，犯罪情节恶劣的；b. 有重大社会影响的；c. 涉及国家重大利益的。

（二）增加特别重大贿赂犯罪案件指定居所监视居住的规定

《公约》第 30 条规定，各缔约国应当"根据本国法律并在适当尊重被告人权利的情况下采取适当措施，确保判决前或者上诉期间裁决所规定的条件已经考虑到被告人在其后的刑事诉讼中出庭的需要"。我国新刑事诉讼法对特别重大贿赂犯罪嫌疑人采取指定居所监视居住的强制措施体现了该规定的要求。考虑到涉嫌特别重大贿赂犯罪案件，在住处执行监视居住可能有碍侦查，新刑诉法规定，经上一级人民检察院批准可以在指定的居所执行。但是，不得在羁押场所、专门的办案场所执行。指定居所监视居住的，除无法通知的以外，应当在执行监视居住后 24 小时以内，通知被监视居住人的家属。这对于排除办案干扰，保障侦查顺利进行具有重要意义。同时，考虑到指定监视居住对人身自由的限制程度，新刑事诉讼法规定，指定居所监视居住的期限应当折抵刑期。为了保障被监视居住人的合法权益，指定居所监视居住由公安机关执行，人民检察院对指定居所监视居住的决定和执行是否合法实行监督。

（三）侦查重大贪污、贿赂犯罪允许使用技术侦查措施

《公约》第 50 条第 1 款规定，为有效打击腐败，"各缔约国允许其主管机关在其领域内酌情使用控制下交付和在其认为适当时使用诸如电子或者其他监视形式和特工行动等其他特殊侦查手段，并允许法庭采信由这些手段产生的证据"。我国 1996 年的《刑事诉讼法》并没有规定技术侦查措施，只有《国家安全法》和《人民警察法》对危害国家安全犯罪和普通刑事犯罪规定了技术侦查措施。① 在实践中，出于侦破腐败犯罪的需要，这些侦查手段经常被采用，但由于缺乏明确的法律根据，不能直接作为证据来使用，必须经过转换，通过讯问等方式转化成合法的证据形式。② 新刑事诉讼法针对重大的贪污、贿

---

① 《国家安全法》第 10 条："国家安全机关因侦察危害国家安全行为的需要，根据国家有关规定，经过严格的批准手续，可以采取技术侦察措施。"《人民警察法》第 16 条："公安机关因侦查犯罪的需要，根据国家有关规定，经过严格的批准手续，可以采取技术侦察措施。"

② 郝建臻：《〈刑事诉讼法〉修改有利于反腐败斗争》，http：//www. nbcp. gov. cn/article/lltt/201204/20120400016899. shtml，访问日期：2013 年 5 月 9 日。

赂犯罪案件明确规定，人民检察院在立案后，根据侦查犯罪的需要，经过严格的批准手续，可以采取技术侦查措施，按照规定交有关机关执行。[①] 采取技术侦查措施收集的材料在刑事诉讼中可以作为证据使用，这对于加大查办腐败案件的力度，为司法机关准确、及时惩治腐败犯罪提供了有力武器。

（四）完善腐败犯罪分子资产追回程序

《公约》第 54 条第 1 款第 3 项规定，各缔约国应当考虑采取必要的措施，以便在因为犯罪人死亡、潜逃或者缺席而无法对其起诉的情形或者其他有关情形下，能够不经过刑事定罪而没收这类财产。我国 1997 年《刑法》规定了作为刑罚附加刑的没收财产刑，可以没收犯罪分子个人所有财产的一部分或者全部。没收全部财产的，应当对犯罪分子个人及其扶养的家属保留必需的生活费用。第 64 条也规定，犯罪分子违法所得的一切财物，应当予以追缴或者责令退赔，但根据《刑事诉讼法》的相关规定，犯罪嫌疑人、被告人死亡的，不追究刑事责任；已经追究的，应当撤销案件，或者不起诉，或者终止审理，或者宣告无罪。被告人脱逃致使案件在较长时间内无法继续审理的，可以中止审理。由此可见，对于犯罪嫌疑人、被告人逃匿、死亡而无法到案的，在我国尚未规定缺席审判制度的情况下，刑事追诉程序往往无法启动或继续进行，因而不能对犯罪嫌疑人、被告人违法所得财物依法进行处理，给腐败分子及其亲属转移财产提供了机会。为此，新刑事诉讼法规定，对于贪污贿赂犯罪等重大犯罪案件，犯罪嫌疑人、被告人逃匿，在通缉一年后不能到案，或者犯罪嫌疑人、被告人死亡，依照刑法规定应当追缴其违法所得及其他涉案财产的，人民检察院可以向人民法院提出没收违法所得的申请。《公约》第 31 条规定，不得对没收措施作损害善意第三人权利的解释。对此，新刑诉法对逃匿、死亡案件违法所得的没收程序设置了公告期间，赋予犯罪嫌疑人、被告人的近亲属和其他利害关系人申请参加诉讼的权

[①] 《人民检察院刑事诉讼规则（试行）》第 263 条将"根据侦查犯罪的需要'明确为'涉案数额在十万元以上、采取其他方法难以收集证据"。这里的贪污、贿赂犯罪包括刑法分则第八章规定的贪污罪、受贿罪、单位受贿罪、行贿罪、对单位行贿罪、介绍贿赂罪、单位行贿罪、利用影响力受贿罪。

利。对于人民法院的一审裁定，犯罪嫌疑人、被告人的近亲属和其他利害关系人可以提出上诉。这些规定为没收腐败犯罪嫌疑人、被告人财产提供程序支持，另一方面通过利害关系人的介入防止侵害公民的合法财产。

（五）完善刑事司法和行政执法衔接机制

查处腐败犯罪需要行政执法机关、纪检监察机关和金融机构等部门的配合。《公约》第37、38、39条分别规定了司法机关与执法机关、其他国家机关、私营部门之间的合作问题。我国《刑事诉讼法》《行政执法机关移送涉嫌犯罪案件的规定》《关于加强行政执法与刑事司法衔接工作的意见》《中共中央纪律检查委员会、最高人民法院、最高人民检察院、公安部关于纪律监察机关与法院、检察院、公安机关在查处案件过程中互相提供有关案件材料的通知》《中共中央纪律检查委员会、最高人民检察院、监察部关于纪检监察机关和检察机关在反腐败斗争中加强协作的通知》等都对行政执法机关、纪检监察机关、公安机关、检察机关在信息共享、案件移送、协调配合、监督制约等方面做了具体规定。2009年3月最高人民法院、最高人民检察院联合发布了《关于办理职务犯罪案件认定自首、立功等量刑情节若干问题的意见》，规定在纪检监察机关采取调查措施期间交代罪行的，可以认定为自首。为了完善在查处腐败犯罪案件时行政执法和刑事司法之间的衔接机制，同时为了防止侦查机关大规模采用行政机关收集的证据，考虑到被追查人供述等言词证据的特点，新刑事诉讼法规定，行政机关在行政执法和查办案件过程中收集的物证、书证、视听资料、电子数据等证据材料，在刑事诉讼中可以作为证据使用。由此可见，行政机关可以直接移送的证据仅限于实物证据，言词证据不得移送，必须由侦查机关重新收集后才能在刑事诉讼中使用。

三　我国以刑事修法手段防治贪污贿赂犯罪的展望

批准实施《公约》以来，我国通过修改完善相关法律法规，严密刑事法网，完善追究程序，创新执法机制，在防治贪污贿赂犯罪方面为履行《公约》义务做了大量卓有成效的工作。在反腐倡廉建设的新形势下，以刑事修法手段防治贪污贿赂犯罪需要进一步完善罪名体系，坚持"以严为主"的刑事政策，加强国际刑事司法合作，提高刑事司法队伍的素质。

（一）健全贪污贿赂犯罪罪名体系

在中国特色社会主义法律体系基本形成的大背景下，我国逐步形成了内容科学、程序严密、配套完备、效用明显的反腐败法律体系。但与《公约》所规定的措施，特别是"软性要求"相比，仍有一定差距，如在贿赂的范围上，《公约》是"一切不正当好处"，而我国《刑法》仅规定为财物，范围过窄；贿赂犯罪是对向犯，原则上应该对行贿人和受贿人都适用刑罚，但我国《刑法》有的条文仅受贿者构成犯罪，[①] 有时仅行贿者构成犯罪[②]，故而我国需要根据《公约》的规定，认真审视腐败犯罪发展态势，修改完善已有反腐败罪名，建立科学合理的刑罚机制。

（二）采取"以严为主"的刑事政策

宽严相济刑事政策是我国的基本刑事政策，贪污贿赂犯罪的立法、司法自当遵从该刑事政策。但鉴于目前我国处于腐败犯罪易发高发期，对贪污贿赂犯罪应采取"宽严相济、以严为主"的刑事政策。《最高人民法院关于贯彻宽严相济刑事政策的若干意见》提出，"对于国家工作人员贪污贿赂的严重犯罪"，"要依法从严惩处"。面对严峻的反腐败形势，应该动用社会一切资源投入反腐倡廉建设中来，而刑罚手段无疑是最直接、最有威慑力的手段。因此，刑事司法机关应树立和强化对贪污贿赂犯罪"零容忍"心理，在办理贪污贿赂犯罪案件的过程中，宜使用刑罚手段严厉打击。对于国家工作人员贪污贿赂犯罪

---

① 我国《刑法》仅将"国家工作人员的近亲属或者其他与该国家工作人员关系密切的人，通过该国家工作人员职务上的行为，或者利用该国家工作人员职权或者地位形成的便利条件，通过其他国家工作人员职务上的行为，为请托人谋取不正当利益，索取请托人财物或者收受请托人财物"的行为规定为犯罪，但却没有规定向上述主体行贿的人构成犯罪。

② 我国《刑法》仅将"为谋取不正当商业利益，给予外国公职人员或者国际公共组织官员以财物"的行为规定为犯罪，但却没有规定接受财物的外国公职人员或者国际公共组织官员构成犯罪。而《公约》第16条规定："各缔约国均应当考虑采取必要的立法和其他措施，将下述故意实施的行为规定为犯罪：外国公职人员或者国际公共组织官员直接或间接为其本人或者其他人员或实体索取或者收受不正当好处，以作为其在执行公务时作为或者不作为的条件。"

中性质恶劣、情节严重、涉案范围广的，或者案发后隐瞒犯罪事实、毁灭证据、订立攻守同盟、负案潜逃等拒不悔罪认罪的，以及对给国家财产和人民群众利益造成重大损失、社会影响极其恶劣的，要依法从严惩处。

（三）完善惩治贪污贿赂犯罪刑事诉讼程序

新刑事诉讼法对纪检监察机关、司法机关查办案件工作提出了新的要求。最高人民检察院、最高人民法院应继续深入研究《公约》对贪污贿赂犯罪刑事诉讼的有关要求，实现国内刑事诉讼法与《公约》的接轨：如加强对证人、鉴定人和被害人的保护等。新刑事诉讼法增加了证人、鉴定人和被害人保护方面的规定，无疑是一个巨大的进步，但仍须根据《公约》规定，完善相关制度：保护理念应从依申请进行保护向主动保护转变；通过订立协定建立健全与其他国家移管有关证人、鉴定人的相关程序；将保护的范围逐渐扩展至与证人、鉴定人有密切关系者；探索建立"污点证人"制度等。再如，在执行阶段，要严格依法控制对贪污贿赂犯罪分子适用减刑、假释、暂予监外执行。[①]完善社区矫正制度，确保接受社区矫正的腐败犯罪行为人重新融入社会。

（四）加强惩治贪污贿赂犯罪国际司法合作

跨国境"外向型"腐败成为现阶段腐败犯罪的一个典型特征，[②] 具体表现为：国内贪污贿赂犯罪分子将腐败犯罪所得，通过各种渠道转移至国外；贪污贿赂犯罪分子在被抓获之前逃往国外；国（境）外腐败分子将腐败资产转移至中国境内；国内人员与国（境）外人员相互勾结，实施贪污贿赂犯罪。针对"外向型"腐败犯罪，必须加强国际司法合作，打破司法屏障，才能有效、及时惩治腐败犯罪人，警示潜在腐败犯罪人。《公约》设专章规定了腐败犯罪的国际合作，对引渡、被判刑人的移管、司法协助、执法合作、联合侦查、特

---

① 《公约》第30条规定："各缔约国均应当在考虑已经被判定实施了有关犯罪的人的早释或者假释可能性时，顾及这种犯罪的严重性。"从原则上提醒缔约国司法机关，不能因为腐败犯罪主体的既往身份而在刑罚执行中对之有所特殊照顾，而应充分考虑腐败犯罪的严重性，限制减刑、假释等刑罚执行变更措施的适用。

② 参见李秋芳《应客观认知中国反腐倡廉建设进程》，《中国反腐倡廉建设报告》，社会科学文献出版社，2011，第5页。

殊侦查手段等国际合作形式进行了详尽规定。近年来，我国在查办贪污贿赂犯罪国际合作方面做了大量工作，取得了一定的成绩，[①] 但由于各国国情差异，在腐败犯罪国际合作方面仍然存在诸多障碍，一些合作形式并没有实质性进展。面对腐败分子跨国转移资产，潜逃境外的严峻形势，迫切需要各部门建立健全防止违纪违法国家工作人员外逃工作协调机制，加强与境外反腐败司法机构合作，签订打击腐败犯罪的双边或多边条约，充分发挥国际反贪局联合会等国际组织的积极作用。

（五）注意刑事手段与其他手段协调运用

腐败是一个复杂的社会问题，刑事手段并非惩治腐败的主要手段，我们要正确认识刑事手段在惩治腐败中的地位和作用。《公约》在强调打击腐败犯罪的同时，也更强调运用立法、司法、行政等多种手段全方位、多层次综合预防腐败犯罪。在中央建立健全惩治和预防腐败体系的大框架下，在运用刑事手段严厉打击腐败犯罪的同时，更要充分发挥各种监督力量，鼓励社会公众积极参与反腐败斗争，大力做好反腐倡廉宣传教育，统筹协调推进我国的反腐败工作。

---

① 目前，中国已与 68 个国家和地区签订了 106 项各类司法协助条约，中国最高人民检察院、公安部、监察部等执纪执法机关已分别与数十个国家和地区相关机构开展了友好往来、进行了有效合作（参见周永康《加强各国反贪执法机关的交流 不断提高反腐败国际合作水平——在国际反贪局联合会第三届研讨会开幕式上的讲话》，《人民日报》2011 年 7 月 11 日）。2011年，我国完善境内外追赃追逃机制，会同有关部门追缴赃款赃物计 77.9 亿元，抓获在逃职务犯罪嫌疑人 1631 人（参见最高人民检察院 2012 年工作报告）。

地 区 报 告

Regional Reports

B.6
河北探索打造权力
运行完整监控链条

河北省反腐倡廉建设课题组*

摘 要：

河北省提出了以深化权力运行监控机制为核心，举全省之力抓
预防的工作思路，紧扣权力运行中的突出问题，以公开透明促
权力在"阳光"下运行，以消除盲区拓展权力监督外延，严肃
查处权力滥用案件，以纠风治乱保障权为民所用，逐步打造覆
盖权力运行全过程的完整监控链条，将权力运行纳入制度化、
规范化轨道，初步形成具有河北特点的惩治和预防腐败体系基
本框架。

* 课题组组长：李胜斌，河北省纪委常委、省监察厅副厅长；课题组副组长：张明利，河北省纪
委研究室主任；执笔人：李柱林，河北省纪委研究室正处级副主任；杨志刚，河北省纪委研究
室副主任；董丽君，河北省纪委研究室副处级纪检监察员；肖忠田，河北省纪委研究室主任科
员；张中伟，河北省纪委研究室副主任科员；王晓烁，河北经贸大学廉政建设研究中心研究员、
博士、教授；邢明军，河北经贸大学廉政建设研究中心研究员。

关键词：

　　河北　权力运行　监督　惩治

　　长期以来，河北注重发挥历史、文化和区位优势，不断加大改革开放步伐，在全面推进经济社会发展的同时，积极推进反腐倡廉建设创新发展。2007年，被中央纪委确定为"三个更加注重"① 的试点省份后，河北省提出了以深化权力运行监控机制为核心，举全省之力抓预防的工作思路，紧扣权力运行中的突出问题，标本兼治，改革创新，努力把公共权力运行置于"阳光"之下，努力消除权力运行中的监督盲区，严肃查处权力滥用案件，治理纠正基层权力侵害群众利益的突出问题，逐步打造覆盖权力运行全过程的完整监控链条，将权力运行纳入制度化、规范化轨道，初步形成了具有河北特点的惩治和预防腐败体系，保障了全省各项事业不断取得新成就。

一　以公开透明促权力在阳光下运行

　　"权力不透明，就容易导致暗箱操作，就容易产生腐败"。这是河北省从2004年查处的原省外贸厅副厅长李友灿一案中得出的结论。因为权力不透明，李友灿利用掌握的进口汽车配额的权力大肆受贿，在一年多时间里收受贿赂4744万元。该案引起了河北省对源头防腐的深思。2004年10月，河北省纪委提出推进公共权力公开运行的初步意见，并将突破口确定在行政权力的公开透明运行上。2005年2月，河北省委、省政府批转了省纪委、省监察厅《关于开展推进行政权力公开透明运行试点工作的意见》，决定在邯郸市政府、省商务厅、省国土资源厅进行试点。2006年又专门制定了《关于开展行政权力公开透明运行工作的意见》，在全省各级行政机关全面推行行政权力公开透明运行工作。

---

① 2007年6月25日，胡锦涛总书记在中央党校省部级干部进修班上强调："在坚决惩治腐败的同时，更加注重治本，更加注重预防，更加注重制度建设。"这一重要论述提出后，中央纪委决定在上海、四川、河北三个省市进行"三个更加注重"试点工作。

1. 编制权力运行流程图

根据《河北省行政权力公开透明运行规定》要求,河北省县级以上政府及其所属部门、乡镇政府等行政机关,要对其所行使的行政许可、行政处罚、行政强制、行政征收、行政征用、行政收费、行政给付、行政确认、行政裁决、非行政许可、行政审批、对行政相对人实施的监督检查等行政职权统一编制职权目录和行政职权运行工作流程图,向社会公开并动态实时发布行政职权和流程图变更情况。特别是对涉及多部门或多层级审批的事项,推动权力流程再造,重点解决推诿扯皮问题,最大限度地提高行政效率。为保障权力运行科学规范,邯郸作为推进行政权力公开透明运行试点市,列出了全国设区市第一份"市长行政权力清单"和"政府行政权力清单",连同每一项权力运行流程图公诸于众,把权力运行的每一个环节都置于阳光之下。河北省还部署开展了机关标准化建设,将ISO9000质量管理体系引入机关管理工作中,明确岗位职责、工作目标、管理流程和评价标准,完善制度体系,并用第三方评价促进工作改进。例如,保定市引入ISO国际质量管理理念,推进政务服务中心标准化建设,进一步规范审批标准、管理标准、体系标准,实行星级动态管理,强化"四级联动"服务,建立网上审批、电子监察、风险预警"三网并轨"电子政务平台,形成了一套"行为规范、运转协调、廉洁高效、公正透明"的审批服务规范。

2. 推行行政服务公开透明

河北省在推进行政权力公开透明的运行过程中,把这项工作与建立行政服务中心、推行电子政务结合起来。在51个具有行政审批和公共服务(行政监管)职能的省直部门全部建立了行政审批大厅,全省11个设区市和166个县(市、区)建成政务服务中心,县级以上覆盖率达到96.7%。河北省将工程建设、政府采购、土地使用权和矿产权交易、产权交易等各类公共资源交易活动纳入统一规范的交易市场,建立了省、市、县公共资源交易市场163个,强化对公共资源交易活动的监管。推行在具有行政审批职能的部门建立行政服务"窗口",实行"一个窗口对外、一站式办结、一条龙服务、一次性收费"的行政服务模式,推行网上审批和电子监察系统建设,省本级496项行政许可项目中已有436项网上运行,9个市、122个县(市、区)建设了网上审批系统，实现了省、市、县三级联网审批。将行政执法、公共资源交易、服务群众窗口建设等重点领域和关键环节纳入电子监察范围，全省共有 7 个市、115 个县（市、区）建立了电子监察系统。2012 年对省直部门实施的非行政许可审批事项进行全面清理，对需要保留的、予以取消的、需要调整的行政许可项目分类处理，并公布《历年取消、下放行政审批事项目录》，便于群众监督。与此同时，河北省在各级行政机关建立行政裁量权基准制度，压缩行政处罚、行政许可、非行政许可审批、行政强制、行政征收等方面的自由裁量空间，防止执法不公、裁量不当。

3. 推动行政决策公开制度化

河北省在实践中建立并推行了处（科）务会议纪要制度、政府部门会审会制度、政府常务会议旁听制度、乡（镇）议事会制度等四项公开制度。处（科）务会议纪要制度要求省、市级政府部门处（科）室研究行政许可、非行政许可审批，评优奖励，项目和资金安排使用方案的拟定等重要事项时，必须召开处（科）全体工作人员会议，实行集体讨论、民主决策，并将会议纪要报部门党组（党委）和纪检监察机构备案；部门会审会制度要求市、县级政府部门研究行政审批事项、行政处罚行政复议案件、出台重大行政措施等事项时，召集部门中层以上干部集体会审、透明决策；政府常务会议旁听制度要求市、县级政府召开常务会议研究决定地方经济、社会发展等重大问题时，邀请人大代表、政协委员、群众代表旁听，对专业性、技术性较强的议题，邀请具有相应专业职称且在专业领域具有一定声誉的专家列席；乡（镇）议事会制度要求对乡（镇）公益性项目、农业产业化项目和重大招商引资项目建设，涉农惠农政策落实、集体资产资源处置等群众关心的热点问题，群体性矛盾的协调解决等事项决策前，邀请社会各界代表参政议政、听取民意，并将会议决议通过政府门户网站、广播、公开栏等载体向社会公开。

通过全面清理和确定行政职权，促使行政权力在"阳光"下运行，不仅让行使职权者明白"手中权"有多大，而且让群众看得到、监督得到，许多人反映"权力公开透明运行的最大好处是方便了群众，提高了机关效能""再搞腐败就难了，多年的'顽症'有治了"。

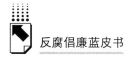

专栏1：河北省交通厅实施"十公开"让谋私之手"伸不出、拿不走"

近年来，河北省交通运输厅着力实施了高速公路建设的"十公开"。"十公开"中的"十"既是高速公路建设的10个关键环节，也是10项重要权力，即规划计划、项目审批、招标管理、征地拆迁、施工过程、设计变更、质量监督、资金使用、竣交工验收、建设市场管理。通过边实践、边探索、边完善，把10大类划定为93项职权。"十公开"打开了10大类、93项职权行使的"暗箱"，让谋私之手"伸不出、拿不走"。如在征地拆迁中，由于信息不对称，一些部门和干部往往利用权力截留、挪用补助资金，骗取占地补偿款，甚至滥用权力、"优亲厚友"，导致政府公信力下降，群众猜忌甚至上访、阻工，影响交通发展。征地拆迁公开就是把一亩地、一颗树、一间屋、一座坟头、一亩青苗费的补偿标准，张榜公布，一把尺子量到底，群众自己算账，该得多少清清楚楚。自实施"十公开"以来，河北在高速公路大建设、大投资环境下，没有发生大的廉政问题，实现工程优质、干部安全。目前，河北省交通运输厅已将"十公开"经验做法拓展延伸到农村公路、高速养护、高速运营、人事、执法等7个领域，用"大公开"构筑起源头防腐格局，切实把交通重要权力关进制度的笼子里，推动了交通事业和谐发展、健康发展。中央电视台《面对面》栏目以《公开的力量》为题深度报道，中央纪委专题调研并向全国推广。

河北省在开展行政权力公开透明运行工作中逐渐认识到，公开透明运行只是强调了权力行使中这一环节，而对行使前、行使后两个环节还缺乏制约和监督。科学有效地加强对权力运行全过程的制约和监督，就必须在此基础上向前延伸、向后拓展，消除权力运行中的监督"盲区"。在认真总结公开透明运行工作经验、深入开展调研论证的基础上，河北省提出了推进行政权力运行监控机制建设的设想，将其作为深入学习实践科学发展观、建立健全体制机制的一项重要内容，在邯郸市、秦皇岛市和省卫生厅、国土资源厅、商务厅、财政厅、教育厅等7个单位开展监控机制建设试点工作。2009年初，河北省委、省政府印发了《关于推进行政权力运行监控机制建设的意见》，在全省各级行政机关全面部署推进。2011年出台了《关于提高权力运行监控机制建设科学化水平的实施意见》，把科学化的要求融入权力运行监控机制建设的各个环节。2013 年初，省委、省政府印发了《关于进一步加强廉政风险防控，深化权力运行监控机制建设的意见》，要求进一步做好清权、确权、晒权、控权工作，深化权力运行监控机制建设。经过不断地拓展、深化、完善和提高，围绕权力运行前、中、后三个环节，探索形成了以"三个机制"为主要内容的覆盖权力运行全过程的监控链条。

4. 建立权力行使前的廉政风险评估防范机制

在行政权力行使前，按照职权法定、权责一致的原则，全面清理和确定行政职权，编制职权目录，分析查找权力运行过程中可能出现腐败问题的廉政风险点，科学评定风险等级，编制廉政风险等级目录，以高等级风险为重点，逐类逐项制定防控措施，针对腐败风险的性质、特点、程度及分布，实施分级预警和管理，分工负责。从权力名称、类别、风险等级、风险点、防范措施、责任部门及主要负责人、责任领导七个方面，对省政府组成部门和直属单位的廉政风险等级目录进行了规范，省直 38 个部门共确定廉政风险点 2589 个，其中 A 级风险点 615 个，B 级 1038 个，C 级 936 个。各部门及时将廉政风险等级目录在本单位内网以及省政府门户网站、河北权力公开透明运行网进行公开，从部门主要领导到各个处室、各个岗位，通过晒出权力、亮明风险、明确责任、接受监督，提高风险防控意识和自我约束能力。与此同时，河北省建立纪检监察机关与组织、人事、审判、检察、财政、审计、信访等部门的信息共享机制，形成全方位预警机制。

专栏 2：邯郸构建廉政风险全方位预警防控管理系统

邯郸市运用系统论、控制论、信息论等先进理念，建立健全了集全方位采集信息、多侧面分析风险、动态化层级预警、互认式结果运用为一体的廉政风险全方位预警防控管理系统，实现了资源整合和关口前移，增强了预防腐败的科学性和实效性。一是全方位采集信息。建立了上级机关交办、下级机关上报、相关部门移交、群众投诉反映、网络舆情搜索等 21 种信息采集渠道，市本级聘请了100 名社会信息员，使采集到的风险信息涵盖社会各个领域，实现了廉情信息全天候、滚动式、不间断采集。二是多侧面分析风险。采取人机结合方法，从信息数量、危害性质、风险区域、反映频率以及影响度等方面，进行筛选分类、移送排查和审核甄别，通过分析研判，确定风险等级，按程序报批。三是动态化层级预警。依据分析审核结果，按照风险危害程度由低到高，分别启动三级、二级、一级预警。对危害程度轻微的，启动三级预警，实施通知提醒或下发"廉情预警告知书"，由风险单位和个人自行整改；对危害程度较重的，启动二级预警，实施约谈告诫或下发"廉情预警质询书"，由其主管领导责令其整改；对危害程度严重的，启动一级预警，实施监察训诫并下发"廉情监察建议书"，由纪检监察机关监督其限期整改。四是互认式结果运用。将预警情况作为评先评优、干部提拔使用及问责追究的重要依据。一年内受到两次及以上一级预警的单位，当年不得评为先进等次；在市委年度干部实绩和党风廉政建设责任制考核中，被评为较差等次的单位，直接给予一级预警；受到一级预警的个人，当年不得评先评优，半年不得提拔重用。新华社、《中国纪检监察报》、《河北日报》和人民网、新浪网等50余家媒体对此作了宣传报道。

5. 建立权力运行程序化和公开透明机制

在行政权力行使中，通过规范行政程序，深化各项决策信息公开，广泛接受社会监督，防止运行过程中发生腐败问题。根据经济社会发展、依法行政和预防腐败的要求，最大限度地减少审批环节和时限，使其步骤更加清晰，程序更加简约，监督更加方便。扩大信息公开的渠道和方式，在注重发挥公开栏、广播电视、报纸等载体作用的同时，大力推进网上公开，通过公众参与、电话预约、惠民短信等形式，增强公开的主动性和有效性。紧紧抓住社保基金、住房公积金、新农合资金、政府采购及政府投资重大工程建设项目等重点领域，强化对重要权力行使的实时监控，不留监督死角。

6. 建立权力行使后的绩效考核和责任追究机制

在行政权力行使后，重视对权力运行情况的检查考核工作。坚持把权力运行监控机制建设情况作为年度党风廉政建设责任制和惩防体系检查考核以及民主评议、机关效能建设的重要内容，具体考核行政审批事项的办理情况和行政权力的运行效率和质量，强化绩效管理与评价，对庸懒散和不作为、乱作为等问题实施责任追究。

专栏3：廊坊市绩效管理的"七化"模式

廊坊市扎实推进政府绩效管理，形成具有"七化"特点的数字绩效廊坊模式。一是整体结构科学化。全面梳理各项目标任务，把市委、市政府的战略愿景转化为可量化的数字模型，逐级分解到各级各部门。二是绩效目标差异化。实行分类考评，将92个单位依据各自职能和业务范围，划分为两个方面五个类别，实行同组同类考评。三是过程管理实时化。对重点工作和关键经济指标实行项目化管理，按时间进度进行节点分解，利用"廊坊市绩效管理与考评系统"平台，自动采集被考评单位工作进展情况，对照年初目标进行分析研判，通过"工作进度条"和"红黄绿三色灯"进行动态监控。四是考核分析多维化。建立"过程管理、指标考评、领导评价、公众评议"四位一体的考核评估机制，对各县（市、区）和市直部门重点工作进行全方位、立体化考核评价，力求客观、公正、准确、及时。五是结果运用刚性化。规定14条奖惩措施。对年度绩效考评结果前20%的单位，除通报表扬、专项奖励外，领导班子直接定为"优秀"档次；对年度绩效考评结果最后一名且低于80分的单位，扣发领导班子成员第13个月工资，并在下一年度不准提拔或进行调整，同时该单位一年内不得提拔市管干部。六是操作方法简便化。围绕绩效管理信息化系统，专门编印了《简易登陆操作说明》《领导查看及评价操作手册》等操作说明书；围绕年度指标体系和考评计分办法分别编印了"白皮书"和"蓝皮书"，并对外公布。完善流程图，把每项工作用直观的流程图表示出来，易于掌握。七是日常管理模式化。构建"1＋n"制度体系，以《廊坊市绩效管理工作实施意见》为统领，制定了《廊坊市绩效管理和考评暂行办法》等10余项制度文件，规范工作。开发了"1＋n"管理系统，在市县两级和市直部门开发绩效管理与考评系统，组建全覆盖的系统管理和评价体系。

7. 建立国有企业、高等院校和事业单位权力运行监控机制

在总结行政权力运行监控机制建设经验的基础上，进一步拓宽权力监控的范围，将权力运行监控机制建设向国有企业、高等院校、公共企事业单位拓展，制定了《关于推进国有企业权力运行监控机制建设的意见》和《关于推进高等学校权力运行监控机制建设的意见》，将"行政权力运行监控机制"拓

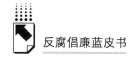

展为"权力运行监控机制"，推行到全省高等学校和公共企事业单位。根据国家事业单位改革要求，围绕本单位主要业务、腐败现象易发多发的重点领域以及人民群众反映强烈的突出问题，强化对基建项目、事业性收费、资金管理使用、物资采购、国有资产管理、干部人事、公务接待等领域的监控，防止权力滥用。

三　以加大查办案件力度防止权力滥用

河北省始终把查办违纪违法案件摆在反腐倡廉建设的重要位置，坚持有案必查、有腐必惩，持续加大惩治力度，最大限度地打击腐败分子，最大限度地教育保护党员干部。

（一）坚持"老虎苍蝇一起打"的惩治理念

河北省纪检监察机关自觉把查办案件放在推进经济社会发展的进程中去把握。针对腐败问题发生的特点和规律，研究确定办案重点，通过查办案件解决妨碍改革、发展、稳定的突出问题。重点查办领导干部滥用职权、贪污贿赂、失职渎职的案件，严肃查办工程建设、房地产开发、土地管理和矿产资源开发等腐败现象易发多发领域的案件，严肃查办严重违反政治纪律和组织人事纪律的案件，严肃查办发生在征地拆迁、生态环境保护、食品药品质量、安全生产等方面损害群众利益的案件。2007 年至 2011 年 10 月，全省纪检监察机关共立案 56539 件，处分 53849 人，其中厅级干部 41 人、县（处）级干部 477 人。严肃查处了石家庄团市委原副书记王亚丽采取弄虚作假等不正当手段谋取职务案，河北省国土资源领域系列违法违规案等。配合国家有关部门对三鹿牌婴幼儿奶粉重大食品安全事件、蔚县李家洼煤矿特大矿难瞒报事件有关责任人员进行了调查处理。通过查办案件，共为国家和集体挽回经济损失 11.8 亿元。查结商业贿赂案件 2995 件，涉案金额 4.39 亿元。2012 年继续保持惩治腐败的强劲势头，共立案 17476 件，处分 17688 人，查处了一批大案要案和典型案件。

（二）建立规范有序的案管机制

近几年，河北省建立完善了一系列工作机制，保证了有案必查。一是依纪依法办案机制。加强对查办案件工作的监督管理，努力把依纪依法安全文明的要求贯穿于查办案件工作全过程。严格规范查办案件工作程序，先后下发了《关于严格执行有关办案程序的意见》《关于进一步规范党纪政纪处分决定执行工作的办法》《关于加强和规范办案工作的实施意见》等多个文件，严格落实"事实清楚、证据确凿、定性准确、处理恰当、手续完备、程序合法"的办案要求，健全完善信访、受理、初核、立案、调查、审理等程序规定，形成有利于依纪依法、安全文明办案的制度环境。二是线索统管排查机制。着眼于不断拓宽案源，研究制定了《重要案件线索管理暂行规定》，建立了线索统管排查机制。在线索收集上，变过去坐等线索为主动出击，注重在巡视和各项专项治理中挖掘线索，对筛选出的重要线索定期进行排查提出办理意见，或直查或转相关单位要结果。三是协调联动机制。着眼于发挥反腐败协调小组的作用、有效整合办案力量，制定了《省委反腐败协调小组工作规则》《关于纪检监察机关和司法机关、行政执法机关在移送案件和案件线索中相互协作配合的规定》等一系列制度规定，搭建了协调小组及其办公室两个层面的协调平台，每次协调会都形成会议纪要发相关单位落实。

（三）注重信访举报资源的综合利用

信访举报资源能不能得到全面、合理利用，影响着惩治和预防腐败的实际成效。河北省在深入调研的基础上，提出了开展纪检监察信访举报资源综合利用的工作思路。2012 年，制定实施《关于加强纪检监察信访举报资源综合利用的意见》和《纪检监察信访举报资源综合利用的暂行办法》，对畅通信访举报渠道、筛选案件线索、开展信访监督、查办信访举报案件、分析研判信访举报信息等做出规定，对群众来信来访、电话举报、网络举报以及互联网、新闻媒体、接访下访、专项检查等多个渠道收集的信访举报资源进行整合，对信访举报资源综合利用的实现途径和方式加以明确，初步形成了实现信访举报资源科学、合理、充分利用的制度体系。

（四）重视发挥查办案件的治本功能

坚持查办案件与教育保护并重的原则，落实重大典型案件"一案双报告、双建议"制度，深入剖析典型案例，筑牢思想道德和制度防线，从源头上防止违纪违法问题的发生，实现政治效果、社会效果、法纪效果的统一。

1. 注重发挥查办案件的警示教育功能

结合重大典型案件，形成警示教育材料，采取发通报、制作专题片、辑印小册子、举办案件新闻发布会、召开警示教育大会等形式，对党员干部进行警示教育。河北省坚持每年召开一次全省警示教育大会，通报典型的大案要案，做到警钟长鸣。在查办案件过程中，注意对案情进行剖析，每查处一个案件，都要在发案单位和所在系统开展警示教育活动，运用"身边事"教育"身边人"。

2. 注重发挥查办案件的完善制度功能

针对查办案件中发现的体制机制制度上的弊端和薄弱环节，及时分析原因，提出对策建议，帮助发案单位建章立制、整改提高。定期对查办案件汇总分析，针对暴露出的某一领域带有苗头性、倾向性和普遍性的问题，组织开展专项治理，有针对性地建立完善制度措施，做到查处一起案件、解决一类问题。

3. 注重发挥查办案件的强化监督功能

针对腐败案件反映出的问题，查找权力运行中的关键部位和监督上的薄弱环节，不断探索和建立完善对权力运行的制约监督机制。如针对典型案件反映出的权力不透明和"暗箱操作"等问题，2006年开始在全省各级行政机关推行行政权力公开透明运行工作；针对"一把手"监督薄弱问题，2007年成立省委巡视组，重点加强对各级领导班子特别是"一把手"的监督；针对权力运行过程制约监督不到位等问题，2008年开始探索推进行政权力运行监控机制建设；针对一些干部不作为、乱作为等问题，2009年在全省开展干部作风建设年活动。

四　以纠风治乱保障权为民用

河北省始终把纠正损害群众利益的不正之风放在党风廉政建设突出的位置抓紧抓好，把实现好、维护好、发展好最广大人民的根本利益作为工作的出发点和落脚点，以人民群众满意为根本标准，通过不断加强干部作风建设，着力优化发展环境，扎实推进纠风治乱专项治理，改进民主评议工作，解决人民群众反映强烈的突出问题。

（一）开展"干部作风建设年"和"加强基层建设年"活动

河北省把加强干部作风建设作为保增长、保民生、保稳定、促和谐的重大举措，通过开展"干部作风建设年"和"加强基层建设年"活动，促进干部作风转变。河北省委、省政府出台了《关于开展"干部作风建设年"活动的意见》，以抓好领导干部联系点、开展调研周、设立恳谈日、集中攻坚、送服务等五项活动为载体，在全省各级干部中开展以"深入实际，破解难题，优化发展环境，推动科学发展，促进社会和谐"为主题的"干部作风建设年"活动。全省共组织8.2万名干部深入基层下访接访，建立领导干部联系点，解决各类问题6.8万件，妥善处理了近百件20年以上的积案。启动"千名一把手驻村蹲点调研周活动"，由省委书记、省长亲自带头，18名省级领导、11个市和172个县（市、区）党政主要领导、103个省直部门一把手，全部进村入户蹲点进行为期一周的调研，了解民情，为民解忧。省纪委、省委组织部等四部门还联合下发了《关于狠刹不良风气的规定》和河北省《机关工作人员违反"十个严禁"问责暂行办法》，明确规定30种不良行为将被问责。一年内，查处干部作风方面的问题2934件，给予党政纪处分和组织处理4029人。

从2012年始，河北省开展了以"强班子、促发展、惠民生、保稳定"为主题的加强基层建设年活动，连续两年从省、市、县三级选派15000名干部，深入全省5010个经济条件差、"两委"班子弱、矛盾纠纷多的村进行驻村帮扶。选派干部驻村逐项落实村街道路硬化、饮水安全、村卫生室标准化建设、乡村面貌"四清四化"、安全稳定用电、农村通邮通信、文化资源共享工程、农村危房改造、村庄环境综合整治规划和村庄建设规划、发展一村一品致富产业项目等"十方面实事"。目前，已完成帮扶项目81685个，其中"十方面实事"涉及项目72095个。驻村工作组还帮助各地建成了村"两委"活动室、幼儿园、学校、幸福院等项目9590个。

（二）查纠损害群众利益的行为

河北省把纠风专项治理作为推进科学发展和反腐倡廉建设的重要工作来抓，坚持标本兼治、纠建并举，循民意、解民难、惠民生。

1. 严格治理各种乱收费问题

严格清理规范各级政府及其部门、事业单位、社会团体和其他组织执收的行政事业性收费、实行政府定价和指导价的经营服务性收费、政府性基金、政府性集资、政府性保证金以及摊派项目，集中整治违反规定乱摊派、乱收费行为。健全完善制度，规范涉企收费行为。针对教育乱收费问题，全面实施教育收费治理工作责任制，省教育厅与各设区市教育局和厅直属大中专院校每年都签订教育收费治理工作责任书，其他各级教育行政部门与学校也按照隶属关系或属地原则层层签订责任书。普遍建立校务公开、办事公开和收费公开公示制度，每年春、秋两季开学之初组织各级各类学校对教育收费情况开展自查自纠，同时利用"河北教育收费网络监督平台"，全方位、全过程监控省内所有学校收费情况。

2. 纠正医药购销和医疗服务中的不正之风

河北省成立省领导小组和监督委员会，加强对药品网上集中采购的领导；编制《医疗机构网上竞价采购药品目录》，推行药品网上集中采购；制发《严禁医疗服务不良行为十项规定》，严格追究不负责任，擅离职守，违反管理制度和操作规程，弄虚作假，违反药品管理规定采购药品，故意夸大医疗服务功效，违反有关执业管理规定等十个方面的行为；组织开展"医院管理年"和"医疗质量万里行"活动，强化医疗业务管理，规范诊疗服务行为。开展执行医药价格政策情况专项检查，加强医疗机构和医药价格监管。河北省卫生厅通过实施起点、过程和结果监控，把权力运行全过程置于广大干部职工、人民群众的监督视野范围内，广泛开展内网监控、外网监控和专网监控。

3. 防范解决农村基层腐败问题

严格落实惠民政策，全面推行"一卡通"或"一折通"发放粮食直补及农资综合直补资金。建立农村资产、资金和资源监管办法，完善农村基层便民服务体系，推行农村集体"三资"全面委托代理服务，推广建立资产资源交易平台和信息化监管平台。严格落实"三资"管理责任追究制度，切实解决侵占、挪用集体资金等问题。深入开展强农惠农资金落实、农民负担突出问题专项治理，对强农惠农资金的落实、农村电价、农用生产资料价格等8项重点内容及面向农民和村集体的乱收费、乱集资、乱摊派行为进行专项检查。印发《基层重要事务规范化管理省级联系点建设"十有"标准》，全面推进村级重要事务规范化管理。

专栏4：石家庄构建农村干部预防腐败长效机制

石家庄市从健全完善制度入手，全面构建农村干部预防腐败长效机制。突出管理重点。重点围绕农村"三人（村党支部书记、村委会主任、村报账员）""三资（农村集体资金、资产、资源）""三权（村级人事权、财务权、重大事项决策权）"，从农村基层组织建设、农村基层干部监督管理、村级权力运行监控、农村集体三资管理、村改股份制公司经营管理和农村基层社会管理及信访稳定等六个方面建立完善制度。创新监督措施。建立村民监督委员会，监督村干部日常行为，将村民理财小组、民主监督小组全部纳入村民监督委员会，并规定由村党组织纪检委员兼任村监会主任，在村党组织和乡镇纪委双重领导下开展工作，业务工作以乡镇纪委指导为主。规范村务程序。实行乡镇包片领导列席村内重大会议，包村干部担任决策程序指导员和村务公开情况监督员，规范决策程序；实行村级财务审批"五步工作法"，即经手人在原始凭证上签字，交村民监督委员会集体审核；村民监督委员会负责人审定；村"两委"负责人审批；会计人员审核记账；公开栏公开接受群众监督，规范财务审批程序。引入竞标机制，提前七天发布公告，严格按照规定程序发包竞标，规范土地和工程发包程序。推行三项机制。建立绩效考核机制，将农村"两委"干部德、能、勤、绩、廉纳入评议考核范围，考核结果与绩效工资挂钩。建立短信提醒机制，设立"基层组织建设"短信平台，将农村"两委"主要干部纳入平台范围，进行政策宣传和定期廉政提醒。建立监督检查机制，在充分发挥村民监督委员会作用的同时，由县级纪委牵头，会同组织、民政等部门组成督导组，定期对农村各项制度执行情况进行督导检查，及时纠正存在问题，促进农村各项制度有效落实。

4. 深入治理公路"三乱"

河北省出台了《关于深化治理公路三乱工作的意见》《关于规范涉路涉车执法执收行为的通知》，严格执行治理公路"三乱"快速反应机制，在市、县两级均设立了公路"三乱"举报受理站，开通"12346"举报电话，制发涉路涉车执法执收违法违纪举报明白卡，设立"阳光"网络举报平台。整合纠风、公安、交通部门的电子监控资源，建成了统一的、覆盖全省的涉路涉车执法执收电子监控系统，实现了对所有执法执收人员全方位、全天候、全时段的监控，切实解决公路"三乱"深层次问题，促使涉路涉车行政权力公开、透明、规范运行。

（三）民主评议政风行风

河北省自2002年开展民主评议行风工作以来，经历了评议行风——评议政风行风——民主综合评议的发展过程，真正把部门、行业和干部作风好坏的"评价权"直接交给群众。河北省民主评议活动主要有以下几个特点：不断丰富评议载体。各参评系统通过参加公开承诺、践诺公示、阳光热线、阳光访谈、阳光理政、阳光服务、阳光网站等活动，使民主评议更具针对性，解决问题更具有效性。科学制订评议办法。推行省、市、县三级联动，以组织社会各界群众问卷评议为主、适当结合工作考核的评议方法进行。问卷评议实行集中组织、现场填答、机读仪统计、当场公开结果，督察组全程监督。评议代表的广泛性和随机性得到充分体现。评议代表是从产业工人、农业劳动者、服务业人员等10类社会群体中按比例随机选定的。积极利用现代科技手段。提高民主评议各个环节的科技含量，民主评议工作走上规范化、制度化、科学化轨道。注重评议结果运用。对民主评议结果及时向全社会公开，对评议中群众意见较多、满意度排名靠后不达标的单位，责成其进行集中剖析，认真整改，连续两年被评为不达标单位的，建议对领导班子进行调整。在总结以往工作经验的基础上，河北省启动了群众评议省级机关作风工作，省级共有60个系统和17个行业协会参与到民主评议活动中来，市、县级的评议范围也实现了当地党政群团机关、公益经营单位和主要行业协会全覆盖。

五　河北省监控权力的成效特点与展望

河北省始终坚持党要管党、从严治党，坚定不移抓发展、旗帜鲜明反腐败，加强对权力的制约和监督，推进了经济社会和党的建设的全面发展。

（一）为经济社会健康发展保驾护航

1. 促进经济平稳较快发展

河北省通过持续监督检查中央关于加快转变经济发展方式、促进经济平稳较快发展等一系列重大决策部署的落实情况，改善了发展环境和生态环境，促进了经济建设的快速发展。2012年，全省实现生产总值26575亿元，是2008年的1.7倍；全部财政收入3479.3亿元，比上年增长15.3%。产业结构调整不断推进，农业基础地位进一步巩固和加强，强农惠农政策得到落实，有力促进了农业持续稳定增产。重点领域和关键环节的改革不断深化。交通、能源、水利、通信等基础设施和基础产业得到快速发展。

2. 保障人民生活不断改善

河北省坚持以就业、社保、医改、保障性安居工程等工作为重点，开展纠风和专项治理工作，保障各项惠民政策的落实，促进了人民群众生活水平不断提高。"2012年，城镇居民人均可支配收入、农民人均纯收入分别达到20543元和8081元"，① 分别是2008年的1.5倍和1.7倍。治理教育乱收费、纠正医药购销和医疗服务中的不正之风不断取得实效，城乡居民精神文化生活不断丰富。社会管理不断加强，城乡面貌发生较大改变，人民群众享受的公共服务水平显著提高，城乡居民生活幸福指数明显提升。

3. 营造反腐倡廉浓厚的社会氛围

通过开展对反腐倡廉形势任务、经验成果和先进典型的宣传，深入推进反腐倡廉教育，增强了广大干部群众反腐倡廉的信心、决心和自觉意识。反腐倡廉法规制度体系日趋完善，党员领导干部的廉洁自律意识进一步增强。人民群

---

① 《张庆伟在河北省十二届人大一次会议上的政府工作报告》。

众参与反腐倡廉工作的积极性不断提高，主体作用进一步发挥，民主监督、舆论监督与党内监督、司法监督等形成合力，权力的行使更加透明和规范。大力加强干部作风建设，促进党风政风和社会风气不断好转。

（二）权力监控要与反腐倡廉建设整体推进相协调

河北省各级纪检监察机关在推进经济社会又好又快的发展进程中，经过方方面面的共同努力，到 2012 年河北省已形成了具有自身特点、以权力运行监控机制建设为核心、包含"八项机制"① 的惩治和预防腐败体系基本框架，反腐倡廉建设科学化水平不断提升，形成了一些有效推进工作和可供今后借鉴的经验体会：①科学辩证地认识和处理各种关系，保证反腐倡廉建设始终沿着正确的方向健康发展；②把反腐倡廉建设放在党和政府工作全局中来思考、谋划和部署，努力实现反腐倡廉建设与经济社会发展的良性互动；③把行政权力运行监控机制建设作为重要抓手，整体推进惩治和预防腐败体系建设；④把实现好、维护好、发展好最广大人民根本利益作为反腐倡廉工作的出发点和落脚点，进一步密切党同人民群众的血肉联系；⑤把改革创新作为推进反腐倡廉建设科学发展的根本动力，不断提高反腐倡廉建设科学化水平；⑥坚持党委统一领导的反腐倡廉领导体制和工作机制，形成推进反腐倡廉建设的强大合力。

（三）今后工作的总体思路

建设经济强省、和谐河北，是河北省第八次党代会做出的战略部署。以高度负责的精神和求真务实的作风推进反腐倡廉建设，是实现这一战略目标的重要保证。当前和今后一个时期，围绕把权力关进制度的"笼子"，让权力运行

---

① "八项机制"包括：一是以贯彻落实党风廉政建设责任制为龙头，建立完善党政统揽、齐抓共建的领导机制；二是以贯彻落实《关于加强领导干部反腐倡廉教育的意见》为契机，建立健全拒腐防变教育长效机制；三是以深入推进权力运行监控机制建设为重点，进一步完善对权力运行的制约监督机制；四是以强化预警防范为目标，进一步深化源头防腐机制；五是以维护和保障群众权益为根本，进一步健全纠风惠民机制；六是以提高查办案件能力和水平为核心，进一步完善查处腐败惩戒机制；七是以完善绩效管理和检查考核为抓手，进一步健全部门配合、群众参与的保障机制；八是以强化"制度＋科技"为支撑，努力提高惩防体系建设科学化水平。

更加规范、公开，河北省确定了反腐倡廉建设的重点。

1. 加强对遵守党章和中央、省重大决策部署执行情况的监督检查

按照保持党的先进性和纯洁性的要求，监督检查各级党组织和广大党员、党员领导干部遵守党章的情况，严明党的纪律特别是政治纪律，维护党章的权威性和严肃性。重点开展对加强和改善宏观调控、加大经济结构战略性调整力度、"两个举全省之力"①、推进城乡发展一体化、保障和改善民生等重大决策执行情况的监督检查，开展对耕地保护和节约集约用地、"三农"工作、房地产市场调控和保障性安居工程等政策落实情况的监督检查，加大对损害环境行为的问责力度，落实"稳增长、调结构、攻重点、抓改革、惠民生、优环境"的部署要求。

2. 以落实中央"八项规定"为重点转变领导机关和领导干部作风

深入开展以"为民务实清廉"为主要内容的党的群众路线教育实践活动，引导党员领导干部带头严格执行"八项规定"和省委、省政府《关于贯彻落实中央政治局"八项规定"的办法》，自觉接受监督。把监督执行"八项规定"作为纪检监察机关的经常性工作，建立领导干部作风状况考核评价机制，强化日常监督。加大对领导机关和领导干部作风方面突出问题的整顿力度，改进调查研究，精简会议活动，精简文件简报，厉行勤俭节约，制止奢侈浪费，加强财政预算公开，严格控制行政经费支出，严肃整治公款大吃大喝、公款旅游，规范公务用车管理，深化基层重要事务规范化管理，坚决防治侵害群众利益的不正之风。

3. 保持惩治腐败的强劲势头

深入开展信访举报资源综合利用工作，确保科学、合理、全面利用信访举报资源。正确把握查办案件的工作重点、时机节奏、方式方法和实际效果，健全组织协调机制，完善考核制度。凡是有群众举报的，都要及时受理；凡是有具体线索的，都要认真核查；凡是违反党纪国法的，都要严肃处理。最大限度地惩处少数腐败分子，实现办案数量、质量和分量的有机统一。

---

① 2011年11月，中共河北省第八次代表大会提出，"举全省之力打造曹妃甸和渤海新区两大经济增长极，举全省之力打好新一轮扶贫开发攻坚战"。

4. 全面推进惩治和预防腐败体系建设

积极推行"体制机制制度加入科技融入文化"工作模式，加强惩治和预防腐败体系综合信息管理平台建设。深化权力运行监控机制建设，强化对权力运行的制约和监督，重点在优化权力结构配置、完善权力程序制约、推进权力公开透明运行上下功夫，确保权力按照法定权限和程序正确行使。加强反腐倡廉教育，加强廉政教育基地和廉政文化示范点建设，加强反腐倡廉网络舆情收集、研判、处置和引导工作。重点纠正金融、电信等公共服务行业和教育、医疗、涉农、征地拆迁、涉法涉诉等领域损害群众利益的不正之风和突出问题；深化对工程建设领域突出问题专项治理、专项资金综合治理、市场中介领域突出问题专项治理以及基层行政执法中的突出问题的集中治理。认真履行纪检监察职能，全面推进防治腐败各项工作，以反腐倡廉的实际成效取信于民，为建设经济强省、和谐河北提供坚强保证。

山东"6+1"惩防体系
格局的创新实践

山东省反腐倡廉建设课题组*

摘 要:

山东省探索提出构建"6+1"惩治和预防腐败体系工作格局,建立完善案件查处、廉政教育、廉政风险防控、权力公开运行、公共资源交易监管、群众权益保障6项机制和1个科技防腐网络,把制度建设贯穿于惩治和预防腐败体系建设各个环节,运用科技手段增强制度约束的刚性,实现制度和科技的有机融合,并实行组织领导、监督检查、考核问责、创新驱动"四位一体"的工作推进机制,推动惩治和预防腐败体系建设在各领域取得阶段性成效。

关键词:

山东 惩治和预防腐败体系 制度创新 科技防控

近年来,山东在建设经济文化强省的过程中,积极适应经济社会深刻变化和反腐倡廉建设的新任务新要求,探索提出构建"6+1"惩治预防腐败体系工作格局的总体思路,完善案件查处、廉政教育、廉政风险防控、权力公开运行、公共资源交易监管、群众权益保障6项机制,全面建立科技防腐网

---

* 课题组组长:王喜远,山东省纪委副书记。课题组成员:初炳玉,山东省纪委研究室主任,姚东方,山东省社会科学院党委委员,纪委书记;杨金卫,山东省社会科学院科研组织处处长,研究员;路学堂,山东省纪委研究室副主任;韩冰,山东省社会科学院政治学所副研究员;冯锋,山东省社会科学院政治学所副研究员;张勇,山东省社会科学院科研组织处助理研究员。主要执笔人:初炳玉、杨金卫、路学堂。

络，以此为载体统筹推进防治腐败工作，促进反腐倡廉建设取得阶段性成效。

一　反腐面临的新问题与突出矛盾亟待破解

山东省是经济大省、文化大省和人口大省，目前正处在加快建设经济文化强省、实现由大到强战略性转变的关键时期。2012 年全省实现生产总值 50013.2 亿元，居全国第三位；人口 9684.87 万，居全国第二位；文化创意产业实现增加值 2720 亿元；城镇化率达 52.4%；进出口总额 2455.4 亿元，经济外向度达 31%；人均生产总值 8201 美元，正处于经济快速增长、社会矛盾凸显、腐败现象易发多发的阶段。2007 年以来，全省纪检监察机关每年信访总量都在 5.6 万件次以上，立案数量在万件以上，党政纪处分万人左右。特别是随着山东半岛蓝色经济区和黄河三角洲高效生态经济区两大国家战略的全面实施，经济文化强省和全面小康社会建设不断推进，投资强度和建设规模大、项目多，这既带来了难得的发展机遇，也给领导干部权力行使和资金、项目监管等带来了新的挑战，党风廉政建设和反腐败斗争出现了一些新情况新问题。

1. 领导干部违纪违法问题居高不下

5 年来全省纪检监察机关查处涉案金额百万元以上案件 800 多件；查处县处级以上干部 800 多人，其中"一把手"约占同期查处的县处级以上干部总数的 1/3。

2. 重点领域腐败案件频发

五年来查处土地违法案件 4000 多件、工程建设领域违法案件 430 件，都呈上升态势。国有企业违纪违法案件增多，有的腐败案件涉案金额巨大、社会影响恶劣。

3. 窝案、串案、案中案明显增多

腐败行为由"个体型"向"团体型"发展，一些腐败分子结成利益共同体。领导干部与配偶、子女等特定关系人共同违纪违法犯罪特征明显。在省纪委查处的一起金融领域重大违纪违法案件中，涉及 20 名党政机关干部和省属国有企业高管。

4. 违纪违法行为日趋复杂化、隐蔽化、期权化、智能化

近年来查处的案件出现了"以借为名型""交易型""干股分红型""合作投资型""委托理财型""赌博型""挂名领薪型"等新型受贿方式。社会领域、新型经济领域案件和利用高新技术手段作案的情况有所增加,查处难度增大。

5. 损害群众利益的问题仍然比较突出

一些损害群众利益的突出问题和不正之风尚未得到有效解决。5 年来查处加重农民负担案件 7300 多件,侵占挪用各类补贴资金案件 1500 多件,涉及征地拆迁案件 1100 多件,涉及教育部门案件 1000 多件、卫生部门案件 800 多件。

6. 群众对反腐败期望值不断上升

2007 年以来的民意问卷调查显示,在"当前不正之风和腐败现象最突出的问题"中,选择"贪污受贿"的群众连续 5 年居第一位,均占 60% 以上;在"当前应当重点解决的领导干部不廉洁行为"中,认为"利用职权谋取私利"的连续 5 年列第一位,均占 60% 以上;在供选择的 11 项反腐败措施中,建议"对腐败分子用重典(包括死刑)"的连续 5 年居第一位,均占 50% 以上。超过半数的被调查者建议,应运用多种手段综合治理腐败,整体推进反腐倡廉各项工作。

针对反腐倡廉建设出现的新情况新问题,山东省委、省纪委提出要以改革的思路和创新的办法破解反腐倡廉建设中的重点难点问题,科学有效地防治腐败。为此,各级党委、政府和纪检监察机关分析评估了山东省惩防体系建设中存在的"三个突出矛盾":一是惩防体系建设头绪多,任务重与工作整体性、系统性不强的矛盾日益突出,需要解决工作平推平拉、重点不突出等问题;二是预防腐败难度加大与工作有效性不足的矛盾日益突出,需要寻求有效手段最大限度地减少腐败问题发生;三是亮点经验多与影响力不大的矛盾日益突出,如各地各部门科技防腐成果往往是自创自用,迫切需要把有效管用的先进手段整合起来,提高全省防治腐败综合效能和反腐倡廉建设科学化水平。在正确认识和准确把握省情的基础上,省委、省纪委进一步提出必须从山东实际出发,寻找一个统筹推进惩防体系建设的载体和抓手。

二 "6 项机制 +1 个网络"的工作布局

山东省在深入调研、总结经验的基础上，科学把握惩防体系建设顶层设计与本省实际的关系、整体规划与重点工作的关系、战略目标与当前工作的关系，提出构建"6 + 1"惩防体系工作格局的总体思路（见图 1），其中，"6"是指完善六项机制，"1"是指建立一个网络。

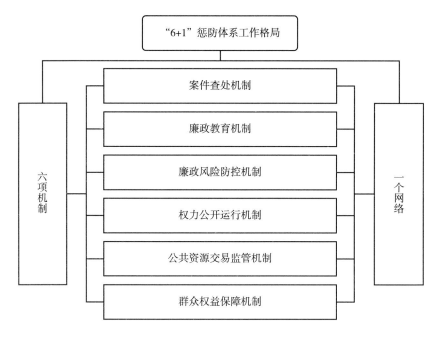

图1　山东省"6 +1"惩防体系工作格局

（一）案件查处机制

山东省把查处违纪违法案件作为惩治腐败最直接、最有力的手段，始终保持惩治腐败高压态势。制定《关于在查处违纪违法案件中加强协作配合的办法》《关于使用"两规"措施的规定》等，完善查办案件工作的组织领导、协调督导以及程序控制等机制，加强纪检监察机关与审判、检察、公安、审计等执纪执法机关以及组织人事部门之间的协作配合，推进跨地区、跨部门、跨行业协作案件，形成查办案件整体合力。制定《关于省管干部案件线索管理暂行规定》《关于纪检监察机关办理实名举报办法》《纪检监察机关网上举报工作管理规定》《关于进一步规范案件审理的意见》等，改进信访举报、案件审理和案件监督管理工作，提高及时揭露、发现和查处腐败案件的能力。山东省制定了《党的纪律检查机关查办案件涉案款物管理暂行规定》《纪检监察机关实行案件主办人制暂行办法》《纪检监察机关办案人员纪律规定》等，坚持依纪依法安全文明办案，严格责任追究，提高办案质量和水平。落实"一案两报告"或"一案三报告"制度，深入剖析典型案例，开展警示教育，堵塞制度漏洞，及时把惩治成果转化为预防成果。

（二）廉政教育机制

围绕社会主义核心价值体系建设，实施教育树廉、载体倡廉、文艺促廉"三项工程"。在广大党员干部和公职人员中深入开展理想信念教育、宗旨教育、党性党风党纪教育、法制教育、诚信教育。为保障教育的常态化，山东省不断完善反腐倡廉教育的组织领导、活动载体、监督检查和考评保障机制，综合运用从政道德教育、示范教育、警示教育和岗位廉政教育等方式，增强教育实效性和针对性。此外，山东省充分发挥优秀传统文化、红色文化等优势，打造了"齐鲁清风"特色廉政的文化品牌，营造了"廉荣贪耻"的社会氛围。省纪委先后制定了加强"领导干部反腐倡廉教育"、"廉政文化建设"、"反腐倡廉教育基地建设"以及"廉政文化示范点建设"等实施意见，坚持每年开展一个主题教育活动，2011年开展了"以人为本、执政为民"教育，2012年开展了"恪守从政道德、保持党的纯洁性"教育；在全省选树勤廉典型510个，建立廉政教育基地344个、廉政文化示范点4237个，2011年以来130万人到基地接受教育；连续8年组织举办"齐鲁正气歌"文艺汇演；组织创作廉政教育戏剧莱芜梆子《儿行千里》和反腐倡廉现代吕剧《断桥惊梦》并在全省巡演，《儿行千里》获全国"五个一工程"奖。

（三）廉政风险防控机制

健全风险排查、预警、处置、管理等制度，分岗清权、排查风险，分险设防、防范风险，分权制衡、处置风险，分级预警、控制风险，分层追责、化解风险，超前防范重点领域、关键环节和重要岗位的廉政风险。省纪委专门制定了《关于加强廉政风险防控管理的意见》，从梳理清权、查找风险、制定措施、动态监管、完善制度、科技防控 6 个方面，对廉政风险防控管理工作做出部署，努力使廉政风险找得准、防得住、控得牢。在青岛、泰安、临沂、日照4 个市和省国土资源厅、省水利厅、省地税局、省工商局 4 个省直部门进行廉政风险防控管理试点的基础上，目前已在各市、大部分县（市、区）和 74 个省直部门推开。共查找廉政风险点 115.4 万个，制定防控措施 130.2 万条，2012 年以来实施预警 2 万余次。

（四）权力公开运行机制

推行政务公开，创新行政权力运行方式，实行行政服务标准化。制定《关于开展县委权力公开透明运行试点工作的意见》，规范权力行使，强化权力监督。山东省制定了《党的基层组织党务公开实施办法》，全面推行党的基层组织党务公开，组织开展多层次述职述廉和民主评议。制定《山东省村务公开条例》《关于深化政务公开加强政务服务的实施意见》《关于在全省农村实行村务监督委员会制度的意见》等，深化村（居）务、厂务和公共企事业单位办事公开和重大事项民主决策工作，发挥民主监督作用，防止权力滥用和行为失范。印发《关于开展防止利益冲突试点工作的通知》，在威海市和济南市槐荫区开展试点，深入查找利益冲突风险点，建立防止利益冲突的长效机制。目前全省基层党组织实现党务公开全覆盖，"两委"健全的行政村实现村务监督委员会全覆盖，所有国有企业、1.7 万余家非公有制企业实行了厂务公开。

（五）公共资源交易监管机制

山东省省委印发《关于推进公共资源交易统一规范管理的意见》，按照监、管、办"三分离"原则，将有关部门的招投标和交易活动从原主管部门中剥离出来，整合建设工程招投标、政府采购、土地和矿权出让、国有和集体产权交易有形市场，统一监管机构、交易平台、管理制度、评标专家库和行业自律组织，在省市两级和有条件的县（市）建立统一规范的公共资源交易中心，实行网上交易、统一监管，逐步形成公开、公平、公正的招投标市场秩序，防范招投标方面的利益冲突、权力寻租问题。2012年底，全省市一级全部建成公共资源交易中心。两年时间内全省进场交易项目达13400多个，交易金额3064亿元。

（六）群众权益保障机制

深化纠风和专项治理工作，完善群众利益协调、诉求表达、矛盾调处、权益保障等机制。山东省印发了《认真解决发生在群众身边腐败问题进一步加强基层党风廉政建设的意见》《关于解决发生在群众身边十个方面腐败问题任务分工的意见》《创建无越级集体访县市区的意见》，努力推动基层党风廉政建设。出台了《山东省行政投诉办法》和《行政过错责任追究办法》，建立群众来访约谈、信访听证、信访监督等制度。山东省坚决纠正教育、医疗卫生、食品药品安全、征地拆迁、保障性住房、环境保护等方面的不正之风和损害群众利益的行为，重点监管住房公积金、社保基金、救灾救济资金和扶贫资金等民生资金的使用发放情况。两年来，药品中标价格下降18%，查处食品药品安全案件1523件，开展强农惠农资金专项检查，纠正违规资金13.6亿元。根据中央部署，山东省开展了一系列专项治理工作，清理的"小金库"涉及金额4.8亿元；排查工程建设项目1.3万个，整改问题2万多个；撤销各类评比达标表彰项目6879项，占总数的98%；纠正处理违规公务用车5395辆；撤销庆典、研讨会、论坛活动35项，节约资金1221万元；全省党政机关和财政拨款事业单位因公出国（境）团组、人数和费用持续下降。2012年以来，重点治理商场、物流、银行、电信、教育、涉农6个领域的收费问题，取得了初步成效。

"1"就是建立一个科技防腐网络。

着眼当前科技进步的新形势，将现代信息技术广泛应用于反腐倡廉各个领域，建立一个纵向贯通省市县、横向涵盖各领域的科技防腐网络。主要包括："一个龙头""6个平台、40个子系统"（见表1）。

"一个龙头"，就是建立山东省电子监察中心，使其充分发挥全省科技防腐的龙头作用，带动省、市、县三级网络互联互通。

"6个平台、40个子系统"，就是打造电子政务服务、行政权力电子监察、公共资金电子监察、公共资源交易电子监察、舆论监督、党风廉政教育6大电

子平台，健全行政审批电子监察、工程建设项目电子监察等 40 个子系统，逐步实现监督监察事项全覆盖。

1. 电子政务服务平台

山东省建立了统一的网上政务大厅，在线公开与经济发展、市场监管、社会管理和公共服务相关的政务信息，打造"阳光政务"。逐步实现行政许可事项、规则、程序、标准和结果的网上公开和公示，督促各地区各部门开发内部业务管理与监督系统，建立面向公众服务的业务协同处理系统，逐步形成"前台一门受理、后台协同处理"的"一站式"服务模式，并向乡镇（街道）、村（居）延伸。在此基础上，逐步推行项目申报审批、企业登记注册、个人事务办理等业务网上受理和办理，建设行政审批、行政征收、行政处罚、政府采购、国有产权交易、工程建设项目招投标、政府信息公开、政府投资项目等 15 个业务网络系统，探索推进多环节、跨部门的网上并联审批。

2. 行政权力电子监察平台

山东省在省、市、县三级开发建设了互联互通的行政审批、行政处罚等行政权力运行电子监察系统。依法规范和清理行政审批和许可事项，优化保留事项的办理流程，实行网上办理和全程电子监控，做到固化流程、责任到人、明确时限、全程留痕。在网上设置相应监察点，对出现的违规情况，由系统自动发出预警信号，监察人员实时监控、在线督办，由系统自动进行绩效评估。在政务服务中心服务窗口安装视频、音频等电子监控设备，设立群众满意度测评器，实时监控行政审批事项的现场受理、批准、承办和办结等环节。

3. 公共资源交易电子监察平台

为保证公共资源交易"阳光"规范运作，山东省在省、市、县公共资源交易中心建立电子监督系统，实行全过程监督和多维监管。在受理区、开标区、评标区、休息区设置音频、视频电子监控点，实现交易场所全程实时监控。在政府采购、建设工程招标投标、土地招拍挂等各个公共资源交易重要环节设置电子网络监察点，对出现的问题及时预警提醒，实现交易行为全程实时监控。主要包括政府采购、工程建设项目、国有产权交易、国有土地使用权及矿产权出让、药品集中招标和医疗器械采购 5 个电子监察系统。

4. 公共资金电子监察平台

根据专项资金运行管理的特点，专门研发了软件系统，把专项资金纳入网络平台运行，建立了救灾救济资金、社保基金、财政专项资金、住房公积金、扶贫资金5个电子监察系统，通过电子监察平台，实现对资金分配、拨付、使用、审计、验收等环节的全程动态监控。

5. 舆论监督电子平台

构建网上举报投诉平台，设立"效能投诉""信访举报""结果反馈"等栏目。建立反腐倡廉网络信息中心，安排专人受理和处理网络信访件。推广以临沂广播电台行风热线为代表的"实时服务"模式、以"寿光民声"为代表的"网络互动服务"模式、以济南市"12345"市民服务热线为代表的"综合服务"模式和以省广播电台"阳光"政务热线为代表的"联动服务"模式，实行省、市、县"三级联动"和报纸、广播、电视、网络"四媒同步"，构建全省政风行风热线协作网。主要包括网络舆情信息收集处置、信访举报、行政效能投诉、行风热线、领导干部廉政档案、领导干部个人财产申报、商业贿赂犯罪档案信息查询7个网络系统。

6. 党风廉政教育电子平台

行政依托省纪检监察信息网和各市县纪委网站，及时发布反腐倡廉动态信息，有针对性地开展网络宣传和教育工作，实现反腐倡廉宣传教育资源的网上共享。在网上开设"警示教育之窗""廉政文化教育馆""廉政书画作品专栏"等，播放廉政公益广告，展示各类廉政文化实物、图片及警示教育片。在山东广播电视台开辟"廉政齐鲁"专栏，组织各市纪委书记、部分县（市、区）纪委书记和省直部门纪检组长在"山东新闻网"上线访谈，营造浓厚的反腐倡廉舆论氛围。

山东省"6 + 1"惩防体系工作格局中的"6"和"1"是有机统一、紧密联系的，作为一个整体性的制度安排，二者是相互融合、相辅相成的关系。建立这样的格局，旨在使惩防体系建设与反腐倡廉工作目标任务相一致、推进实施相协同，把惩治的威慑力、教育的说服力、制度的约束力、监督的制衡力、改革的推动力、纠风的矫正力与科技的支撑力有机结合，合力推动惩防体系建设各项任务的落实。

表1 山东省"6+1"惩防体系工作格局科技防腐框架

省电子监察中心⇕市、县电子监察中心	⇨	电子政务服务平台	1. 行政审批网络运行系统	工作流程标准化
			2. 行政征收网络运行系统	
			3. 行政处罚网络运行系统	
			4. 工程建设项目招投标系统	
			5. 国有土地使用权及矿产权出让业务系统	
			6. 政府采购业务系统	
			7. 国有产权交易业务系统	
			8. 药品集中招标和医疗器械采购业务系统	
			9. 社保基金管理系统	权力运行模块化
			10. 住房公积金管理系统	
			11. 扶贫资金管理系统	
			12. 救灾救济资金管理系统	
			13. 财政专项资金管理系统	
			14. 政府信息公开管理系统	
			15. 政府投资项目管理系统	
		行政权力电子监察平台	16. 行政审批电子监察系统	平台建设一体化
			17. 行政征收电子监察系统	
			18. 行政处罚电子监察系统	
			19. 政府信息公开电子监察系统	
			20. 政府投资项目电子监察系统	
			21. 法制监督及行政权力事项动态管理系统	
			22. 公共服务场所视频监控系统电子监察系统	
		公共资源交易电子监察平台	23. 工程建设项目电子监察系统	
			24. 国有土地使用权及矿产权出让电子监察系统	
			25. 政府采购电子监察系统	
			26. 国有产权交易电子监察系统	
			27. 药品集中招标和医疗器械采购电子监察系统	监督检查实时化
		公共资金电子监察平台	28. 社保基金电子监察系统	
			29. 住房公积金电子监察系统	
			30. 扶贫资金电子监察系统	
			31. 救灾救济资金电子监察系统	
			32. 财政专项资金电子监察系统	
		舆论监督电子平台	33. 网络舆情信息收集处置系统	
			34. 信访举报系统	
			35. 行政效能投诉系统	
			36. 行风热线系统	管理考核绩效化
			37. 领导干部廉政档案系统	
			38. 领导干部个人财产申报系统	
			39. 商业贿赂犯罪档案信息查询系统	
		党风廉政教育电子平台	40. 党风廉政教育网站系统	

三 制度创新和科技防控的两大支撑

山东省在构建"6＋1"惩防体系工作格局中，一靠制度，二靠科技手段。把制度作为惩防体系的核心内容，贯穿于惩防体系建设各个环节，努力形成用制度管权、管事、管人的有效机制。在建立完善制度的基础上，强化科技防控，注重在"加"字上做文章，通过科技手段增强制度约束的刚性，促进制度和科技的有机融合，提高制度执行力和监督实效。

（一）制度创新

山东省制订了惩防体系法规制度建设工作规划，开展了"制度创新年"活动和制度廉洁性评估工作。对常规性工作，通过完善制度，提升规范化水平；对新部署的工作，坚持制度先行，指导和推动任务落实；对基层成熟的做法和经验，及时上升为制度，指导面上工作开展。坚持"分类设计"，根据"6项机制"和"1个网络"的不同特点，充分考虑各自条件、基础，分别进行制度规划；坚持"分层完善"，依据"6＋1"各项要素的内在逻辑构成进行分解细化，从基础制度到配套制度逐层进行设计；坚持"动态构建"，根据形势任务的发展不断充实完善新的内容；坚持"注重实效"，立足山东实际，确保制度科学、系统、管用。在全面分析评估的基础上，将反腐倡廉制度梳理为案件发现揭露、案件有效查处、案件监督管理、廉政文化建设、廉政教育、廉政风险防控、领导干部监督、规范权力行使、权力公开运行、纠风和专项治理、基层党风廉政建设、维护群众权益、科技防腐网络建设等27个方面的内容，规划建立164项制度规定。2011年以来，省、市两级纪检监察机关共制定511件规范性文件，这批法规制度与以前颁布的规范性文件相配套，形成了山东"6＋1"惩防体系工作格局的制度框架。认真开展制度廉洁性评估工作，在淄博、东营两市先行试点基础上，2012年又增加潍坊、日照、聊城3个市和省交通运输厅、省质监局2个省直部门试点，先后对3514件法规制度进行廉洁性评估，修订154件，废止258件。

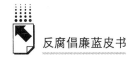

1. 建立纪检监察机关自办案件制度

省纪委制定《关于进一步加强和改进基层办案工作的意见》，对县乡纪委自办案件工作做出规定，要求领导的精力主动向自办案件集中，办案力量重点向自办案件投入；县级纪检监察机关调查的案件数量不低于本地办案数量的40%；违反计划生育规定以及公检法移送的案件不列入自办案件考核范围；在县级以下按照区域相邻、搭配合理、优势互补原则，建立分片协作办案制度，县纪委指导下的责任明确、协作配合的异地交叉办案制度，多办少转、自查为主、综合统筹、下查一级的办案制度，以及依纪依法安全文明的办案制度。省纪委采取定期调度、重点检查等方式加强对自办案件的督促指导，对自办案件工作薄弱的地方靠前督导。2011年、2012年省市县三级纪检监察机关自办案件同比上升11.2%和11.7%，大案要案同比上升7.9%和15.3%。

2. 完善纪委常委同下级党政主要负责人的廉政谈话制度

从1999年开始，山东省率先在全国建立了这项制度，已坚持14年。2011年以来，进一步对谈话范围、内容、程序等进行了规范和完善。省纪委常委谈话对象，由市和省直部门党政主要负责同志扩大到省属科研事业单位、高等学校、国有大型企业以及省政府驻外办事处的主要负责同志，每年分期分批组织，一个任期内应谈必谈。廉政谈话既围绕共性内容谈，紧扣贯彻路线方针政策和重大决策部署、执行党风廉政建设责任制、坚持民主集中制、执行廉洁自律规定等交流情况、沟通思想；又突出个性内容谈，结合谈话对象地方、部门特点和岗位实际，针对存在的问题"量身定制"谈话内容，要求谈话对象就有关问题做出说明，及时指出存在的苗头性、倾向性问题，督促整改。对整改不落实的，视情况给予相应处理。全省17个市、138个县（市、区）和大部分省属企业、高校党组织制定了廉政谈话实施细则。1999年以来，省、市、县三级共谈话17.7万人次，其中省纪委常委同市厅级主要领导同志谈话380人次。廉政谈话已成为山东省加强对领导干部监督的重要方式，起到了关口前移、注重监督、爱护干部的作用，推动了党内监督工作常态化。

3. 试行县级党政班子成员向同级纪委全委会述廉制度

2012年，省纪委制定《关于开展县级党政班子成员向同级纪委全委会述廉试点工作的意见》，规定县（市、区）党委书记、副书记、常委，县（市、区）长、中共党员副县（市、区）长向同级纪委全委会专题述廉，报告执行党风廉政建设责任制、个人廉洁从政、贯彻《党内监督条例（试行）》等方面的情况。述廉前，县（市、区）纪委通过多种形式，征求述廉对象分管部门和干部群众的意见建议，并反馈述廉对象；述廉对象认真撰写述廉报告。述廉时，县（市、区）纪委委员需全部参加，县级党政班子成员作述廉报告，并进行民主评议。述廉后，述廉情况和评议结果报送上级纪检监察机关和同级党委，作为领导干部业绩评定、奖励惩处和选拔任用的重要依据；评议结果以适当方式向述廉对象反馈，对评议中反映的问题督促整改，整改情况报上级纪检监察机关。2012 年在淄博、烟台、莱芜市所辖 5 个县（市、区）开展试点，共有 73 名县（市、区）党政领导班子成员进行了专题述廉，探索纪委加强对同级党政领导班子成员监督的新路子。

4. 试行县（市、区）群众来访工作信访约谈制度

2012 年省纪委出台这项制度，对群众信访问题突出的县（市、区），由省纪委根据需要约谈分管信访维稳工作的副书记、纪委书记或县（市、区）委书记。约谈过程中，由省纪委向约谈对象通报情况，指出问题，提出整改意见和要求；市纪委分管领导参加约谈，并向市委、市纪委汇报约谈情况。市纪委负责对县（市、区）整改落实情况进行监督检查，约谈县（市、区）委书记后，对整改成效仍然不明显的，实行问责或通报批评。目前已对 20 个县（市、区）进行了信访约谈。

5. 推行市、县派驻机构统一管理

按照编制不减、人员不少、职级不降原则，将市、县（市、区）部门现有纪检监察机构人、财、物与所在部门彻底脱钩，成立若干派驻机构，由市、县（市、区）纪委实行统一管理，分地域、分行业、分系统实行归口派驻，变同体监督为异体监督。在市一级，将原派驻到各部门的纪检监察机构统一整合为 4~8 个派驻纪检组、监察室，每个派驻纪检组、监察室负责 7~10 个市直部门及其所属系统的纪检监察工作。在县一级，每个县（市、区）设置 4~6 个派驻机构，实行归口派驻，集中办公。2008 年，在潍坊、滨州两市进行了市级派驻机构统一管理工作试点；2009 年完成 17 个市的派驻机构统一管理；2010 年 9 月，全省县级派驻机构统一管理工作全部完成。全省共归口设置市

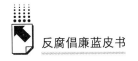

级派驻机构 117 个, 编制 1346 人, 比统一管理前增加 214 人; 县级派驻机构 774 个, 划转增加编制 4683 人。

6. 实施 "123 农廉工程"

省纪委制定《关于实施 "123 农廉工程" 的意见》, 部署构建具有山东特色的农村党风廉政建设体系。"1" 即开展农村党风廉政建设示范村创建活动; "2" 即执行和完善重大事项民主决策和村务监督委员会两项制度; "3" 即构建 "三资"(资金、资产、资源)管理、"三务"(党务、政务、村务)公开和 "三级"(县级、乡级、村级)便民服务网络三个平台。目前全省创建农村党风廉政建设示范村 12206 个; 全省村 "两委" 健全的行政村实现村务监督委员会全覆盖; 县、乡、村三级共建立便民服务机构 61659 个, 其中 140 个县(市、区)全部建立了政务(便民)服务中心; 有 1857 个乡镇(含 611 个街道)、73737 个村实行了党务公开, 基层党务公开实现全覆盖。泰安市建立 "农廉体系监管在线" 网络平台, 集合形成了市、县、乡、村、户五级互联互通、多方即时在线、信息实时交换的农廉工作网络监管平台。威海市将全市 2500 多个村(居)的资金、资产、资源全部纳入网络平台统一管理, 实现了县级监管、镇级录入、村级查询的信息化管理。菏泽市建立了横到 220 多个市、县直重点涉农部门, 纵到 10 个县区 170 个乡镇、5722 个行政村, 全覆盖无缝隙的农村党风廉政建设科技防腐预警平台。

(二) 科技防控

山东省在构建 "6 + 1" 惩防体系工作格局过程中, 坚持将科技防腐理念贯穿于制度规范、制度创新等各个方面, 把能够规范和公开的权力及运行程序都设计进去、固化下来, 使 6 项机制及各项制度与科技手段相互融合, 形成了 "制度 + 科技" 的防治腐败模式。目前, 省电子监察中心已建成运行; 行政审批、行政处罚、行政征收等网上运行系统及电子监察系统已开通运行, 行政效能投诉、舆情监督系统已上线运行, 网上政务大厅正在试运行, 其他系统正在同步开发建设。全省大部分市、县(市、区)都已建立行政审批电子监察、行政效能投诉、党风廉政教育、公共资源交易、信访投诉举报和政府信息公开管理系统, 基本形成了山东特色科技防腐网络。"制度 + 科技" 模式旨在实现

"五化"目标，即工作流程标准化、权力运行模块化、平台建设一体化、监督检查实时化、管理考核绩效化。

1. 工作流程标准化

清理、精简、确认权力，编制权力运行流程图，将权力行使的流程、方式、方法归总汇编，明确职责权限，规范运作流程，制定相关标准并相对固定下来。山东省工商系统将行政执收权、行政检查权、行政处罚权、行政许可权、干部人事权、物资采购权、资产处置权等作为重点进行梳理，研发廉政风险监控管理软件，完善工商综合业务平台、公共服务平台和机关内部管理平台，实现省、市、县局和基层工商所四级廉政风险防控管理标准化。泰安市公共行政服务中心建立了包括服务质量、服务管理、服务工作在内的审批服务标准化体系，对 18 个方面、102 项许可事项办理流程进行了科学设置，建立网络审批服务平台，实行网上申报、网络办理、网络监督，已通过国家和省级服务标准化验收。新泰市按照国家标准建立统一的行政服务规范，制定涵盖各环节的行政服务标准 1036 项，实现服务规程最优化、审批流程并联化、服务过程最简化，成为国家级公共服务标准化示范单位。

2. 权力运行模块化

制订和完善规范化的工作程序，运用网络技术将行政权力固化为计算机程序，实现全程电子化运行。对于违反法律法规的人情要求，电脑给予"无情的拒绝"；对于违反程序的人情诉求，电脑给予"无情的锁定"；对于超过制度限度的人情欲求，电脑给予"无情的屏蔽"，从而实现对权力的有效制约和监督。省地税局针对税收执法权中"征、管、查、减、免、罚"以及行政管理权中"人、财、物"等易发多发问题的重点岗位、重点人员和重点环节，集中梳理权力事项，列出"权力清单"，省、市、县、分局共梳理出税收执法权力事项 80 多个、行政管理权力事项 50 多个。通过对权力事项进行科学分解，制作权力运行图，厘清和确认相关部门和岗位所承担的权力职责，将权力和责任落实到岗、到人、到部门、到领导。青岛市将 44 个市级行政执法部门 6274 项处罚权拆分为 28165 个裁量阶次，其中对一些涉及面广、应用频繁、裁量幅度较大，关系群众切身利益和公共利益的处罚事项细化量化阶次最高达 29 档，各区（市）也对照细化，建立市、区两级统一的行政执法处罚网络平

台和业务运行系统，推行处罚事项网上办理，实现同一事项处罚标准全市统一。济南市公共资源交易中心制订 12 步交易管理流程，即进场登记、发布交易信息、接收报名、收缴费用、场所管理、抽取专家、开评标、结果公示、制发中标（成交）通知书、签订合同、退付费用、资料归档，并进行系统固化，形成上依下托、环环相扣的操作步骤，通过加强业务流程控制，有效避免了"暗箱操作"。

3. 平台建设一体化

山东省依托浪潮集团，整合有关资源，统一开发综合电子监察平台，统一建设标准，统一软硬件标准，确保系统兼容，实现 6 大平台单点登录、实时监控，并与省直部门和市县互联互通。纵向上，逐步建成覆盖省、市、县（市、区）三级系统，实现省、市、县数据采集和交换，综合电子监察平台具有实时监控、预警纠错、统计分析、绩效评估、投诉受理、信息服务 6 项基本功能。横向上，实现各行政部门和公共服务部门资源整合和系统对接，并逐步向各领域覆盖、各层面渗透、各环节延伸。

4. 监督检查实时化

在权力运行模块中嵌入电子监察系统，对权力运行过程实行数据采集、动态监控、全程留痕、自动预警。对重点场所、重点部位、重点岗位实现全程实时监督。青岛市开发的社区"三资"（资金、资产、资源）网络化监管系统，突出强化全程留痕、自动提醒和预警、程序锁定、在线监管分析 4 项功能，更加注重监管前置、事前防范，努力将各种管理风险降到最低；村居公章智能化管理系统要求必须通过管理权限和安全认证后才能盖章。东营市行政审批电子监察系统将具有行政审批职能的 56 个单位的 426 项行政审批事项、70 余项便民服务事项全部纳入监察范围，自动、实时采集每个审批事项办理过程的详细信息，对超时限办理和违规办理行为发出预警和督察通知。

5. 管理考核绩效化

在电子监察系统中设置绿、黄、红三色预警。根据三色预警情况，划分风险等级，实施重点管理监督。在政务大厅服务窗口安装视频、音频监控系统，实现对事项办理和窗口服务行为的实时监控和视频监督。设立群众满意度测评器，由当事人对窗口的事项服务情况和办理情况进行"一事一评"。设置行政效能投诉监督电话和意见箱，接受群众监督。对入驻单位和工作人员实行绩效考核，作为评先树优的重要依据。向风险预警信息涉及的单位或个人分别发出预警提醒书、预警告诫书、预警问责书，提出整改建议。对问题严重的取消评优资格，进行通报批评或限期整改。菏泽市建立的农村党风廉政建设科技防腐预警网络，围绕农村"三务"公开和"三资"管理等群众关注的热点问题，设计了公开功能、举报功能、预警功能和评议功能，对涉及惠农政策、土地管理、财务管理、计划生育、救灾救济、新农合等近百项指标实行动态风险防控和绩效管理考核。

四　"四位一体"的保障措施

山东省在推进"6＋1"惩防体系的工作格局中，实行组织领导、监督检查、考核问责、创新驱动"四位一体"，形成党委统一领导、纪委组织协调、各方面齐抓共管、全社会共同参与的工作推进机制。

（一）加强组织领导

省委、省政府对惩防体系建设高度重视，省委常委会、省惩防体系建设工作领导小组多次听取汇报，研究构建"6＋1"惩防体系工作格局。成立由省委书记任组长，省政府、省纪委主要负责同志任副组长的省建立健全惩治和预防腐败体系工作领导小组。及时对领导小组进行调整补充，将省委副书记、常务副省长、省委组织部长、省委宣传部长以及27个省直牵头部门主要负责人增列为领导小组副组长或成员，有力推动惩防体系建设各项工作的开展。建立省直部门预防腐败工作联席会议制度，每年召开两次由省直牵头部门和协办单位参加的预防腐败工作会议，强化协作配合，共同推进工作。各级各部门也普遍建立了由党委（党组）主要负责同志任组长的领导小组，成立办事机构，健全机制制度。省委制定下发分工方案和推进时间表，将惩防体系建设各项任务细化分解为31个大项125个小项，落实到省直71个牵头和协办单位，明确完成时限。省纪委制定《构建"6＋1"惩防体系工作格局分工方案》，不仅将任务明确到厅室、单位，而且具体到责任人和分管领导，有效推动了目标任务落实。

（二）开展监督检查

及时召开联席会、工作调度会、经验交流会、情况汇报会、任务督办会等，了解掌握工作进展情况。坚持专项检查与全面检查相结合，通过部门自查、联合检查、专项检查等形式，及时发现和解决工作中遇到的困难和问题。建立台账逐项推进，每月一调度，每季度一督查，每半年一总结。省里先后组织开展各类检查 26 次，各市各部门每年集中组织开展自查和抽查。

（三）严格考核问责

把惩防体系建设作为科学发展综合考核、目标管理绩效考核和党风廉政建设责任制考核的重要内容，考核结果作为领导班子和领导干部业绩评定、奖励惩处和选拔任用的重要依据。每年底省委集中开展检查，连续 4 年由省委书记、省长等省级领导带队检查各市和省直部门惩防体系建设工作。坚持与检查考核科学发展观落实情况相结合，与检查考核党风廉政建设责任制执行情况相结合，与检查考核各级领导干部廉洁自律情况相结合，定性分析与定量考核相结合，组织考核和民主评议相结合。针对存在的问题，领导小组办公室逐一向被检查单位反馈整改建议。2011 年以来，发出反馈意见 47 份，针对检查中发现的 147 个需改进的问题，提出有针对性的整改建议 188 条；有 388 名党员干部因违反党风廉政建设责任制受到追究。

（四）实施创新驱动

坚持尊重基层和群众的首创精神，鼓励基层大胆探索创新。省纪委注重加强引导，制定了创新成果评选办法，每年评选 10 项反腐倡廉创新成果，推进反腐倡廉理念思路、工作内容、方式方法和体制机制创新。把上级要求具体化，在完成中央"规定动作"的同时，从本地实际出发做好"自选动作"，探索形成了一批有山东特色的做法。把先进经验本地化，学习国内外先进理论动态和工作成果，不断丰富和完善反腐倡廉内涵；积极借鉴国内外特别是兄弟省区市惩防体系建设的先进经验做法，博采众长，进行消化吸收创新，创出本地特色经验。把基层经验制度化，认真总结基层创新成果和经验，对经过实践检验、比较成熟的做法和经验，及时宣传推广；对需要上升为制度的，经过研究论证形成法规制度；对需要在实践中进一步探索的，积极开展试点，逐步改进完善，待条件成熟后统一制定指导意见，在面上推广。2012年省纪委对全省反腐倡廉建设创新经验进行总结，概括为8个方面160项创新工作，汇编成《山东省反腐倡廉建设创新工作材料汇编》一书，在全省推广。

五 "四个更加"的综合效应

山东省构建"6+1"惩防体系工作格局，已在各个领域取得阶段性成果，结合党的十八大后中央推出的反腐倡廉的新思路、新举措，加大治标的力度，增强民众对治本的信心。

1. 惩治腐败更加有力

2011年全省纪检监察机关立案10165件，其中大案要案2242件，同比上升7.9%，涉及厅级干部案件14件，同比上升27.3%，县处级干部案件177件，同比上升38.3%；通过办案挽回直接经济损失11.6亿元，同比上升300%，为前5年的1.3倍；查办商业贿赂案件908件，涉案金额2.89亿元。2012年全省纪检监察机关立案10449件，同比上升2.8%，其中大案要案2584件，同比上升15.3%；通过办案挽回经济损失2.9亿元；查办商业贿赂案件1119件，涉案金额1.37亿元。省纪委严肃查处了一批大案要案，取得了良好的政治、法纪和社会效果。

2. 监督权力更加有效

在干部人事、行政审批、司法、财税、投资、国有资产管理等重点领域和关键环节，体制制度改革逐步深化。科技防腐网络的建立，形成了权力运行的"防火墙"和制度执行的"监控器"。通过构建"6+1"惩防体系工作格局，为各项工作提供了有力抓手，较好地推动了6项工作格局的均衡发展和有机统一。济南市按照"统一平台、资源共享，分类交易、全程监督，整合流程、规范高效"的思路，于2010年10月建立市公共资源交易中心，截至2012年底，进场交易项目达3044个，中标金额1297亿元，未发现一起违规问题。

3. 反腐合力更加凸显

山东省构建"6 + 1"惩防体系工作格局，涵盖了反腐倡廉教育、制度、监督、改革、纠风、惩治等多方面内容，体现了惩防体系建设的系统性、整体性和协调性，为系统谋划、统筹推进惩防体系建设找到了抓手。山东省把"6 + 1"惩防体系工作格局作为一项系统工作整体推进，严格落实党风廉政建设责任制，发挥党委政府牵头抓总作用，明确各部门单位任务和责任，调动各方面的积极性，形成了全省上下联动、齐抓共管、广泛参与、合力开创惩防体系建设的局面。

4. 民众信心更加坚定

2012 年 5 月国家统计局山东调查总队民意问卷调查显示，群众对反腐倡廉工作总体成效满意度、重视度、遏制度、信心度和廉洁度的评价总体呈上升态势，2012 年分别达到 70.3%、80.8%、84.1%、75.45% 和 71.95%，满意度、重视度、遏制度、信心度分别比 2009 年提高 0.46 个、9.55 个、1.27 个、5.37 个百分点，廉洁度（2010 年始设立）比 2010 年提高 2.45 个百分点。对通过建立健全惩治和预防腐败体系逐步克服腐败现象"有信心"和"比较有信心"的达 84.55%，比 2009 年上升 4.8 个百分点；认为查处党员干部违纪违法案件"很有力度"和"力度较大"的占 68.8%，比 2009 年上升 3.8 个百分点；认为对领导干部行使权力的监督效果"非常有效"和"比较有效"的占 64.65%，比 2009 年上升 10.81 个百分点。问卷调查同时显示，群众对监督检查、党风廉政教育、基层党风廉政建设、纠风和专项治理、维护和保障群众权益、重点领域和关键环节改革等方面工作持肯定态度。

甘肃以反腐倡廉实效促转型跨越发展

甘肃省反腐倡廉建设课题组 *

摘　要：

本文总结梳理了近年来甘肃省推进反腐倡廉建设的主要做法。包括：围绕行政审批制度改革、公共资源配置市场化改革、优化政务环境、规范行政执法行为、提升工作效率五个方面重点任务开展效能建设；围绕惩处腐败行为、拒腐防变教育、完善制度体系、权力制约监督等方面推进反腐倡廉实践创新；围绕"县委权力公开透明运行""领导干部勤廉度评价""国有企业内部权力运行监控""规范行政处罚自由裁量权"等开展预防腐败试点。最后，对甘肃省为民务实推进反腐倡廉建设进行了思考。

关键词：

甘肃　效能风暴　反腐倡廉实践　预防腐败

甘肃省委、省政府把党风廉政建设和反腐败工作摆在突出位置，省委书记每年都对反腐倡廉建设提出明确要求，省长每年对政府系统勤政廉政工作做出部署，省委、省政府领导班子成员每年带队检查各地各部门党风廉政建设责任制落实情况。新一届省纪委领导班子认真落实"执好纪、问好责、把好关"①的要求，从解决影响和制约纪检监察工作的突出问题入手，为全省转型跨越发展营造风清气正、干事创业的良好环境。

---

* 课题组：杨志宏，甘肃省廉政建设研究中心顾问；牛彦之，甘肃省监察学会副会长、省廉政建设研究中心副主任；邓海涛，甘肃省监察学会副会长、省廉政建设研究中心副主任；李晓光，甘肃省监察学会特邀研究员；王晓鹏，甘肃省监察学会特邀研究员。

① 中国共产党第十八届中央纪律检查委员会第二次全体会议公报。

一 效能风暴：打好"五大攻坚战"

经过改革开放特别是"十一五"时期以来的发展，甘肃经济社会正进入工业化发展的中期，迈上了加速转型跨越的关键时期。2012年，全省实现生产总值5650.2亿元，同比增长12.6%；固定资产投资5040.5亿元，同比增长30.2%；大口径财政收入1080.38亿元，同比增长17.34%；城镇居民人均可支配收入17156.89元，同比增长14.47%；农民人均纯收入4506.7元，同比增长15.3%。① 但是，由于历史、自然等各种原因，甘肃欠发达的省情还没有根本改变，经济总量小，人均水平低，贫困面积大，加快发展的任务艰巨繁重。面对新的形势和任务，省委、省政府认真贯彻落实中央决策部署和中央领导同志一系列重要指示精神，在深入分析省情实际的基础上，抢抓发展机遇，主动有效作为。

针对一些机关和干部中存在的"慵懒散慢"、中梗阻塞、不作为、乱作为等问题，甘肃省第十二次党代会做出了在全省开展效能风暴行动的重大决策部署。"放眼全国去看那些发展速度惊人的地方，我们就会发现，其中最让我们感动的不是他们有什么先见之明，更多的是他们的务实精神，更多的是雷厉风行的作风，更多的是志在必得的坚定意志，更多的是不达目的绝不罢休的气概。"甘肃省委书记王三运在接受媒体采访时，用"四个更多"阐明了开展效能风暴行动的意图所在。② 承担效能风暴行动牵头抓总职责的甘肃省纪委，着眼于权力、机制和作风这三个关键因素，确定了效能风暴行动重点任务：行政审批制度改革、公共资源配置市场化改革、优化政务环境、规范行政执法行为、提升工作效率。五项任务又被称为"五大攻坚战"，其中前两个方面主要解决政府和市场的关系，中间两个方面主要是加强对权力的制约和监督，最后一个方面针对的是工作作风和效率。

---

① 2012年《甘肃省国民经济和社会发展统计公报》。

② 《"风"行陇原气象新——甘肃开展效能风暴行动综述》，《中国纪检监察报》2013年10月20日。

（一）减少行政审批权力对市场的束缚

在甘肃乃至全国，一段时间以来，"管理就是审批，审批就是收费"的怪相屡见不鲜，行政审批事项过滥，环节过多，程序繁琐，直接影响了政府效能。为此，甘肃省在确立效能风暴行动时，将行政审批制度改革放在首位，主要是继续清理、减少和调整行政审批事项，加强对保留行政审批事项的监管。

2012年7月，甘肃省政府常务会议研究取消、调整省级行政审批项目41项。2013年4月，又取消省级政府部门行政审批项目209项。2013年7月，甘肃省再次取消省级政府部门行政审批项目17项。至此，行政审批制度改革13年间，经过10轮集中清理、取消、调整和多次承接新增，省级政府部门行政审批项目事项由原来的2315项减少到406项，累计取消和调整1986项，削减幅度达到85.79%，减少了政府对微观经济运行的过多干预，推动了各级政府部门进一步简政放权，转变职能。①

与此同时，各部门对保留行政审批事项的审批流程进行优化再造，从设立依据、办理要件、办理程序、内设承办机构、入驻政务大厅的情况、并联审批机关、前置审批事项、办结时限8个方面进行全面梳理，逐项进行流程改造，采取减要件、减程序、减时限的"三减"措施，优化行政审批程序，省级现行行政审批项目办结时限较原时限缩短35.44%。财政、发改部门对行政事业性收费进行了全面审核清理，省级取消11个中央和省管部门单位的14项收费，编制并向社会公布了《甘肃省行政事业性收费项目和收费标准目录》。通过深化行政审批制度改革，甘肃的投资软环境得到改善。

（二）释放市场交易公共资源的活力

一直以来，公共资源的交易运行和监管主体都是一家人，各项权力都掌握在政府职能部门手中，存在自己管自己的现象，交易的公开透明程度普遍不高，缺乏有效监督和制约，容易滋生腐败行为。甘肃省提出的公共资源配置市场化改革的任务是：建立统一规范的公共资源交易市场，建立公共资源交易信

---

① 甘肃省委对外宣传办公室新闻通报会，2013年7月。

息系统和电子监察系统。

作为矿产资源大省，甘肃省首先下力气推进矿产资源市场化配置。2012年7~9月，省政府先后出台《关于矿产资源市场化配置的意见》《2012年探矿权采矿权招标、拍卖、挂牌、公开出让转让实施方案》《关于加快矿产资源勘查转化的意见》等文件，明确了矿产资源配置原则及出让方式、资源有偿使用等内容。当年矿业权两权价款入库39.2亿元，非税收入达54亿元，土地出让实现价款100.4亿元。2013年上半年，矿业权两权出让通过有形市场交易方式有序推进，以招拍挂方式出让土地1956公顷，实现价款67.1亿元。

2012年9月，省政府常务会议决定建设统一规范的公共资源交易市场，建立了"一委一办一局"省级公共资源交易管理体制，加快推进公共资源市场化建设。省级公共资源交易市场2013年6月正式投入运行，工程建设、土地和矿产资源出让、政府采购、国有产权交易、医药采购等行业公共资源交易项目陆续进场交易。省交易中心启动运行后，房建、市政、公路、铁路、水利、政府采购项目集中进场交易，各项工作逐步规范，取得"开门红"。截至2013年7月31日，共受理进场项目135个，其中：房建市政项目2个、公路项目13个、铁路项目15个、政府采购项目97个、水利及其他项目6个；8月发布交易结果公示项目23个，项目总概算金额7826万元，总成交金额5821万元，节资率达25.62%。为加强监管，甘肃省专门制定《甘肃省省级公共资源交易市场监督管理暂行办法》，实施综合监督、行业监管、内部管控、行政监察、社会监督"五位一体"的全方位监管模式。建设了公共资源交易电子监察系统，在交易市场设置了电子监察定量定性监督警示点，变事后追究为事前预防和事中管控，实现了公共资源交易的全过程监控。市州一级公共资源交易市场正在加紧建设，酒泉、庆阳、武威等地的公共资源交易市场已投入使用。武威市公共资源交易中心投入运行3个月时间，已有125个项目进入中心交易，涉及金额超过20亿元。

（三）优化政务服务作风

一位外地客商曾经在天涯论坛上发了一个帖子，是写给甘肃省省长刘伟平的信，客商说他想到甘肃投资，但在某政务大厅咨询时，工作人员却不理不睬，他在大厅内转了一圈，深感失望，没信心再在甘肃投资。其实，类似的现象并不少见。① 群众普遍反应现在办事没有熟人不行，有的政府办事机构漠视群众利益，对待群众推诿扯皮，存在着"门难进、脸难看、事难办"的现象，本来一个简单的事情解释清楚了一次就可办完，非要折腾群众跑很多趟，有的甚至"吃拿卡要"，严重影响和败坏党和政府的形象。鉴于此，甘肃省把提供优质、便捷、高效的政务服务确定为效能风暴行动的又一着力点。一是大力推进政务服务中心标准化建设，在 14 个市州、81 个县区建立了政务服务中心或设立了政务大厅，1111 个乡镇和街道办事处建立了便民服务中心，将以往散在各部门的行政许可、非行政许可审批和公共服务事项全部纳入各级政务服务中心办理。二是创新行政审批服务方式，实现了行政许可事项由一个内设机构统一受理，一项行政审批事项向一个内设机构集中。三是大力推进电子政务和电子监察平台建设，制定了《全面推进电子政务平台建设、加强政务公开和政务服务工作的指导意见》及 4 个配套规范标准，省政府政务服务中心和兰州、酒泉、武威等市已建成网上审批和电子监察平台，其余市将在 2013 年底前建成两个平台。

2012 年，效能风暴行动开展后不久，又一封信引起了甘肃许多干部的关注。这次是德宇浩集团写给庆阳市政务中心的感谢信。"一站式服务搭建了政府和群众、政府和企业、政府和社会对接服务的综合平台，使政府部门的服务更贴心、更亲近、更规范、更快捷，在最短的时间内实现了工作效率的最大化、最佳化，极大地方便了基层群众，方便了我们企业。"在不久前，德宇浩集团来到庆阳市政务大厅申请设立登记。按照一般程序，国家级企业集团的设立登记因涉及国家、省、市三级工商行政管理机构和数个相关职能部门，法定办理时限在一个月以上。庆阳市政务中心一方面派出专人为德宇浩集团审定申报材料，解释法律政策，另一方面积极同省工商局和国家工商总局进行协调沟通，最终在短短 7 个工作日内就完成了该企业的设立登记注册。②

---

① 《"风"行陇原气象新——甘肃开展效能风暴行动综述》，《中国纪检监察报》2013 年 10 月 20 日。

② 《"风"行陇原气象新——甘肃开展效能风暴行动综述》，《中国纪检监察报》2013 年 10 月 20 日。

（四）规范行政执法行为

行政执法是一项与老百姓生产生活密切相关的权力，近年来，执法不公、粗暴执法等问题严重侵害了群众利益，严重影响了党和政府的形象。甘肃省采用确权、限权加责权的方法，规范行政执法行为。一是全面清理行政执法事项，严格审查各部门、市州上报的 9300 个行政执法证、761 个行政执法主体资格证、142 个行政执法监督证，对不符合规定的 67 个执法主体、16 名监督人员、861 名执法人员进行纠正。二是规范自由裁量权，制定《甘肃省规范行政处罚自由裁量权规定》，对行政执法自由裁量权的范围、基准、种类和幅度提出规范要求，明确行政处罚自由裁量权量化标准。三是落实行政执法责任制，建立规章制度，强化评议考核，落实岗位责任，加强监督检查行政执法行为，特别跟踪督查热点难点问题，规范了执法行为。

2013 年，甘肃开展了乱收费、乱罚款专项治理工作。其中，乱收费专项治理主要在省直各部门各单位、有关行业及其所属机构开展，重点是治理扩大收费范围、擅自设立收费项目、提高收费标准等 8 类问题；乱罚款专项治理主要在各级质量技术监督部门、交通运输管理部门、城市管理部门、工商管理部门、公安交通管理部门、城市建设规划管理部门开展，重点是治理无法定依据或违反法定程序实施罚款等 9 类问题。①

（五）为优化发展提升效率

政府工作效率问题始终是群众比较关注的问题之一，办事不公、效率低下一直广为社会所诟病，群众经常形容公务员"上班翘个二郎腿，一杯茶一张报就是一天班"。为了消除这些负面看法、树立行政单位的良好形象，甘肃省各级各部门按照加强教育监督、强化制度约束与解决突出问题并重的要求，采取多种措施改进工作作风、提升工作效能。普遍健全和落实了服务承诺制、岗位负责制、AB 岗位制、一次性告知制、限时办结制、离岗告示制、首问责任

---

① 《甘肃省开展乱收费乱罚款专项治理》，中国甘肃网，http：// gansu. gscn. com. cn/system/2013/
07/05/010389540. shtml，访问日期：2013 年 7 月 5 日。

制、失职追究制"八项制度",完善了机关内部考核、激励、监督和风险防控等机制。省效能风暴行动协调推进领导小组办公室和各主管部门加强了对作风和效能建设情况的监督检查。

1. 畅通投诉渠道,受理群众反映

"告状无门"是激化矛盾、影响党群干群关系的一个重要方面。为此,甘肃积极搭建群众反映问题的有效平台,把政风行风热线活动作为现场解决群众反映问题的有效途径,持续深入推进,活动范围由省级层面向市县级逐步延伸,上线部门和参与群众不断增多,热点问题现场办结率明显提高。在此基础上,省纪委进行了升级改版,创办了"阳光在线"新闻监督节目。截至目前,省级共有127个职能部门单位和60个重点窗口行业上线,完成现场直播124场次。同时,还通过省纠风网站、省效能风暴行动投诉中心受理群众举报投诉,切实解决涉及群众切身利益的问题。据统计,各级各部门2012年共受理投诉举报2159件,办结1773件,问责1520人。2013年以来已受理机关和干部作风投诉举报1457件,办结1355件,责任追究89人。

2. 加强监督检查,开展明察暗访

制定了《关于建立效能风暴行动经常性督查机制的指导意见》,建立了民主评议、明察暗访、专项督查、联合巡查、媒体监督、举报投诉受理、问责与结果运用七项监督检查制度,形成经常性督查机制。省效能风暴行动协调推进领导小组办公室先后五次对各市州各部门效能和作风建设情况进行了全面督查,两次明察暗访152个部门和窗口单位的机关作风和效能建设等情况,对发现的问题进行严肃问责处理。

3. 组织民主评议,倾听群众意见

制定了《省效能风暴行动民主评议机关作风和政风行风实施方案》,对民主评议的目标、对象、任务方法、内容、步骤等提出了具体要求。省级聘请56名效能监督员,对省直100个部门和行业单位开展民主评议。全省各级效能办聘请效能监督员3200多名,对各级党政机关、行政执法单位、政务大厅和公共服务窗口单位的作风和效能建设情况开展监督评议。结合大学生暑期"三下乡"社会实践活动,省纠风办发放政风行风建设群众满意度调查问卷2万份,征求群众意见,倾听群众呼声。各级纠风部门通过政风行风热线节目,

组织有关部门和单位参加节目直播，接受全社会的监督。2013 年 3 月，省效能风暴行动协调推进领导小组召开民主评议机关作风和政风行风工作推进会，对 204 个需要整改落实的问题，逐一分解到责任单位，明确了整改时限和标准。据统计，204 个涉及 29 个部门的问题中，165 个问题已整改落实，整改率达 80.88%。

在推进过程中，甘肃省每年都对"五大攻坚战"的内容进行细化实化，2012 年确定了 22 项攻坚任务，2013 年确定了必须完成的 23 项重点任务，明确每一项任务的责任单位和完成时限，保证效能风暴行动既有着力重点，又有具体抓手，把以往通过监督检查推着部门走变成了现在明确任务牵着部门跑，确保了效能风暴行动的有力有序有效推进。

二 强化保障：推进反腐倡廉实践创新

甘肃省对反腐倡廉建设工作中发现的问题不回避、不掩饰、不拖延，提出了"以解决存在的突出问题为切入点、以有效管用为衡量标准"的工作思路，坚持以改革创新精神研究新情况、探索新办法、解决新问题，在继承传统的基础上，积极推动反腐倡廉实践创新、制度创新、方法创新，在创新中破解工作难题、促进工作落实。

（一）始终高悬惩治的"利剑"

多年来，甘肃省坚持把查办案件作为惩治腐败的重要手段，始终保持惩治腐败的高压态势。2007～2011 年，全省各级纪检监察机关受理信访举报 64776 件，初核 9417 件，立案 4126 件，结案 4098 件，给予党纪政纪处分 5248 人，其中地厅级干部 16 人，县处级干部 272 人，追究刑事责任 1103 人，挽回经济损失近 2.9 亿元。[①]

甘肃省第十二次党代会后，围绕"老虎""苍蝇"一起打和抓早抓小、防微杜渐，经过深入调研分析，查找当前办案工作中面临的新情况新问题，有针

---

① 甘肃省纪委向省第十二次党代会提交的工作报告。

对性地推进了机制制度创新，办案工作力度不断加大。

针对办案协作机制不完善、办案力量分散等问题，甘肃省制定了《纪检监察机关与司法机关、行政执法机关案件移送规定》，建立了纪检监察机关、司法机关和行政执法部门的协作办案机制和信息共享机制。各执纪执法机关相互通报情况，共同研究解决办案中遇到的实际问题，成功查处了一批案件。

针对基层查办案件工作中存在的瞒案不报、压案不查、查案不力、干扰办案和线索流失、线索积压、线索处理不规范等问题，加强了上级对下级纪检监察机关办案的指导、支持和监督。建立了重要案件督办、查办案件情况定期通报、案件线索处理情况抽查、基层重大案件线索及时向上级纪检监察机关报告等制度，制定了案件查办工作年度考核办法，明确了各级纪检监察机关的办案责任，对该查不查被上级发现查处的实施责任追究。健全了案件线索统一管理、重要案件线索督办以及纠风、党风、执法监察等业务部门所办案件统一审理制度，建立了网络举报案件线索核查、实名举报限时回复和反馈等制度，规定凡是实名举报的，只要线索清楚就必须核查，并优先办理、及时回复。

与此同时，各级纪检监察机关认真贯彻落实中央纪委、监察部的要求，严格落实依纪依法、安全文明办案的各项规定，对案件线索受理、初核、立案、调查取证、涉案款物管理、移送审理和移送司法机关等工作程序做出了明确具体的规定，建立了被调查人权利义务告知书、解除"两规"措施告知书、案件回访、错案追究等制度，实行了办案安全责任制，办案数量、质量不断提高。据统计，甘肃各级纪检监察机关 2012 年共受理信访举报 9925 件，初核1434 件，立案 1017 件，结案 1005 件，给予党纪政纪处分 1384 人，追究刑事责任 428 人。其中，信访初核比率为 14.4%，高出全国 1.3 个百分点，立案比率为 10.2%，低于全国 0.9 个百分点。2013 年 1～6 月，甘肃省纪检监察机关共受理信访举报事项 6367 件，同比增长 42.7%；初核违纪线索 1014 件，同比增长 75.4%；立案 439 件，同比增长 3.5%；结案 429 件，同比增长 7.5%；给予党纪政纪处分 546 人，移送司法机关 175 人，挽回经济损失 8368.95 万元。

（二）推出拒腐防变的教育"套餐"

教育内容空泛、教育形式单一、教育方法老套，是长期以来反腐倡廉教育难以取得实际效果的主要制约因素。为解决这些问题，甘肃省不断创新教育方式，丰富教育内容，坚持以各级领导干部为重点，实施警示教育、廉政谈话、提醒谈话、诫勉谈话等一系列"套餐"教育。

1. 将警示教育内容拓展为增强廉洁自律和监管责任"两个意识"

建立了纪检监察机关与司法机关、组织部门联合开展警示教育的工作机制，坚持每年召开省、市、县、乡四级领导干部参加的视频会议，省委书记到会讲话，省纪委、省检察院深入剖析省内查处的大案要案。将警示教育的内涵由以往的纪律提醒进一步拓展为严格自律和履行监管职责并重，要求和警示各级领导干部既要增强廉洁自律意识，坚守底线，廉洁从政，带头遵守党纪国法，又要增强监管责任意识，抓好班子，带好队伍，切实抓好职责范围内的反腐倡廉建设。甘肃省还把典型案例剖析材料作为全省县委书记培训班和党校、行政学院其他主体班次的重要教学内容，警示各级领导干部以案为鉴、防微杜渐。

2. 以制度的刚性约束保障反腐倡廉教育的落实

一方面，加强领导干部谈话教育。建立了领导干部廉政谈话制度，甘肃省委于2012年印发《新任党员领导干部廉政谈话实施办法》，要求各级纪委通过集中谈话等方式，加强对新任党员领导干部的廉政谈话教育，省纪委2012年以来对250名新提拔和转任的省管领导干部进行了集体廉政谈话，同时对谈话对象作了廉政准则辅导解读和廉政法规知识测试。建立了领导干部提醒谈话制度，针对出现的苗头性问题及时申明纪律要求，提醒领导干部引以为戒、防微杜渐。建立了领导干部诫勉谈话制度，针对存在尚不构成违纪的一般性问题及时指出违反纪律的严重后果，督促领导干部主动整改、纠正错误。另一方面，积极推行廉政法规考试制度。2009年2月，甘肃省纪委、省委组织部联合下发《关于开展领导干部任前廉政法规考试试点工作的通知》，在3个市（县、区）试行拟提拔领导干部廉政法规考试制度，把考试成绩作为领导干部提拔任用的一个前置条件，考试不合格取消提名和考察资格。白银市开展廉政法规考试工作以来，已有2万多县处级、乡科级后备干部参加考试，累计有70名干部因考试成绩不及格取消考察任用，78名干部因公未参加考试暂缓任用。在试点取得积极成效的基础上，2013年在7个市推行拟提任领导干部廉政考试制度。

3. 大力挖掘利用具有鲜明甘肃特色的廉政文化资源

甘肃红色文化内容丰富，历史文化底蕴深厚，现代文化特色鲜明，具有独特而丰富的廉政文化建设资源。甘肃省委先后印发《关于加强廉政文化建设的实施意见》和《关于进一步推进廉政文化建设的实施意见》，引导各地各部门依托丰富的廉政文化资源，大力开展廉政文化创建活动，促进廉政文化弘扬与传播。近年来，甘肃省依托会宁红军长征胜利纪念馆、陕甘边革命根据地纪念馆等革命纪念场馆，突出理想信念主题，建成了一批红色文化教育基地；依托天水邓宝珊将军纪念馆、定西许铁堂纪念馆等场馆，突出勤政为民主题，建成了一批历史文化教育基地；依托玉门铁人王进喜纪念馆、民勤防沙治沙纪念馆等场馆，突出艰苦奋斗主题，建成了一批现代文化教育基地。目前已建成1个国家级、12个省级、81个市（县）级廉政教育基地，并依托这些基地开展了多种形式的廉政勤政主题教育活动。与此同时，各地各部门结合群众性精神文明创建活动，将廉政文化与地方文化、行业文化相融合，深入推动廉政文化进机关、进社区、进学校、进农村、进企业、进家庭，先后建立了16个省级、800多个市县级廉政文化"六进"示范点。

（三）加固管束权力的制度"铁笼"

甘肃省开展的"党员干部违纪违法案件发案原因、规律分析及防治对策"课题研究，从制度的可行性、权威性、完善性、实施性、有效性5个方面，对涉及财务管理、国有企业、司法和行政执法、工程建设等领域和环节的121部法规制度进行了系统评估分析。研究表明，重点领域和环节的相关制度存在较大缺陷和漏洞，制度的缺陷和漏洞不仅反映在制度设计上，更反映在制度落实上。根据课题研究得出的结论，甘肃省坚持把反腐倡廉制度建设作为构建惩治和预防腐败体系的实体性和渗透性要素，有针对性地加大了反腐倡廉制度建设力度。

1. 深入开展制度评估，提升反腐倡廉制度建设的针对性

一方面，建立制度评价指标体系对现行制度进行系统评估。2010年，省纪委、省政府法制办、省人大法工委、省内有关大专院校以及省直有关部门专家学者组成评估组，对政府采购、工程建设、矿产权管理等重点领域和关键环节的37项廉政法规制度从合法性、操作性、适应性、科学性、系统性、有效性等方面进行了评估，查找出70多个漏洞和缺陷，有针对性地提出了40多条具体意见建议，督促相关部门尽快建立健全和修订完善。另一方面，深入剖析案件资源，查找制度漏洞与缺陷，督促相关部门和单位健全完善相关制度，防止类似问题再次发生。

2. 不断健全完善制度，增强反腐倡廉法规制度建设系统性

近年来，在全省开展了"反腐倡廉制度大检查"活动，对1314项反腐倡廉法规制度进行了清理，在此基础上制定了制度"废、改、立"的具体计划。开展了"反腐倡廉制度建设推进年"活动，制定加快推进全省反腐倡廉制度建设的意见，对反腐倡廉教育、监督、预防、惩治及执行保障机制5方面61项法规制度建设任务进行了内外分解，明确了责任要求，有计划、有步骤地推进落实。2012年，省委省政府出台了党风廉政建设责任制实施办法、党政领导干部问责实施办法等8项基础性骨干制度，省纪委专门组织召开全省反腐倡廉制度建设推进会，推广交流了制度建设的创新做法。据统计，2008~2012年，省级层面共制定出台关于教育、预防、监督、惩治方面的反腐倡廉法规制度43项，共完成省级层面惩防体系制度建设任务107项，促进了权力在制度框架下的规范运行。2013年，省纪委全面开展反腐倡廉法规制度清查工作，对建国以来涉及纪检监察工作的118项法规和规范性文件进行了全面集中清理。这是纪检监察机关成立以来甘肃省第一次对反腐倡廉法规制度开展集中清理，主要按照看内容、看目的、看外延、看体系、看运用的"五看"原则，有针对性地健全完善，防止出现制度"真空"和"死角"，努力使制度在实践中用得上、行得通、管得住。

3. 大力推进制度落实，不断提升反腐倡廉法规制度的执行力

近年来，甘肃省先后对《中国共产党党员领导干部廉洁从政若干准则》《中国共产党党内监督条例》《规范和监督党政领导干部用权行为暂行规定》《农村基层干部廉洁履行职责若干规定》《关于深入整治用人上不正之风进一步提高选人用人公信度意见实施办法》等法规制度执行情况开展了专项检查。2012 年，省纪委组织 4 个督查组，对 14 个市州和 16 个省直部门贯彻落实《甘肃省党政领导干部问责实施办法》《甘肃省落实党风廉政建设责任制推进惩治和预防腐败体系建设检查考核办法》《甘肃省新任党员领导干部廉政谈话实施办法》及《甘肃省全面推进廉政风险防控工作实施意见》的情况进行了专项督查。2013 年，甘肃省将制度执行情况纳入党风廉政建设责任制检查考核的重要内容，对相关指标体系进行了细化量化，增加了制度方面的分值权重，强化了对各地各部门执行制度的约束力。

4. 积极推进体制机制制度创新，用制度制约和监督权力运行

认真贯彻落实中央《党政领导干部选拔任用工作责任追究办法（试行）》等 4 项监督制度，进一步深化干部人事制度改革，制定出台并推行了竞争上岗、任前公示、差额选拔、定期谈话、全委会票决、选拔任用信息公开、有关事项报告等配套制度，加大县委主要领导干部交流力度。大力推进财政管理体制改革，在 41 个县实行了省级直管体制改革试点，占全省县市区总数的 48%；在 1172 个乡镇推行了"乡财县管"，占全省乡镇总数的 95%；在 15600 个村实行了"村财乡镇委托代理"，占全省行政村总数的 95%。严格规范政府非税收入收缴管理，政府采购范围和规模不断扩大，深化国库集中支付改革。推进司法体制改革，改革审判委员会和合议庭制度，开展量刑规范化试点工作，严格限制使用影响公民人身和财产权利的强制措施，完善民事行政简易程序，改革民事行政案件执行体制和审判监督制度，对司法权的法律监督、民主监督明显加强，使司法成果更多地惠及人民群众。进一步推进投资体制改革，先后制定出台《贯彻落实国务院投资体制改革决定的实施意见》《政府投资项目管理办法》等 7 个配套制度，按照"谁投资、谁决策、谁受益、谁承担风险"的原则，从改革投资项目审批制度、确立投资主体地位、规范政府投资行为、加强和改善投资宏观调控等重点入手，逐步实行政企分开，减少行政干预。进一步推进工程建设领域长效机制建设，完善诚信体系建设，在全省推行政府投资项目代建制。目前已出台涉及工程建设领域的相关制度 790 项，修订完善 243 项，废止 416 项。①

---

① 《甘肃：建立健全反腐倡廉法规制度》，《中国纪检监察报》2012 年 10 月 12 日。

（四）打出巡查、督查、公开、评价监督"组合拳"

1. 加强对权力的制约和监督，是有效预防腐败的关键

近年来，甘肃省以完善监督机制为抓手，以发挥职能部门监督作用为手段，以推进权力公开透明运行为核心，不断加强监督检查，促进了公共权力的规范行使。

2. 健全监督检查机制，推动重大决策部署贯彻落实

建立了联合巡查、专项督查和驻点监督机制，建立了挂牌督办、销号管理制度，对各类监督检查中发现的问题，建立问题台账和信息资料库，通过下发整改通知书、监察建议书和实行整改情况周报月报制度等办法，逐项跟踪督办，实施动态管理，促进问题整改。2008～2012 年，围绕加快转变经济发展、促进经济增长政策落实，检查发展项目 3623 个，发现和整改问题 2334 个；围绕保障和改善民生，对粮食直补、良种补贴、农机具购置补贴、退耕还林补贴以及农村合作医疗、新型农村养老保险等强农惠农政策落实情况进行全面检查，涉及资金 212.79 亿元，查纠问题 1126 个，查处损害农民利益案件 469 件；围绕提高行政效能，大力开展对工业经济运行、重大项目建设等情况的效能监察，共检查项目 63 个，纠正各类问题 150 多个；围绕推动藏区跨越式发展和长治久安，对执行民族宗教政策、落实维稳工作责任制、排查矛盾纠纷以及社会治安防控体系建设等情况进行监督检查，及时解决了一些影响藏区稳定的苗头性、倾向性问题；围绕"5·12"地震、舟曲山洪泥石流、"7·22"岷县漳县地震等特大自然灾害抢险救灾及灾后重建工作，深入开展联合巡查和驻点监督，及时发现和解决了存在的突出问题，对 150 名党员干部作了党纪政纪处分和组织处理。

3. 加大信息公开力度，促进公共权力在阳光下运行

大力开展政府信息公开工作，按照"分级编制、各负其责、由近及远、重点控制"的原则，及时更新政府信息公开目录和指南，充实信息公开内容，并不断拓宽信息公开渠道，加大信息公开力度，通过电视、报刊、互联网等媒体，及时公开中央和省委政策措施方面的一些重大信息，有效保障了群众的知情权。深入推进政务、厂务、村务公开工作，细化公开内容、规范公开程序、创新公开方式，促进信息公开的制度化和规范化。积极采取"制度＋科技"的手段推进电子监察系统建设，将权力行使固化于规范的流程之中，实现权力的模块化、运行的刚性化、信息的公开化和监督的智能化。2013年，甘肃省开展了以党务公开为统领、涵盖政务公开、各领域办事公开和司法公开的综合公开试点工作，按照权力行使主体、程序、内容、规则、依据、结果全程公开的要求，科学编制公开目录，整合资源搭建综合公开平台，在组织领导、制度规范、方式方法、运行程序、保障机制等方面进行实践探索。

4. 强化部门监督职能，推动形成监督检查整体合力

严格执行领导干部述职述廉、函询、报告个人有关事项等制度，五年间督促22367名县级以上领导干部报告了配偶、子女及其配偶从业情况。加强执法监察、廉政监察、效能监察，先后对监督检查中发现的土地征用、安全生产、工程质量、环境污染等方面的违纪违法问题进行了严肃查处，实施责任追究203人。加强巡视监督，省委巡视机构对6个市州、44个县市区、12个省直部门和2个省属国有企业进行了巡视，对省委促进农民增收政策和为民办实事的落实情况进行了专项巡视。强化审计监督，认真执行领导干部经济责任审计制度，对9519名党政领导干部和国有企业领导人员进行了经济责任审计，查纠违规资金47.62亿元。

5. 引入第三方评价机制，不断加大评价结果运用力度

甘肃省针对反腐倡廉工作成效考核中存在的内容不全面、指标不完善等问题，修订完善了考核办法，在考核中引入第三方评价机制，将每年进行的党风廉政建设民意调查结果纳入评价指标体系，强化对权力的外部监督。从2008年开始，每年委托国家统计局甘肃调查总队，对全省党风廉政建设情况进行民意调查，运用PPS抽样方式，随机选择5000户作为受访对象，填写问卷调查，将情况汇总后形成调查报告，对全省各地各部门党风廉政建设情况做出比较客观全面的评价。调查结果和数据不仅运用于判断情况和部署工作，还及时呈送省委、省政府领导班子成员参阅，报告中反映的问题经梳理后反馈给有关部门，督促其予以解决。

（五）切实解决纪检监察机关越位和缺位问题

监督检查是纪检监察机关的一项重要职责。但是，在监督检查工作实践

中，既存在纪检监察机关职能定位不准、包揽过多、替代有关职能部门履行监管职责等"错位"现象，也存在派驻机构和基层纪检监察机关监督力量薄弱、监督工作存在盲点等"缺位""不到位"现象。2013 年，甘肃省开展了"新形势下有效发挥纪检监察机关监督职能作用"课题研究，在深入分析存在问题的基础上，积极探索出台了一系列强化监督职能的制度措施。

针对纪检监察机关监督职能泛化、职责关系不清等问题，制定了规范监督检查工作的意见，明确了监督检查的范围和程序，把纪检监察机关的职能明确定位在"监督的再监督、检查的再检查"上，使纪检监察机关监督与部门行业监管有机结合，既突出了纪检监察机关的监督重点，又强化了部门行业的监管责任。

1. 加强上级对下级工作的指导

针对上级纪检监察机关对下级机关联系不够紧密、指导作用不够明显、双重管理职能还未充分发挥的问题，采取措施强化上级对下级的工作指导。制定了各市州纪委书记定期向省纪委常委会报告工作制度，规定纪委书记汇报工作时，省纪委班子成员根据自己分管工作的情况进行点评和询问。制定出台了全省反腐倡廉建设特色创新工作评选实施意见，每年评选表彰"十大特色创新工作"，并将评选结果纳入党风廉政建设责任制考核评价指标体系，推动了各地各部门的主动创新。围绕加强乡镇纪检组织建设，明确提出了"六个必须"的硬性要求，2012 年底全省1228 个乡镇纪委全部挂牌、乡镇监察室全部设立，乡镇纪委专职干部由以前平均每 3 个乡镇 1 名增加到 5 名，乡镇纪检组织工作经费均按照省级 1 万元、县乡 3 万元的标准纳入年度财政预算。①

2. 加强对派驻机构的统一管理

针对派驻机构统一管理不规范、工作力量不足、履行监督职责缺位、错位、不到位等问题，加强对派驻机构的统一管理。一方面，在省级层面建立健全管理机制，规范和强化派驻机构的监督职能。实行省纪委领导班子成员分工联系派驻机构制度、派驻机构负责人向省纪委述职制度、省纪委对派驻机构干部统一考核和交流

---

① 《甘肃加强乡镇纪检组织建设工作纪实》，中国共产党新闻网，http://fanfu.people.com.cn/n/2013/0410/c141423-21084579.html，访问时间：2013 年 4 月 15 日。

制度，以及派驻机构案件线索报告、备案、评估、线索处理情况抽查和查办案件情况通报等制度。另一方面，在市县两级创新派驻机构设置模式，按照"重点派驻＋综合派出"的模式加强对派驻机构的统一领导。临洮县对县直单位纪检组实行改革，除保留法、检两院纪检组外，撤销其余县直单位的纪检组，组建成立了面向 50 个县直单位和 18 个乡镇的 6 个派出纪检监察组织，人财物统一由县纪委垂直管理，并建立了 9 项管理制度和工作制度；6 个派出纪检监察组织负责联系和监管相应的单位和乡镇，通过列席班子会议、调阅文件资料、开展明查暗访、分析各类报表、处理投诉举报、查办案件等手段，及时掌握涉及"三重一大"事项的动态信息，使监督检查实现了常态化，纪检监察职能延伸做到了县乡全覆盖。实行这一改革举措后，6 个纪检监察组查办信访案件 45 件，占县纪委查办案件的 67%，所办案件比原来各单位纪检组所办全部案件增加了 82%，有效解决了原有县直单位纪检组不敢监督、不愿监督、不善监督的问题。

3. 整合监督力量、工作重心"下移"

针对基层纪检监察机关履行同级监督职责难、人员力量少、工作范围小和易受人际关系影响等问题，加大体制创新工作力度，重点是整合监督力量、工作重心"下移"。一方面，分片建立由县纪委直接管理的乡镇纪工委，在保持现有乡镇监督体制不变的情况下，每个纪工委联系若干乡镇，统一开展办案、监督等工作，纪工委书记按正科配备，主要监督乡镇领导班子及其成员。另一方面，明确乡镇纪检机构重点监督村"两委"班子，创新监督体制和工作机制，加强乡镇纪委对村务监督委员会的工作指导，明确和规范村务监督委员会的监督内容、监督程序、监督方式等职能定位，着力发挥乡镇纪委和村务监督委员会的作用。白银市积极探索乡镇纪委管理体制改革，按照地缘相近、便于工作的原则，在不改变现有乡镇纪委设置体制的前提下，把 5 个县区所辖 69 个乡镇划分为 13 个片区，由县区纪委在每个片区增加设置派驻一个纪工委，配备专职书记，片区乡镇纪委书记为纪工委委员，配备工作人员 1 名。在职能定位上，明确规定：片区纪工委作为县区纪委的派出机构，隶属县区纪委管理，受县区纪委内设科室的业务指导，与所辖乡镇党委是监督与被监督的关系，与辖区乡镇纪委是指导与被指导的关系。在权责关系上，片区纪工委充分整合乡镇纪委和"两员两代表"（社会监督员、公众评议员、党代表、人大代表）等监督力量，对片区内乡镇党委实施监督、检查、调查、建议四项权力。

片区纪工委的设立，既扩展了县区纪委的监督范围，又提升了乡镇纪委的监督职能。仅 2013 年上半年，片区纪工委就受理信访举报案件 72 件，立案查处 8 件，给予党政纪处分 14 人。

三 源头治理：开展预防腐败试点探索

2009 年 2 月 26 日，甘肃省预防腐败局正式挂牌成立，这是全国首家成立的省级预防腐败局。作为全国预防腐败工作试点省份，甘肃省坚持从强化权力运行监督制约、发挥市场配置资源决定性作用和营造社会领域预防腐败良好氛围着眼，本着什么问题突出就解决什么问题和循序渐进、重点突破、逐步拓展的原则，确定预防腐败试点项目，积极探索有效预防腐败的途径和办法。

（一）开展县委权力公开透明运行试点

"郡县治，天下安。"从近年来查处的县委书记违纪违法案件可看出，县委书记的职权界限不清，书记作为"一把手"的权力过于集中，且缺乏有效制约，是导致违纪违法现象发生的根本原因。为探索推进县委权力公开透明运行的途径和方式，甘肃省选择在张掖市临泽县、平凉市庄浪县、白银市平川区和会宁县 4 个县区开展了专项试点工作。

1. 从县、乡、村三个层面推进试点

县级层面，重点是在理清职责权限、规范运行程序的基础上，通过创新工作机制，努力形成党代会、全委会、常委会等权力主体之间相互制约、相互协调的关系，着力解决权责不明晰、决策不透明、监督不得力、选人用人不公正以及县委书记权力过分集中等问题。乡镇层面，把突破点放在乡镇纪委监督体制的改革创新上，探索分片设置纪工委、由县纪委垂直领导的管理模式，通过横向整合、纵向垂直，提高乡镇一级纪委的独立性和权威性，强化对乡镇党委、政府的监督作用，着力解决乡镇党政不分、以党代政以及乡镇党委书记权力过于集中等问题。村级层面，通过建立村务监督委员会，对村级决策权、执行权、监督权进行科学分解和合理配置，逐步形成以村党支部为核心，以村民（代表）大会为决策机构，以村委会为管理执行机构，以村务监督委员会为监督机构的村民自治机制，努力探索决策权、执行权、监督权相互制约又相互协调的权力结构和运行机制在村一级实现的有效途径。

2. 总结出规范权力行使的关键环节

一是明确职责权限、科学"分权"。按照职权法定、权责一致的要求开展清权确权，厘清了党代会、全委会、常委会及县委班子成员的职权底数，明确了权力边界。试点县区通过厘清各层面、各类主体的职权，从权力结构上初步解决了超越职权、职权交叉、权责不清特别是"一把手"权力过于集中等突出问题。二是完善运行程序、规范"用权"。在清权确权的基础上，依据不同的事项和职权，逐项编制并公布"权力流程图"，明确行使权力的主体、运行步骤、条件、监督措施、完成时限等，把权力运行纳入制度化和规范化轨道。试点县区通过直观、清晰的流程图设计，明确了权力行使中决策、执行、监督的基本程序和方法，体现了集体领导、分工负责、公开透明、强化监督的基本要求。三是公开决策事项、透明"亮权"。围绕"公开什么"和"如何公开"，不断深化公开的内容、程序、范围和方式方法。试点县区都搭建了信息公开的平台和载体。四是实施全面监督、严格"控权"。各试点县区普遍完善并严格落实全委会、常委会决策程序和议事规则，保证权力运行的每个环节县委委员、常委会成员都能够及时参与，既体现分工负责又加强相互之间的监督；健全常委会向全委会报告工作、常委会成员定期述职述廉制度，并在一定范围内进行"公开评议"，自觉接受监督；建立县委重要会议列席旁听制度，组建由"两代表一委员"及群众代表参加的列席名单"资料库"，根据工作需要随机抽取人员列席会议，进一步开放决策过程，实现民情直达；在干部选拔任用工作中，坚持重基层、重公论、重实绩的用人导向，进一步规范干部推荐提名、酝酿考察、讨论任用等重点环节，不断增强干部选任工作的透明度。

（二）开展领导干部勤廉度评价试点

群众对领导干部的廉政勤政情况最有发言权。但是从当前对领导干部廉政勤政的评价情况看，群众评价是最薄弱的环节。为发挥广大干部群众在干部廉政勤政评价中的积极作用，甘肃省针对群众监督信息获取难、参与渠道少等问题，在张掖市开展了领导班子及领导干部勤廉度评价体系建设试点工作，并逐步在 8 个市扩大试点。

勤廉度评价体系建设试点工作采取"制度+科技"手段，研发运行了以"一个平台（信息公开平台）、两个中心（廉情预警中心和举报投诉中心）、三大系统（公众评价系统、定向评价系统和组织评价系统）、四项机制（党务政务公开、廉政风险防范、信息综合反馈和评价结果运用机制）"① 为核心的领导班子及领导干部勤廉度评价系统，在网络全方位公开部门政务信息和领导干部每周工作及履职情况，接受社会公众的监督和评价。

试点工作取得了积极成效。一是激发了群众参与监督的热情。勤廉度评价系统搭建了引导组织群众参与反腐败的平台，激发了群众参与评价和监督的热情，解决了信息不公开、信息不对称、群众参与难、监督无平台的问题。"工作好不好，群众最知晓；干部廉不廉，群众最有发言权"变成现实，广大党员干部和社会各界公众通过互联网"盯牢"领导干部，对其"评头论足"，从而实现重大决策网上公开，行政活动网上可视，权力行使网上监控，干部是否勤廉由群众评判。二是参与公众评价范围得到延伸。由于勤廉度评价系统的全面开放，不仅可以对领导干部的"工作圈""生活圈""社交圈"进行"全天候"评价，而且实现了参与评价方式、时间以及评价人员身份的"零限制"，落实了"亲近网络、真听民意""倾听民声、尊重民意"的要求，参与评价的范围得到延伸。系统运行至今，参与评价人数已达350多万人，系统日均访问量达4.9万余次，日均访问人数达3763人。三是领导干部作风得到转变。勤廉度评价系统运行以来，通过多种方式，引导广大党员干部正确行使自己的民主监督权力，行使自己的网络"话语权"。作为勤廉度评价的主体，各级领导干部本着对事业负责、对集体负责、对个人负责的态度积极参与评价并主动接受监督；广大干部群众本着对工作负责、对领导负责的态度客观公正、实事求是地参与评价并实施监督。这种双向畅通的评价机制，促使评价者、被评价者都能正确对待评价和监督，把勤廉度评价结果作为自我反省的"平面镜"、廉洁自律的"放大镜"、干事创业的"望远镜"，在对照反省中改进工作作风，提高工作水平，树立自身形象。四是干群关系得到进一步密切。勤廉度评价系统设置的"举报中心"和"百姓心声"栏目，不仅是政风行风的"晴雨表"，也是勤政廉政状况的"探测器"，为干部群众举报投诉问题、吐露个人心声、反映热

---

① 《张掖市勤廉度评价体系建设工作成效明显》，金张掖在线，2012年10月。

点难点、提出意见建议等提供了方便快捷的"绿色通道"。受理机关按照"件件有着落、事事有回音"的工作原则，对所有问题的处理实行登记、分析、办理、答复、反馈等形同"110"的快速处置机制，保证了群众的利益诉求在短期内得到解决。五是勤廉度评价结果得到公众认可。勤廉评价系统开放动态的全方位立体评价，及时有效适时的廉情预警，群众信访举报的网上受理办理，评价数据的自动统计汇总等功能，有效发挥了电子监察系统对用权行为的"可评价、可跟踪、可查询、可监督"，用"无情的电脑"制约"有情的人脑"，实现领导评议领导向群众评议领导转变，年度静态评议向每月动态评议转变，会议集中评议向社会分散评议转变，拓宽了评价干部的信息来源，增强了评价的科学性和准确性，使党风廉政建设责任制考核结果更加趋于客观，社会反响良好。

（三）开展国有企业内部权力运行监控试点

近年来，甘肃省属国有企业先后发生了兰州炭素集团腐败窝案、窑街煤电集团原董事长李人志腐败案等重大案件。通过剖析这些腐败案件发现：企业主要负责人个人权力过于集中，清廉从业基本上靠自律，一旦放松自我约束，很容易发生违纪违法问题甚至大案要案。出现这种现象，与企业内部制约监督机制不健全直接相关。为探索强化企业内部权力制约监督的有效途径和方法，甘肃省选择省属国有企业长城电工集团公司开展了健全完善企业内部权力制约机制试点。主要做法有以下几项。

1. 规范权力运行

对企业决策权和经营管理权运行流程进行认真梳理，制定"三重一大"制度实施细则，确定了35类重大事项、重要人事任免、重大项目安排、重大资金使用的决策事项内容，界定了股东代表大会、董事会、总经理办公会、党委会、党政联席会、职工代表大会等决策形式的决策内容和决策权限，规定了各类重大决策事项的决策程序。同时，制定"三重一大"事项工作规范，逐一规定了35类决策事项的决策形式、制度依据、记录及报备，明确了决策流程。

2. 强化监督制约

整合监督力量，探索建立了省国资委外派监事会与企业内部监事会联合监督机制，建立健全了公司、子公司及车间、科室三级经营管理和监督责任体系。实行

权力运行流程记录制、大额资金及预算外资金联签制、重大合同（协议）会审制，强化"三重一大"权力运行的监督制约。

3. 构建制度体系

按照企业标准化管理模式，对原有 6 大类 41 项管理制度进行全面清理和审查，在查找制度漏洞与缺陷的基础上，共废除制度 16 项、修订制度 25 项、新建制度 118 项，将制度类别重新界定为 11 类，包括"三重一大"制度 8 类 51 项，构建起覆盖企业 71 个岗位的管理制度体系，包括管理体制模式、管理机制模式、公司职能定位、标准化管理体系和组织机构调整、财务管理、人力资源管理、投资收益管理、营销策划管理、企业文化建设、议事规则修订等 7 个管理子方案及两类管理标准。其中，管理标准包括标准化管理办法、19 项基本管理制度、23 项财务管理制度、17 项资本运作制度、13 项人力资源管理制度、12 项经济运行制度、14 项综合管理制度、2 项科技管理制度、1 项信息管理制度和 28 项党群管理制度；工作标准包括 25 类管理者的岗位职责和 46 类管理人员的岗位职责。在制度设计上，按照实体性、程序性、惩戒性、激励性制度衔接配套的原则，建立了公司章程，董事会、股东大会、监事会议事规则，董事会战略委员会、提名委员会、薪酬与考核委员会、审计委员会实施细则等内部决策机制，制定了投资项目管理、年度投资计划管理、经营计划管理、财务预算管理等经营管理机制，健全了财务人员委派管理、重大事项报告、司务公开实施办法、职代会管理等监督机制。在制度执行上，建立了党风廉政建设责任制考核管理实施细则、党风廉政建设责任制实施细则、中层以上领导干部重大事项报告管理、效能监察与问责管理及审计管理等制度，推行了信访举报、民意测评、客户反馈监督、制度执行评价等制度，修订完善了执行制度的考核、问责、奖惩制度，形成了执行制度的保障机制。

（四）开展规范行政处罚自由裁量权试点

行政处罚自由裁量权过大，不但会造成执法不公、引发群众不满，还有可能滋生腐败行为。针对一些行业和部门普遍存在行政处罚自由裁量事项比较多、行政自由裁量幅度比较大、缺乏统一规范的裁量标准等问题，甘肃开展了规范行政处罚自由裁量试点工作，通过清理职责权限、明晰"权力清单"，编制权力流程、规范"权力运行"，细化裁量标准、设置"权力标杆"，健全制度机制、推进"权力实践"，强化执法措施、确保"权力到位"，将行政权力的行使置于公众的监督之下。主要成效体现在以下几方面。

1. 执法行为得到规范

实现了"四个转变"，即执法依据粗线条变为应细尽细；情节与后果不对称变为合理对称；裁量幅度过大变为分档设线；罚收种类指向宽泛变为定向定位，尽量减少人为因素，从制度上控制了执法的随意性。

2. 执法效能得到提升

简化、优化了行政权力运行流程，方便群众办事，办理时限缩短；细化、量化的行政处罚自由裁量标准，情节描述清晰准确，复杂的情形尽可能简化，便于操作。

3. 廉政风险防范意识得到加强

"阳光处罚"增强了执法工作的透明度，消除了行政相对人的误解，使同一违法行为在情节相同的情况下，实现处罚额度的明确一致。

4. 经济发展环境得到优化

执法为民的理念得到强化，执法促发展、执法保稳定、执法保民生成为共识；以人为本的要求得到体现，对大错重罚，对小过轻处，坚持教育、整改在先。

此外，甘肃省还开展了廉政风险防控机制建设、招标投标和建筑市场电子监管、社会领域防治腐败、规范市场中介组织从业行为、防止利益冲突等试点工作，积极探索防治重点领域和关键环节腐败发生的有效途径和办法，着力破解反腐倡廉建设中遇到的重点难点问题。

四　甘肃为民务实推进反腐倡廉建设的几点思考

总结甘肃省开展效能风暴行动、推进反腐倡廉工作创新和开展预防腐败试点探索的做法和经验，可以带给我们这样一些启发和思考。

1. 把作风和效能建设摆在突出位置是反腐倡廉建设服务保障经济社会发展的客观要求

加强作风和效能建设，是优化发展环境的重要途径。甘肃省基于对省情实际的判断，做出了开展效能风暴行动的重大决策部署，通过打好"五大攻坚战"，大

力改进机关和干部作风、提升行政效能、优化政务环境，形成推动经济发展的强大动力。据了解，甘肃省为密切党群干群关系、促进贫困地区发展，2012 年部署开展了"联村联户、为民富民"行动，由省、市、县、乡四级机关联系 58 个贫困县和 8790 个贫困村、40 多万名干部直接联系 40 多万个特困户，确立了宣传政策、反映民意、促进发展、疏导情绪、强基固本、推广典型六大任务，将教育与实践有机结合，使广大党员干部在联系服务基层群众的过程中，强化了群众观念，锤炼了工作作风。

2. 解决群众反映强烈的突出问题是反腐倡廉工作践行群众路线的重点工作和长期任务

全心全意为人民服务是我们党的根本宗旨。对反腐倡廉建设中存在的突出问题，人民群众感受最深，最有发言权，要求解决的愿望最迫切。一些损害群众利益的问题也最容易引发集体上访和群体事件。这些问题处理得好不好，群众满意不满意，关系到党和政府在群众中的威信和形象。加强反腐倡廉建设，一方面必须把解决群众反映强烈的突出问题作为工作的出发点和落脚点，采取有力措施解决群众最关心、反映最强烈、亟需解决的问题；另一方面必须充分发挥和依靠人民群众的积极性和创造精神，形成反对腐败、崇尚廉洁的浓厚社会氛围。近年来，甘肃省通过深入开展纠风专项治理，坚决纠正教育、医疗、涉农等领域损害群众利益的不正之风，真心实意地帮助群众解决实际困难，及时妥善处理每一件可能侵害群众合法权益的信访问题，严肃查处群众举报投诉的违纪违法行为。据国家统计局甘肃调查总队民意调查报告显示，人民群众对甘肃反腐败工作成效的满意度 2008 年为63.18%，2010 年达到 64.42%，2012 年达到 72.36%，呈逐年上升趋势；人民群众对逐步遏制和消除腐败现象"有信心和比较有信心"的，2008 年为 75.94%，2010年达到 80.42%，2012 年达到 84.38%，比 2008 年提高 8.44 个百分点。

3. 创新是推动反腐倡廉工作发展的动力源泉和活力所在

改革创新是当今时代的主旋律，也是一切事物发展的内在动力源泉。随着形势的发展变化，反腐倡廉建设的重点任务也在发展变化，因此在工作实践中，不能囿于既定的思维模式和已有的实践经验，必须要在继承和发扬以往好经验、好做法的基础上，坚持解放思想、与时俱进，积极适应新形势、新任务的需要，以更宽的视角、更高的站位不断研究新情况、解决新问题、总结新经验、探索新路子，才能使反腐倡廉各项工作体现时代性、把握规律性、富于创造性，才能推进各项工作深入开展、取得实效。甘肃省纪委始终把改革创新摆在突出位置，特别是新一届省纪委领导班子立足于实际需要，经过广泛调研和深入研究，积极推进反腐倡廉建设理念思路、工作内容、方式方法、机制制度创新，采取了一系列推进惩防体系建设的措施。从解决存在的突出问题入手、从一件件具体事项抓起、积"小胜"为"大胜"、把工作成效评判权交给群众。

4. 统筹推进惩治和预防工作是反腐倡廉建设取得实效的根本方法

无论是坚决惩治腐败，还是有效预防腐败，都是我们党执政能力的重要体现。唯物辩证法告诉我们，事物是有机联系的，反腐败斗争不能寄希望于"一招制胜"，要多措并举，多打"组合拳"，综合施治，整体推进，才能取得较好的效果。把惩治和预防有机结合起来，正确处理治标与治本、惩处与防范的关系，才能不断构筑起防治腐败的全方位战略屏障。

近年来，甘肃一方面坚持把查办案件摆在反腐倡廉建设的突出位置，通过健全完善案件的发现、查处机制，拓宽案源，保持惩治腐败的强劲势头；另一方面加大预防腐败力度，着力构筑权力、动机、机会"三道防线"，源头预防腐败工作不断向纵深推进。甘肃省构筑"三道防线"的着力点是：以规范制约权力运行为重点，以健全完善监督机制为保障，以创新监督手段为途径，构筑预防腐败的权力防线，逐步建立健全决策权、执行权、监督权相互制约又相互协调的权力结构和运行机制；发挥教育的基础作用，大力加强以法纪教育为重点的反腐倡廉教育，构筑预防腐败的动机防线，将廉洁从政规定内化为公职人员的道德信念和行为准则，努力防止和减少公职人员产生腐败动机，消除腐败行为产生的心理条件；紧紧抓住制度设计、制度执行和制度评估等环节，构筑预防腐败的机会防线，深入推进制度体系的改革与创新，不断提高制度建设的科学性、系统性和有效性，减少或消除腐败机会。

5. 理论研究与实践探索并重是提高反腐倡廉建设科学化水平的有效途径

实践是产生理论的源泉，理论是用于指导实践的，坚持科学理论和实践探索相结合，才能始终保持工作不断向前发展的强大动力。在推进反腐倡廉建设的过程中，甘肃坚持理论研究与实践探索并重，一方面有侧重地开展课题研究，深入分析腐败发生的深层次原因，努力把握反腐倡廉建设的规律，为科学推进党风廉政建设

提供理论支撑；另一方面通过设立预防腐败试点开展实践探索，推动理论研究成果与反腐倡廉工作实践相结合，并积极鼓励支持基层的探索创新，不断从基层实践中获得反腐倡廉改革创新的动力源泉。在重大理论研究方面，甘肃省发掘案件资源，组织开展了"甘肃省党员干部违纪违法案件发案原因、规律分析及防治对策"课题研究，运用案例库统计分析、典型案例访谈和制度分析等方法，对本省查处的447件大案要案做了系统、深入的分析研究，揭示了腐败案件多发高发的重点领域、环节、人群和常见模式，发现了一些重点领域和环节现行制度存在的漏洞与缺失，找出了预防腐败工作的切入点和着力点；围绕规范权力运行，开展了"权力运行监控机制"课题研究，运用比较分析、现状分析和趋势分析等方法，提出了制约和监督权力的途径和方法；围绕提高纪检监察干部监督实效，开展了"新形势下有效发挥纪检监察机关监督职能作用"课题研究，在全面了解现状、客观分析存在问题的基础上，有针对性地提出了破解制约纪检监察机关监督职能作用有效发挥的基本思路及对策建议。甘肃省积极推进研究成果应用，选择一些重点领域和关键环节开展了多层次的预防腐败试点工作，在规范权力运行、强化监督制约、有效防治腐败方面积累了许多有益经验，推动了反腐倡廉整体工作水平的不断提高。

福建聚合反腐倡廉正能量助推科学发展*

中国社会科学院反腐倡廉建设课题组**

摘　要：

　　福建省结合沿海地区实际，科学谋划反腐倡廉战略布局与路径选择，把执纪为民与维护民利作为根本标准，围绕"发展"主线开展监督检查，推进职能转变与规制权力，为福建科学发展、跨越发展营造优化、高效、廉洁的环境，其做法对于全国特别是沿海开放地区具有一定的启示意义。

关键词：

　　福建　反腐倡廉建设　监督　规制权力

　　福建推进反腐倡廉建设，以维护民利为导向，以规范权力运行、健全市场机制、创新社会管理为重点，改革创新、制度建设、科技防腐"三线贯穿"，为福建科学发展、跨越发展营造了优化、高效、廉洁的环境。

一　战略布局与路径选择

　　福建省位于我国东南沿海，是"海上丝绸之路""郑和下西洋"伊斯兰教等重要文化发源地和商贸集散地。改革开放以来，福建作为全国率先对外开放的两个省份之一，市场经济发育较早，非公企业数量较大，经济社会得到全面、持续、快速发展，处于全国前列。近年来，福建省重视反腐倡廉建设，按

---

　*　本文部分材料由福建省纪委提供。

　**　课题组组长：孙壮志；执笔人：范三国、腾翀，四川省社会科学院廉政研究中心。

照"一个目标、两大抓手、四条路径"的工作思路，推动反腐倡廉建设取得新成效。

（一）以廉洁政治旗帜引领反腐倡廉建设

在反腐倡廉建设进程中，福建省以党的十八大和中央纪委二次全会精神为指导，坚持以反对腐败、建设廉洁政治作为总体目标，科学构建党的纪律建设、作风建设和反腐倡廉建设"三位一体"战略布局，整体推进教育、监督、惩治、纠风、制度、改革"六项格局"基本任务，把反腐倡廉建设上升到为福建科学发展、跨越发展提供坚强保障的战略高度，顶层设计、系统实施。在建设廉洁政治目标的引领下，福建省各级党委加强自身建设，扎实开展以为民、务实、清廉为主要内容的群众路线教育实践活动，在改进作风、密切联系群众上下大力气，集中力量解决群众反映强烈的突出问题，促进政治清明；深化行政管理体制改革和政府职能转变，加强对权力运行全过程的监督制衡，促进政府廉洁；推进反腐倡廉理论创新、制度创新和实践创新，强化对领导干部的教育和监督，保持惩治腐败的高压态势，促进干部清廉。

（二）以惩防并举思路夯实反腐倡廉根基

在工作思路上，福建省注重惩防并举，坚持"两手抓、两手都要硬"。惩治主要解决已经出现的"个案"问题，对顶风作案、以身试法的腐败分子，依纪依法予以惩办；预防主要解决"面上"问题，通过改革创新和制度约束，不断消除滋生腐败的土壤。福建省纪委在保持查办案件力度的同时，注重抓好案后整改，开展典型案例警示教育活动。十年来，福建全省纪检监察机关每年办案都在 5000 件以上。2012 年，全省纪检监察机关受理信访举报 35615 件次，新立案件 5149 件，结销案件 5141 件，给予党纪政纪处分 5002 人，移送司法机关 472 人。2013 年以来，福建省各级纪检监察机关，加大惩治腐败力度，1~9 月共收到群众信访举报 33193 件次，新立案件 4187 件，处分 2940 人，移送司法机关 294 人。① 在预防腐败方面，福建省以规范权力运行、健全

---

① 陈晓声、陈金来：《福建：转职能抓主业改作风强自身》，《中国纪检监察报》2013 年 10 月 28 日。

市场机制、完善中介组织为重点持续深化重要领域和关键环节改革，选择审批项目多、资金密集、与群众生产生活密切相关的政府部门开展依法行政综合监察，围绕信访、巡视、审计、办案中发现的苗头性问题建立健全省管干部7项廉政谈话提醒制度，按照"带问题下去，找问题回来"转变巡视工作方式，着力构建不敢腐的惩戒机制、不能腐的防范机制、不易腐的保障机制。比如福建持续规范权力运行，省级行政审批事项从2199项减少到379项，审批时限平均缩短40%，省级42个部门的2695项行政自由裁量权细化为10099个子项，5325项行政执法实现网上办理、网上公开、在线监察，省、市、县三级形成了较为完整的权力清单、职责体系、执法标准及裁量条件，促进了权力规范透明运行。

（三）以"四条路径"驱动反腐倡廉进程

坚持"具体化"路径。福建省以党风廉政建设责任制为抓手，针对不同地区和部门的特点，每年向9个设区市、平潭综合实验区和74个省直部门"一对一"下达年度工作任务书，明确目标要求、工作措施、进度安排以及每项任务的责任部门和责任人员，把目标任务转化为可操作性强的具体举措，变"软任务"为"硬指标"，促进了反腐倡廉各项任务有效落实。

坚持"法治化"路径。福建省把顶层设计、系统推进体制机制改革和制度创新作为源头防治腐败的根本之策，党的十七大以来的五年间，省市两级党委、政府和纪检监察组织共制定或修订各类反腐倡廉法规制度198项，[①] 推动了反腐倡廉建设的科学化、法治化进程。

坚持"区域化"路径。福建省把反腐倡廉建设放在地区开发开放的大局中把握，结合时代特征和区域特色，同步跟进海峡西岸经济区和平潭综合实验区建设，出台《为加快建设海峡西岸经济区提供政治和纪律保证的意见》，组建平潭综合实验区纪检监察机构，推广行政服务、招标投标交易、国库支付"三个中心"，创新防腐保廉、服务开发开放新机制，实现反腐倡廉建设与区

---

① 张利生、卢小从：《看福建特色惩防体系基本框架如何形成》，《中国纪检监察报》2012年10月8日。

域开发开放的协同发展。

坚持"信息化"路径。福建省充分利用经济社会和信息技术的先发优势，搭乘"数字福建"建设顺风车，全面推进办事公开、行政处罚、行政执法、"三公"交易、电子监察、诚信体系、社会服务等网络平台建设，促进了权力运行、资源配置、社会管理的科学规范和公开透明，为深化反腐倡廉建设提供了有力的科技支撑。

二 以执纪为民与维护民利为根本标准

福建坚持执政为民、维护民利的价值取向，顺应群众期待、回应社会关切，把以人为本、执纪为民作为检验反腐倡廉建设成效的根本标准。

（一）"四下基层"促进干部作风转变

"四下基层"是指领导干部"信访接待下基层、现场办公下基层、调查研究下基层、宣传党的方针政策下基层"。这是习近平同志1988年在福建宁德工作时，为破解"闽东沿海经济断裂带"的发展困局而大力倡导推动的。在总结推广宁德做法的基础上，2013年，福建省委出台了《关于推进领导干部"四下基层"的意见》，在党的群众路线教育实践活动中，以"四下基层"为平台，研究解决实际难题，聚焦"四风"问题。"四下基层"现已成为上至福建省委、省政府，下至84个县市区各级领导干部日常工作的"必修课"。

领导干部"四下基层"，根本要求是改进作风、为民办实事，主要目的是倾听群众意见、了解真实情况，检验标准是群众是否满意。2012年，宁德市把这项制度拓展延伸为"四下基层，四解四促"（即信访接待下基层，解矛盾促和谐；现场办公下基层，解难题促民生；调查研究下基层，解瓶颈促发展；宣传党的方针政策下基层，解疑惑促落实），配套实施了"无会周""每月驻乡进村入户三昼夜""干部挂钩联系制度""一线工作法""开放式民主生活会"等制度，形成密切联系群众的长效机制，促进宁德发展取得了新成效。一年多来，宁德市万名党员干部集中走访群众70万人次；市县乡三级1.5万名干部接访群众3.2万人次，信访回访满意率达92%；全市各级召开现场会

13960 次，为基层办实事 2.8 万件。截至目前，宁德市 14 项经济指标中 13 项增幅居福建省前三位，其中 10 项增幅居首位。①

福建各地秉承"四下基层"的实质，开展了"下基层、解民忧、促发展""领导联乡、单位挂村、干部帮户""领导干部大接访""干部下乡'攀穷亲'""我和百姓拉家常""驻百村进千户帮万民"等活动，受到群众欢迎，被群众誉为"又见苏区好作风"。据了解，"四下基层"活动开展以来，福建全省 20 多万名机关干部深入基层，为群众解决困难和问题 4.9 万余个。山区明溪县在下基层、纾民意、解民困、办实事过程中凝聚人心、推动发展，2012 年进京非正常上访、到三明市集体上访人数分别下降 95.7%、86.8%，改变了过去"人口小县、信访大县"的状况。②

（二）以落实"八项规定"的实效取信于民

中央八项规定出台后，福建省委、省政府提出 4 大项 22 条具体规定，省委书记、省长带头深入基层调研，密切联系群众，解决实际问题，厉行勤俭节约；省委、省政府在工作检查中提出"迎检不虚华、点评不客套、检查不扰民、接待不超标"四项要求；省纪委组织全省纪检监察干部职工开展会员卡清退活动，为全省落实"八项规定"树立了标杆。面向全省处级以上领导干部发送遵守"八项规定"廉政短信 43000 多条，编发违反中央"八项规定"信访简报 3 期，各地通过公开承诺、签订责任状、填报自查表、观看电教片、播放公益广告等形式，营造风清气正的社会氛围。福建省纪委抓住重要时点，把监督检查贯穿于年度工作的始终，先后印发《关于 2013 年元旦春节期间切实加强廉洁自律和厉行节约工作的通知》《关于开展八项规定贯彻落实情况专项监督检查的通知》《关于进一步落实八项规定精神，持之以恒纠正"四风"的通知》，狠刹公款送月饼送节礼、公款吃喝和奢侈浪费以及节假日公车私用等不正之风。严查快办顶风案件，2013 年以来，全省各级纪检监察机关共查处违反"八项规定"信访举报件 214 起，问责、通报、处理各类违规人员 114

---

① 宁纪轩：《福建宁德作风建设求实效》，《中国纪检监察报》2013 年 9 月 23 日。

② 《福建推进干部"下基层"工作制度》，中国经济网，http://nongye.ce.cn/gdxw/201305/16/t20130516_747558.shtml，访问时间：2013 年 5 月 16 日。

人，以作风建设实际成效取信于民。据不完全统计，与 2012 年同期相比，2013 年上半年全省（含各设区市与省直单位）共减少"三公"经费支出近 5 亿元，下降 24.73%；压缩会议 5593 场（设区市以上），下降 33%；精简文件简报 1362 种（县以上），下降 19%；压缩因公出国（境）1403 人次，下降 21%；减少公务接待 163 万多人次，下降 47%；节约公车运行费用 9096.3 万元，下降 13%。福建省纪委、监察厅对各设区市、平潭综合实验区和 10 个省直单位的问卷调查显示，社会各界对该省落实"八项规定"取得的成效给予了积极评价，认为"机关工作作风明显改善和有改善的"达到 95.8%。①

（三）刹风整纪搭建维护民利平台

近年来，福建把群众反映强烈的问题作为监督检查、及时回应的重点，搭建维护民利平台。针对群众反映强烈的突出问题，开展全省改制学校清理规范工作，查处教育违规收费 1236.3 万元；取消或降低涉农收费 15 项，减轻农民负担 3148.7 万元；推行惠农补贴"一卡通"，出台 74 项惠民社保资金管理制度，整改违规问题 141 个，涉及金额 4752.28 万元；② 纠正银行业金融机构不合理收费 10.14 万笔、5237.9 万元，调低或取消收费 639 项；推进药品集中采购工作，查处医药价格违法违规单位 291 个，涉及金额 3788.1 万元；加强企业减负和权益保护工作，减轻企业负担 36 亿元，取消经营服务性收费 118 项；43 个省直厅局和 1 个设区市政府的领导走进省《政风行风热线》直播间，与群众、企业和媒体互动。

在当前基层因征地拆迁工作频频引发矛盾冲突、影响社会稳定的背景下，福建在全省推行"和谐征迁工作法"，要求在全省拆迁工作中做到"五到位""五严格"，即征迁工作必须群众知晓到位、征求意见到位、规定程序到位、公开透明到位、维护稳定到位，安置补偿必须严格征迁标准、严格预存制度、严格支付方法、严格支付时限、严格资金管理。晋江市率先实行该办法，2010 年以来，全市 9 大组团建设总拆迁量 840 多万平方米，总征地面积 7.7 万亩，

① 福建省纪委：《福建省落实八项规定取得阶段性成效》，http://www.fjjc.gov.cn/html/9/52/3424_2013911049_1.html，访问时间：2013 年 9 月 11 日。

② 《正本清源拓新路——福建推动预防腐败工作上新台阶》，《福建日报》2012 年 12 月 20 日。

涉及 7.6 万多人，实现零强拆、零事故、零上访。

为把保障性住房这项民生工程做成德政工程、民心工程、廉洁工程，福建省重点纠正保障性住房配租配置环节不正之风，实行保障性住房分配政策、分配对象、分配房源、分配流程、分配结果、退出情况"六公开"，建立民政、住房城乡建设、公安、工商、税务、金融等部门及街道、社区协作配合的家庭住房和经济状况联审机制，出台《公共租赁住房租金管理暂行办法》，开展全省保障性住房建设特别是配租配售环节的专项督查，发现并督促整改问题 40 多个，查处了 66 名违规的党员、干部，将典型问题向全省通报，通过省监察厅网站和省电视台《政风行风热线》栏目向全社会公开，产生了良好的社会反响。

三 围绕"发展"主线开展监督检查

党的十八大报告强调"必须坚持发展是硬道理的战略思想，绝不能有丝毫动摇"。对一个地方来说，发展仍是各级党委政府的第一要务。福建坚持把围绕中心、服务大局作为反腐倡廉建设的重要任务，立足监督执纪凝心聚力，在营造既高效又廉洁的发展环境上下功夫。2011 年以来，围绕生态建设、依法行政、作风建设、平潭综合实验区建设等方面开展执法监察 9253 次，提出建议 2729 项，通过效能监察给予效能告诫 992 人次、诫勉教育 646 人次，保障了科学发展跨越发展。

（一）同步监督保证政令畅通

福建省把保证党委、政府制定的路线方针政策落实到位，保证政令畅通作为重要任务。近年来，围绕中央和省委重大决策部署，先后组织 400 多批次检查。及时跟进省委、省政府"五大战役"①决策部署，制定《关于对继续打好"五大战役"、大干"十二五"开局之年工作开展监督检查的实施意见》，围绕"效率、廉洁、质量"对"五大战役"的项目推进、资金使用、质量监管和干

---

① 福建省委、省政府决定从 2010 年 8 月初开始，抓住牵动全局的重点和关键，集中力量启动"五大战役"，即重点项目建设战役、新增长区域发展战役、城市建设战役、小城镇改革发展战役、民生工程战役，以求在加快发展上取得突破。

部履职情况进行监督检查，2012 年实地抽查项目 255 个，督促有关地区和单位整改问题 129 个，保障和促进了各个战役的顺利推进。开展优惠政策执行情况监督检查，共梳理出优惠政策文件 556 份，对 29 家省直单位进行重点抽查和延伸检查。围绕维护稳定、促进和谐，开展维护社会稳定专项督查，加强对抗击冰冻雨雪灾害、防抗台风等工作的监督检查，派出纪检监察干部进行全程监督，对失职渎职干部进行责任追究，促进政令畅通。

（二）防腐保廉服务开发开放

国务院批复实施《平潭综合实验区总体发展规划》后，省纪委、监察厅围绕推动平潭开发，着眼于保证项目、资金、干部安全，建成平潭行政服务中心、招标投标交易中心、国库支付中心等"三个中心"，创新审批、监管和服务机制，实现涉及企业注册登记、基本建设投资项目审批的 13 个部门 218 项审批事项全部入驻，县、区两级所有预算单位和所有财政性资金统一账户、统一审核、统一支付、统一结算、统一记账，房屋建筑、市政工程、交通、水利、土地等项目统一进场登记、统一场所管理、统一信息发布、统一评委抽取、统一保证金收退、统一接受监督。组建平潭综合实验区纪检监察机构，探索有效防腐保廉、服务开放开发的新机制、新办法，为开放开发提供保障。

（三）绩效管理促进效能建设

福建省以权力制约、能力建设和激励问责等为核心深化机关效能建设，构建绩效目标、绩效责任、绩效运行、绩效评估、绩效提升"五位一体"的政府绩效管理模式，推进了福建科学发展、跨越发展。数据显示，福建连续多年实现 GDP 增长 11% 以上，财政总收入增长 15% 以上，环境、水、空气质量三项指标全优，生态环境状况指数位居全国前列。中国科学院发布的《中国科学发展报告 2012》显示，福建 GDP 质量水平居全国第七，环境友好城市排名第五。[①] 2013 年，福建省进一步优化绩效管理方案，将绩效管理范围从政府部门拓展到设区市党委和 16 个省直党群机构，实现绩效考评全覆盖。考核指标设置体

---

① 陈晓声、陈金来等：《福建推进绩效管理工作纪实》，《中国纪检监察报》2013 年 6 月 9 日。

现个性差异，将设区市的考核指标分为"统一考核指标"和"分地区考核指标"，沿海发达地区重点考核工业增长、外贸出口、海水水质等内容，山区重点考核流域水质、森林覆盖率等内容，力求绩效考评客观公正。对考核指标实行动态管理，把党委、政府重视，基层群众关注的事项作为考核重点，对设区市设置了文化发展、教育事业、卫生事业、居民收入、就业与保障等10多项民生考核指标，民生指标比重从2010年的31%提至2013年的41%，① 发挥了民生导向作用。构建指标考核、公众评议和察访核验"三位一体"评估体系，重视绩效管理结果运用，每年公开通报绩效考评结果，加大对"慵懒散奢"行政问责力度，强力推行"马上就办"，对绩效突出的予以表彰和奖励，对绩效低下、工作慵懒散的进行诫勉和惩处。2012年，福建全省给予效能问责956人，信访问责118人，行政问责201人，通报严重违纪案件9起。② 通过绩效考评、效能问责等方式，全省上下逐步形成转变职能、提高效率、改进作风的长效机制。

（四）执法监察助建"生态福建"

围绕落实生态省建设"十二五"规划，将生态省建设纳入执法监察的重要内容，兼顾"百姓富"和"生态美"两个目标，突出"制度建设"和"项目实施"两项内容，抓住"发现问题"和"解决问题"两个环节，发挥"职能部门监督"和"纪检监察机关再监督"两个作用，强力推进生态省建设决策部署落到实处。全省纪检监察机关加强生态环境保护监督检查，监督有关部门严格落实环保监管"一岗双责"和环保"三同时"制度。截至2013年6月，全省检查水土保持项目327项，纠正问题314个，发出监察建议书23份，约谈40人，效能问责15人，给予党纪政纪处分25人。③ 开展了重点流域水环

---

① 陈晓声、陈金来等：《福建推进绩效管理工作纪实》，《中国纪检监察报》2013年6月9日。

② 张昌平：《在中国共产党福建省第九届纪律检查委员会第四次全体会议上的工作报告》，http：//www.fjqgx.com/E_ReadNews.asp？NewsID=1478，访问时间：2013年8月3日。

③ 《福建开展生态省建设专项监督检查》，http：//www.fujian.gov.cn/zwgk/zfgzdt/bmdt/201306/t20130627_600367.htm，访问时间：2013年8月2日。

境综合整治专项监察，梳理了 89 个整改项目，[①] 督促有关地区限期整改。生态省建设执法监察促进了生态建设决策部署的贯彻落实，推动了发展方式转变和产业结构调整。福建省经贸委数据显示，2013 年上半年，全省规模以上工业综合能源消耗总量为 3225.5 万吨标准煤，比上年同期增长 7.5%，规模以上万元工业增加值能耗同比下降 5.1%。[②]

四 推进职能转变与规制权力

福建省以规范权力运行、健全市场机制、完善中介组织为重点，深化重要领域改革，推进体制机制创新和制度建设，进一步划清了政府、市场、中介三者的边界，加强了对权力的监督和制约，较好地解决了许多导致腐败现象发生的深层次问题。

（一）依托网上行政执法平台，促进权力规范运行

为进一步规范行政权力运行，福建省在深化行政审批制度改革和规范自由裁量权的基础上，研发建设了全省网上行政执法平台，于 2012 年 3 月开通运行。福建省网上行政执法平台是信息发布、案件办理和电子监察"三位一体"的综合性电子政务平台，由"网上行政执法服务大厅""网上行政执法业务办理系统""网上行政执法电子监察系统"三个部分组成，具备信息发布、互动交流、案件办理、智能辅助判罚、实时监察、预警纠错、在线投诉、绩效评估等主要功能，依托互联网和政务内网实现执法依据、标准、结果及执法人员信息"一站式发布"，执法案件登记、立案、调查、执行、结案、复议"一网式办理"，网上行政执法行为"全过程监察"。该平台分省、市、县三级建设，通过统一接口标准和数据交换格式实现互联互通。目前已有 45 个省级执法部门、5325 项行政执法事项"入驻"省级平台，7 个市级平台投入运行。

---

① 张昌平：《在中国共产党福建省第九届纪律检查委员会第四次全体会议上的工作报告》，http://www.fjqgx.com/E_ ReadNews. asp? NewsID=1478，访问时间：2013 年 8 月 3 日。

② 《上半年福建规模以上万元工业增加值能耗同比降 5.1%》，http://www.fujian.gov.cn/fjyw/fjyw/201308/t20130801_ 613794. htm，访问时间：2013 年 8 月 1 日。

福建省在编制行政职权目录、绘制权力运行流程、量化自由裁量标准的基础上，建立行政职权目录、执法标准、执法人员、法律法规等专业数据库，实现了行政执法过程规范化、公开化、信息化。执法人员在网上办理行政处罚案件时，必须遵循固化流程，录入违法事实及情节后系统自动生成处罚标准，实现系统辅助判罚。各个环节的经办人员、办理意见、办理时间自动记录在案，如果执法人员对违法事实重新修改，系统自动保留修改痕迹，防止随意裁量行为的产生。在执法案件办理过程中，通过时限监察、过程监察、处罚结果监察、异常案件监察、瑕疵案件监察等集成监察方式，对执法行为进行全过程、全方位监督。省市县三级执法部门、法制机构和行政监察等部门均可利用网上行政执法平台，对案件处理全过程进行监督。福建网上行政执法平台推进了阳光执法、规范了执法行为，有效防范了同案异罚、权钱交易、办人情案等问题，促进了行政行为的廉洁、优质、高效。

（二）优化"三公"市场运行机制，挤压权力寻租空间

在公共资源配置、公共资产交易、公共产品生产等"三公"领域，福建省坚持以市场机制防治权力寻租，走出了一条"改革＋制度＋科技＋监督"的资源配置"阳光之路"。

坚持改革为先，放宽市场准入门槛，促进"三公"领域充分竞争。福建省实施《关于进一步鼓励和扩大民间投资的若干意见》，坚持"非禁即入"原则，允许民间资本进入除国家法律法规禁止以外的行业和领域，使各类市场主体拥有更大的项目选择空间。例如，厦门市将原来隶属于不同行政主管部门的14个企事业单位分散经营的水资源管理职能进行剥离，按股份制形式吸纳包括4.61亿元社会资金在内的各种投资主体，组建厦门市水务集团进行"企业化管理、市场化经营"，在没有任何财政贴补的情况下做到保本微利，每年节约财政资金5600万元，基本实现"政府放心、用户满意"的改革目标。

坚持应进必进，拓宽市场配置领域，在源头上铲除腐败滋生土壤。福建省提出"先进'笼子'后规范""能推向市场的都要推向市场"的理念，无论是有形的还是无形的资源，都逐步纳入市场化配置轨道，做到了"三公"市场化配置"四个拓展"，即配置项目从自然资源向垄断性社会资源和基础设

施、公用设施、公共服务领域拓展，目前全省登记造册的"三公"项目共4大类68个科目；配置范围从省直一些单位和各设区市逐步向其他领域和有条件的县（市、区）拓展，并向农村延伸，形成省、市、县、乡、村联动机制；配置方式从招标、拍卖、挂牌出让向BOT、股份制等多种市场竞争方式拓展，按照"三公"项目特点选择市场配置方式；配置效果从单纯注重经济效益向注重经济、政治、社会、生态相结合的综合效益拓展，如采用招拍挂方式出让海域使用权、发包滩涂养殖经营权，避免权力寻租、维护渔民权益、减少权属纠纷，近年全省在用海方面的上访和信访案件逐年减少。

坚持制度为本，健全市场运作机制，发挥市场配置资源的主导作用。福建省把制度建设贯穿于市场化运行的全过程，2007年以来，省、市两级制定和出台了40余件涉及"三公"工作的制度和规范性文件，初步形成了科学、严密、完备、管用的制度体系。在总结福州、厦门等市试点经验基础上，福建省纪委监察厅出台了《关于进一步规范公共资源市场化配置的若干意见》，编制了《公共资源市场化配置项目名录选编》，推动公共资源市场化配置和分类管理制度化、规范化、科学化。总结工程建设领域串标违纪违法案件规律，制定实施了1500万元以下房建和市政项目随机抽取中标人、招标代理机构比选、招标投标违法公告、违法违规档案等一批规章制度，有的在全国属首创。

坚持科技支撑，完善市场交易平台，把"无形的市场"置于"阳光"之下。针对当前一些地方有形市场建设中存在的管办不分、行业分割、部门垄断、地区封锁的现状，按照有利于资源合理流动的原则，不断完善有形市场建设，将必须市场化配置的"三公"项目依法统一进场集中交易，最大限度地实现公共资源配置市场化的集约效应。在省一级层面，组建了全省联网的海西联合产权交易市场，先后与江西、浙江、广州等省市产权交易所签订合作协议，初步形成了以此为龙头、各设区市产权交易中心为分支的公共资源交易网络体系。注重发挥现代信息技术在完善"三公"领域市场运行机制中的作用，构建起具有信息发布、项目交易、监督管理等功能的"三公"工作电子平台。例如，省国资委研发的海西产权交易电子报价系统，以互联网电子竞价为纽带，形成产权市场电子化合作平台，并与国务院国资委监测系统对接，接受实时在线监控。省发改委建立了跨行业、跨地区的全省综合性评标专家库，各类专家达6000多人，其中电子评标专家1040人，目前已在全省建设系统工程交易中心推广使用。福州、漳州、泉州、三明等地开发了政府采购电子化招投标、电子秘密竞价、公共资源网上交易、建设工程网上远程评标、政府采购电子反拍等系统，防止投标人串标围标、专家倾向性评标等问题。厦门市工程建设领域全面实施电子招投标，所有在市交易中心发布招标公告的房屋建筑、市政基础设施工程，都必须通过电子招投标平台进行招投标，实现网上发布公告、网上投标、电子开标、电子评标、电子监察等全过程电子化操作。

坚持监管到位，加大政府监管力度，优化"三公"市场运行环境。针对公共资源交易围标串标等问题，福州市开展网上公共资源交易行政监察，设置了45个监察点，进行实时动态监督。厦门市出台了全国第一部公共资源市场化配置监管的地方法规，构建推进"三公"工作的"双层监管"模式：第一层由市财政局牵头，每年征集年度改革项目并由市政府办公厅下达；第二层由市纪委、监察局充分履行再监督职责，将"三公"工作列入纠风专项治理的范畴，督促有关部门深化改革、整改问题、建章立制。福建省坚持"惩防并举"，加大对"三公"领域腐败案件以及领导干部违规插手市场活动牟取私利问题的查处力度。福建省部署开展工程建设领域串标违法行为的专项整治，综合运用法律、行政和纪律等手段打击围标串标违法行为。

（三）防治市场中介组织腐败，净化社会发展环境

福建省从推进中介组织与政府部门在工作、组织、经济、场所上"四分开"入手，在全省范围开展市场中介组织防治腐败工作。全面清除"官中介"，全省2.6万户市场中介组织实现了与政府部门"四分开"，消除了挂靠政府部门的中介组织与自主运作的中介组织在身份上的不平等，切断了中介组织与政府部门的行政依附和利益关联；依法取缔"假中介"，共注销、撤销中介机构资质证书554家，取消执业资格13人，吊销营业执照528家；严厉打击"黑中介"，全省工商系统共立案查处1071起案件、罚没金额282.54万元，全省质监系统共立案313起认证案件、处罚金额327万元，省纪委、监察厅会同省公安厅、建设厅专项整治串通投标违法行为，追究中介组织刑事责任20

人，处分涉案党员、干部 127 名；积极扶持"诚中介"，通过整顿中介组织，规范中介市场秩序，净化市场环境。

在促进中介组织规范发展过程中，福建省着眼于建设政府监管的长效机制，把制度建设作为规范中介组织的中心环节来抓，出台了《福建省市场中介组织管理办法》，福州、厦门、漳州、南平等地颁布了《关于对中介机构行政监管工作实行责任追究的暂行办法》《中介机构比选办法》《房地产中介组织监督管理暂行规定》等制度，规范政府部门监管行为；为解决进入把关不严、清出措施不力引发的中介市场无序竞争问题，省工商局对工程建设项目招标代理机构等 4 类重点行业中介组织的设立登记实行审批权限上收一级，省住建厅出台了加强工程建设项目招标代理机构资格管理等 4 项制度，省保监局出台了《保险兼业代理市场准入与退出工作指引》，完善中介组织市场准入和清出机制；针对中介组织的行业特点和突出问题，省住建厅、公安厅、工商局、公务员局、物价局分别制定《工程建设项目招标代理业务作业暂行规程》《存量房交易结算资金管理暂行办法》《因私出入境中介机构日常管理量化考评及综合素质评分规范》《互联网人才中介活动管理办法》《福建省经营服务性收费管理办法》等监管制度，规范中介组织的经营行为。这些制度，在规范政府监管、促进行业自律、推动中介组织的发展等方面起到了积极作用。

五 以反腐倡廉建设助推科学发展的成效与启示

实践证明，福建省科学推进反腐倡廉建设，顺应了福建经济社会发展的要求和人民群众的期望，取得了积极的成效。福建省科学推进反腐倡廉建设的实践探索，蕴涵着一系列成功经验和做法，对于全国特别是沿海开放地区具有一定的启示意义。

第一，坚持执政为民与维护民利价值取向。福建在反腐倡廉建设实践中，始终牢记人民群众的主体地位，坚持反腐倡廉为了人民、依靠人民、人民认可的理念，把执政为民、维护民利的价值取向贯穿于反腐倡廉建设全过程，创新形成"四下基层""和谐拆迁""阳光收费""信访路线图"等一系列机制平台，着力解决人民群众反映强烈的突出问题，坚持"老虎""苍蝇"一起打，以反腐败实效赢得了人民群众的拥护支持，为反腐倡廉建设注入了持续的生命力和推动力。

第二，坚持服务大局与保障发展战略定位。围绕党委、政府的中心任务开展工作，是反腐倡廉建设的根本要求。福建的实践表明，必须坚持把反腐倡廉建设放在经济社会发展全局中布局谋划，通过加强重大决策部署监督检查，深化行政机关效能建设，保障改革开放先行先试，营造凝心聚力、高效廉洁、干事创业的良好环境，为改革发展稳定大局保驾护航。

第三，坚持行政体制与市场机制协同改革。腐败的本质是公共权力的滥用，行政体制的完善程度、市场机制的健全程度、社会治理的规范程度与公务人员的廉洁程度成正比。福建省将规范行政权力运行与健全市场机制、规范中介组织管理、防治非公企业腐败"捆绑"推进，深化重要领域和关键环节改革，划清政府与市场的边界，有效地解决了导致腐败现象发生的许多深层次问题。福建的实践给我们的启示是，反腐倡廉是一项长期复杂的系统工程，不能有"毕其功于一役"的侥幸心理，也不能有"头疼医头、脚疼医脚"的短视行为，而应在坚决治标的基础上，着眼于铲除滋生腐败的体制、机制、制度、文化等深层次原因，注重顶层设计、系统治理，形成科学严密的体制机制制度集群，从根本上铲除滋生腐败的土壤。

第四，坚持制度反腐与科技反腐双轮驱动。福建反腐倡廉建设的一个突出特点是，注重理论创新、制度创新、实践创新有机统一，靠理论创新提出防治腐败的新思路、新办法、新举措，以法治方式把实践中行之有效的做法总结上升为制度规范，用科技手段来强化制度的刚性约束。福建各地注重对新形势下反腐倡廉建设特点、规律和发展趋势的研究，创造性地开展了规范权力运行、健全市场机制、完善中介组织等工作，出台了一系列在全国具有导向意义的规章制度，建成了网上行政执法平台、市场中介组织信用信息网站等全省统一的网络信息平台，使反腐倡廉建设适应时代要求、体现科学精神。

第五，坚持廉洁政府与廉洁社会同步构建。随着经济社会快速发展和社会结构的加速变动，加强社会领域腐败防治的重要性、紧迫性日益凸显。福建省顺应时代发展要求，坚持"廉洁政府、廉洁社会"同步构建的理念，依托非

公企业纪检组织建设、农村社区"五要"工程等载体，寓监督管理于推进民主管理、改善民生服务、维护民众利益、服务经济发展、促进社会和谐之中，把反腐倡廉建设融入现代企业制度建设和社会管理创新，推动反腐倡廉建设向基层单元延伸，引导各种社会力量有序参与反腐倡廉建设，提升了人民群众的满意度。

吉林为老工业基地振兴装上
"五权"安全阀

吉林省反腐倡廉建设课题组*

摘　要：

近年来，吉林省结合省情探索进行"改革限权、依法确权、科学配权、阳光示权、全程控权"的改革与实践，为推进权力制约和监督提供了有益启示：一是必须强化观念共识，形成良好氛围；二是必须统筹谋划，整体有序推进；三是必须深化改革创新，提供动力支撑。

关键词：

吉林　权力制约和监督　权力配置

吉林省位于中国东北地区中部，与俄罗斯、朝鲜交界，边境线总长 1452 公里，辖 8 个地级市、60 个县（市、区）、1 个自治州和长白山地区，分布着 48 个少数民族。"十二五"期间，中央实施振兴东北战略，吉林省经济持续快速发展，市场化程度不断提升，综合实力跃上新台阶。全省地区生产总值五年连跨 6 个千亿元台阶，2012 年实现地区 GDP 11937.82 亿元，年均增长 13.8%。但作为东北老工业基地，吉林省改革开放进程起步较晚，受计划经济的影响较深，行政权力干预微观经济活动表现得较为突出，特别是在经济决策、市场监管、投资审批、项目审批等方面滥用职权、权力"寻租"等腐败问题易发多发。为规范公共权力运行，近年来，吉林省提出并实施"五权"

---

* 课题组组长：王长久，吉林省纪委副书记；主要执笔人：孙海蛟，吉林省纪委调查研究室副主任。

工作思路，即"改革限权、依法确权、科学配权、阳光示权、全程控权"，①在一定程度上防范了权力运行中的廉政风险，为振兴吉林老工业基地提供了有力保证。

一　思路与举措

"五权"工作是吉林省结合本地区经济社会发展实际，为破解权力制约和监督难题开展的积极探索，主要是抓住重点领域、重点部门、重点岗位权力结构和权力运行中存在的突出问题，围绕限权、确权、配权、示权、控权五个方面，全方位加强权力制约和监督。

（一）改革限权：权力由"多"到"少"

针对政府包揽权力较多，权力对市场干预过多这一问题，贯彻落实中央有关加快政府职能转变的重大决策，削减和下放一部分行政权力，让权力界限清楚明晰。

1. 推进行政审批制度的改革，建设服务型政府

对行政审批权进行全面清理，减少和下放现有的行政许可和非行政许可审批项目。2012 年以来，将省直 50 多个部门涉及的 700 余个行政审批项目纳入清理范围，逐步取消行政审批项目 100 余个。在清理基础上，进行行政审批权相对集中的改革，将 45 个单位的 465 个审批项目进驻省政务大厅集中办理，进一步规范了审批行为，提升了审批效率。同时，在各个审批窗口实行"再提速工程"，省直部门对 36 个行政审批项目的审批环节进一步简化，再压缩审批时限共计 120 个工作日。

2. 建立公共资源交易平台，发挥市场的决定性作用

对公共资源配置、公共资产交易、公共产品生产领域市场运行机制深化改革，在"三公"领域引入市场竞争机制，发挥市场在公共资源配置中的决定性作用，以减少权力寻租、以权谋私问题的发生。省市两级先后建立了国有产

---

① 陈伦：《把制度建设贯穿规范权力运行全过程》，《中国纪检监察报》2012 年 6 月 5 日。

权交易、矿业权出让、工程建设招投标、政府采购、药品集中采购等公共资源交易平台，完善了公共资源交易管理制度，实现了管理制度、交易平台、开展监督"三个统一"。

3. 强化社会服务功能，创新社会治理

深化社会组织管理体制机制的改革，激发社会组织活力，进一步明确政府管理与市场调节、社会组织服务之间的边界，提高社会治理水平，逐步实现政社分开、管办分离，改进社会治理方式，以防止政府越权干预市场的行为。进一步对市场中介组织进行清理和规范，进一步打击黑中介、取缔假中介、脱钩改制官中介，完善中介组织管理制度，扩大政府向社会组织转移的职能范围，在一定程度上化解了收费标准不统一、脱钩改制不彻底的问题，严肃治理了违法执业、干扰市场秩序等现象。各地通过加大改革力度，实现职能下沉和转换，增强了社会服务功能。延边州在龙井市、汪清县试点，实行赋权、放权、转权，把原本由街道承担的人员、职能和资源下放到社区；延吉市探索"三站统管"社会管理新模式，在社区统一设立了群众工作站、综治信访站、民生服务站，赋予"三站"职责权限，弥补了以往社区工作缺位的遗憾。

（二）依法确权：权力行使从"无据"到"有序"

针对部分地方和部门存在违法增设权力事项和违规用权等方面的问题，依据"权由法定、权责一致"的原则，坚持以相关法律法规为依据，对各项权力进行清理、规范和确认，以确保权力来源合法、程序规范，同时依法对权力边界进行确定，对权力运行流程加以固化，切实解决权力产生无据、行使无序等问题。

1. 依法清理"权力"

经省委、省政府同意，2011 年，省纪委监察厅下发了《清理和规范行政权力工作实施方案》，按业务关联程度和工作特点将省直部门划分成七个单元，由行使主体对权力进行清理，根据宪法、法律、法规和规章，从党务、政务等方面对职权进行清理，共对省直部门 4000 余项权力进行了清理审核，对不符合法律法规要求或没有法律法规依据的，坚决予以取缔，并向社会公布。对超出法律所规范的职权范围、违反操作规程的，切实加以规范；将确认保留

下来的权力编制"权力目录"，进一步明确公共权力的法规依据、行使主体、标准名称、具体内容。

2. 依法界定"权限"

重点规范自由裁量权，依据"一项权力配一项制度"的原则，[①] 要求地方党委、政府和部门健全完善权力行使的配套制度，细化和量化自由裁量权，挤压自由裁量的弹性空间，防止滥用自由裁量权损害群众利益。凡是没有经过细化、量化与核准，一律按下限执行。同时，为适应新形势、新变化，对照新修订出台的法律法规，适时对相关自由裁量权标准进行调整和修订。

3. 依法固定"流程"

严格遵守进一步规范权力运行的程序性规定，依据"减少层级、流程再造、提高效能、方便办事"的原则，固化权力运行流程，进一步明确权力办理主体、程序、条件、期限和监管方式等，并通过省政府门户网站和政务大厅服务指南对社会公开，保障社会公众的知情权。通化市编制市、县、乡（镇）、村四级权力公开目录，[②] 逐条逐项描绘权力运行流程，并以"流程图"的方式予以明确。共绘制权力运行内部、外部流程图12725个，签订廉政责任书9230份。对审核确认的权力目录、执法人员信息、"权力运行流程图"，通过各级公示板、网站、电子屏向社会公开，接受社会监督。白城市督促财政、发改、交通、住建、国土、审计等16个涉及项目资金的监管单位，绘制项目监管流程图，优化权力事项流程50余项，严格防控无序操作、暗箱操作等行为的发生。

（三）科学配权：权力由"集中"到"分散"

针对一些领导干部个人说了算、违规决定重大事项等问题，依据优化权力结构、科学配置权力的要求，使决策权、执行权、监督权相互制约和平衡，解决权力过分集中的问题。

---

① 陈伦：《把制度建设贯穿规范权力运行全过程》，《中国纪检监察报》2012年6月5日。
② 《给权力装上"安全阀"——吉林省推进"五权"工作纪实》，《中国纪检监察报》2012年8月1日。

1. 分事行权

重点配置"一把手"权力，在省直部门和地方推行"一把手"不直接分管制度，从职责内容上改变"一把手"一言堂的权力结构。将集中于"一把手"的核心权力转变为由班子其他成员共同行使，使"一把手"权力受到制约。明确规定了党政正职不直接管人事、财务、行政审批、工程建设、物资采购等。同时，将这种分解制衡机制在各个层面、各个领域、各个事项中拓展和延伸，在行使决策权方面实行主要领导"末位表态"制度。对县委书记行使人事权进行规范，尝试将县委书记干部提名权交付更多主体，让多个人在多个符合条件的人选中进行提名，实现好中选优。东丰县先后健全完善了《规范县委全委会、常委会及成员职权的意见》《"三重一大"事项决策实施细则》《县委决策议事规则》《五个不直接分管》《一把手末位表态》等相关制度。为规范重大工程建设、重大项目落地的决策权，县委县政府专门成立招商引资委员会，实行招商引资联席会议制度，严格按照程序行使决策权。

2. 分岗设权

重新划分权力过于集中的部门和岗位职权，将一个部门行使的权力分解给多个部门行使，将一个岗位多项职权分解到几个岗位，将一个流程几个环节交由多人经办，探索改革权力过于集中的体制弊端，降低廉政风险。全省绝大部分市、县实现了管采分离，进一步规范了政府采购工作；有40余个部门成立了审批办公室，在政务大厅集中办理，实现了管审分离，推进了行政审批权力改革顺利开展；积极探索政府投资项目投资、建设、使用、监管相分离，对公共资源的交易实行主管、办理、监督、评审各环节相分离，对行政强制和处罚等事项实行调查、决定和执行各环节相分离，对财政专项资金实行决定、审核和绩效评估各环节相分离，对专家评审过程实行专家隔离、审裁分离。① 省环保厅在分解权力的过程中，将能够在科室间办理实施的权力，拆分由不同的业务处室实施，无法在科室间拆分的，设置 A 角和 B 角，由两个以上工作人员实施。②

---

① 《吉林省五年来党风廉政建设和反腐败工作综述》，中央政府门户网站，http：//www.gov.cn/gzdt/2012-11/04/content_ 2257117. htm，访问时间：2013 年 12 月 4 日。

② 陈伦：《把制度建设贯穿规范权力运行全过程》，《中国纪检监察报》2012 年 6 月 5 日。

3. 分级授权

加大权力下放力度，通过自上而下分级授权，实行分级决策、分级审批、分级管理，从权力授予上改变"上级权大、下级无权"的机制弊端。省直部门共下放权力 1200 余项，约 80% 的行政审批权限被下放到各县市区。其中，以重大项目的核准权为例，中方投资额 3000 万美元以下的资源开发类项目等，核准权从省发改委下放到市、县两级投资主管部门或省级开发区。

（四）"阳光"示权：权力运行由"暗"到"明"

针对一些部门和领导办事不公开、暗箱操作等问题，深化党务公开、政务公开、村务公开、公共企事业单位办事公开，让权力能够在"阳光"下运行，破解权力行使不透明、不规范的难题。

1. 深化公开的内容

进一步扩大公开事项数量、范围，除法律规定不予公开的事项外，全部向社会公开，保障公众的知情权。特别是对社会关注度高、关乎群众切身利益的重大事项，努力推进决策程序和结果、专项资金支出情况等的公开，为群众有效行使监督权创造便利条件。此外，重新修订《政府信息公开保密审查办法》，不仅对防止失密、泄密事件发生做了严格的程序性规定，还对防止保密范围不当扩大做出了细致规定。长春市公开了政府部门、县区、乡镇街和公共服务企事业单位 4 个层级的信息 34 类，全部在政府门户网站上公布，接受群众监督。

2. 规范公开的程序

公开事项程序按照"征求意见、通报情况、反馈结果"的流程，适时采用有效形式对权力事项进行公开，积极征求和收集群众意见建议，及时吸纳群众提出的合理意见和建议，整改结果及时向群众反馈，公开信息资料及时整理归档。一是实行"依申请公开"，进一步简化流程、梳理事项、减少环节、取消不合理限制性条件，保障申请人的合法权益。2011 年，省政务大厅进一步完善依申请公开机制，研究制定规范的工作流程，在省、市、县三级按照同一标准统一执行。二是推进"按需要公开"，根据工作需要、在不违反保密规定的前提下，除法定应主动公开的信息外，经集体研究决定，公开应当公开的其他信息。三是推行"有诉求公开",省司法厅在全省城市和农村地区创建"百姓说事点"约 13000 个,征求收集群众意见建议,并根据群众诉求、结合当地实际认真进行整改,整改结果及时向群众反馈。

3. 创新公开的方式

坚持公开的形式服从于公开的内容,在充分利用传统公开手段的基础上,积极探索利用网络、信息、电子平台等现代信息手段,增强公开的及时性和有效性。特别在推进城市社区党务和居务公开工作中,根据群众诉求与工作需要,认真回应社会关注的热点问题,通过专项公开、集中公开、对应公开、点题公开等形式,满足群众全面及时了解信息的需求。省工商局在实践中坚持"以公开为原则、不公开为例外"的理念,在依法确立公开主体的基础上,合理确定公开权限,科学编制公开指南和目录,通过电视、网络、电子显示屏等现代信息手段,将工商部门基本信息、相关工作法律法规、有关决策和公共服务事项等群众最关心、社会最敏感、反映最强烈的公共信息进行全面公开。同时通过"12315"投诉举报电话、"执法办案和年检验照回访"、开展工商满意度调查、参加政风行风热线、"工商开放日"等多种措施,倾听民声,了解民意、掌握民情。通过"阳光工商"工程,在一定程度上解决了权力运行中的"暗箱操作"问题。

4. 明确公开的时限

2011 年,吉林省委出台了《关于党的基层组织实行党务公开的实施办法》,对不同党务工作内容的公开时限作了明确规定:有关组织机构、规章制度、政策措施等固定内容要做到长期公开;常规性工作要定期公开,一般每季度或两季度应当公开一次;阶段性工作应当逐段公开,根据工作阶段性完成情况应当及时公开;临时性工作须随时公开,并在公开时稳妥把握先党内公开再党外公开的原则;重要或复杂的问题,必须根据反馈的意见和建议进行修改完善,予以再次公开。

(五)全程控权:权力运行"无限"到"有度"

针对权力滥用行为风险防控和制约监督机制不健全等问题,综合运用制度、监督和科技手段,对权力运行的每一环节严格实行监控,防止权力滥用的

问题，保证权力行使规范有序。

1. 健全内控机制

针对权力运行的关键环节、内部管理的薄弱之处、问题易发的风险领域，健全完善各类内部管理制度，确保制度执行落地，切实做到用制度管权、靠制度管人、按制度办事。吉林省对本地区完善反腐倡廉法规制度建设情况进行了专项检查，按照"分级负责、自查为主、互查为辅"的办法，共清理相关法规制度1500余项，修订完善70余项，废止200余项。在清理检查过程中，指导帮助相关部门建立完善有关国有土地使用权出让、建设工程招投标、政府采购等方面的监管制度，有助于探索建立公共权力、公共资金、公共资源监管的长效机制。

2. 接受外部监督

围绕建立健全权力运行监督机制，畅通行政投诉、信访举报等群众反映问题的渠道，通过专项检查、案件查处等手段，动态监控权力运行中的漏洞和薄弱环节；积极利用预警告知、风险提示、诫勉谈话、督促整改、责令纠错等措施，本着关爱保护干部的原则，对工作中的失误和偏差及时予以纠正；通过接受人民群众、媒体舆论和社会各界的监督，引导社会力量积极正确地使用监督权，有效发挥监督作用。在全省农村推行村级重大事项民主决策、"勤廉双述"民主评议干部、村集体"三资"代理服务等"三项制度"，并建立村务监督委员会，使其在监督村"两委"权力行使方面发挥了积极重要的作用，在一定程度上遏制了村干部以权谋私现象的发生。抚松县村务监督委员会成立以来，通过提出合理化建议近1000条，监督村务活动1500余项，监督"三资"项目600余个，否决损害农民利益的提案30余件；审核各类票据2.3万余张，拒签违规报销单据合计金额近40万元，先后挽回或避免村集体经济损失近300万元。①

3. 强化科技助力

注重发挥科技手段在规范权力运行中的作用，在完善制度设计和管理流程的基础上，加速建设电子政务平台和电子信息集中监管平台等基础平台，不断

---

① 《吉林省五年来党风廉政建设和反腐败工作综述》，中央政府门户网站，http://www.gov.cn/gzdt/2012-11/04/content_2257117.htm，访问时间：2013年12月4日。

提升制度控权、监督控权中的科技"含金量",尽可能地减少权力运行中人为因素的干扰。一是建立完善省政务大厅电子监察系统,已建成 59 个政务大厅电子监察系统,占全省政务大厅总数的 96.7%。二是建立了农村"三资"监管平台,各乡(镇)依托信息化平台,普遍建立"三资"代理服务中心,将惠农政策、"三资"监管、工程项目等内容纳入电子系统管理,用电脑监控用权行为,用程序严把"人情关",市县两级还相继建设了"三资"监管网站,实现与乡(镇)、村三资信息的共享查询,便于对农村"三资"管理过程进行动态监控。三是建立政府性投资项目与财政专项资金电子监管平台,并打通层级划分,实行了省、市、县三级联动,实现了在全省范围内政府性投资项目与财政专项资金统一监管和信息查询。

二 主要成效

两年来,"五权"工作扎实推进,不仅得到全省各级各部门的积极响应,而且延伸到了基层、拓展到了企业,引起理论界、舆论界和新闻界的高度关注,写入了省第十次党代会报告,多次得到中央和中央纪委领导的批示肯定。

1. 助推吉林振兴发展

"五权"工作一方面促进政府职能转变,进一步明晰政府、市场和社会中介组织三者的界限,更加有效地发挥市场在资源配置中的作用;另一方面有助于提升行政效能,优化政务环境。比如,为了激发市场主体活力,省工商局进一步下放行政审批权 20 余项;为了方便企业和投资主体,办理登记的审批事项全部进驻到政务大厅,企业登记办理时限缩减到 5 个工作日。"过去办理工商注册、变更登记,怎么也得跑上一个星期。现在不到 3 天就能完成。"村民通过农村电子政务信息网或者通过党务、村务、财务公开电子触摸屏和 LED 屏,就能随时了解村镇重大事项决策、惠农资金发放等情况。总的来看,推进"五权"工作,有利于规范行政权力、优化发展环境,促进吉林省经济社会发展。2012 年,全省地区生产总值增长 12%,地方级财政收入增长 20% 以上,突破千亿元大关;规模以上工业增加值增长 14% 左右,利润实现 1000 亿元以上;固定资产投资增长 30% 左右;进出口总额增长 10%。

2. 改进工作作风

推进"五权"工作，既是调整部门利益和权力的过程，也是促进各部门和广大干部转变作风的过程。通过限权、确权、配权、示权、控权，实现个人自律与制度约束相结合，内部监督与外部监督相结合，进一步增强党员干部的廉政风险意识，转变工作作风，把精力和智慧更多地投放到加快发展、改善民生和维护稳定上来。比如，着力推进阳光示权和全程控权，抓住金融、电信等公共服务行业和教育、医疗、涉农、征地拆迁、涉法涉诉、食品药品安全、工程建设、保障性住房、环境保护、安全生产、公务员考录等重点领域和热点部位，推进各项公开制度，完善监督措施，有助于解决办事不公、作风粗暴、吃拿卡要、慵懒散奢等突出问题。

3. 减少腐败发生

推进"五权"工作，使权力由"多"到"少"、由"集中"到"分散"、由"暗"到"明"，权力行使从"无据"到"有序"，从"无限"到"有度"，铺就规范权力运行的"轨道"。比如，吉林市出台《吉林市落实"三重一大"决策制度实施办法》，明确重大事项的议事范围、决策程序和监督约束措施，完善民主监督制度、检查制度和责任追究制度。大安市研发了集廉政教育、制度建设、岗位职责、风险管理"四位一体"的城市建设工程领域廉政风险"大联控"预警防控系统，将权力运行程序化、标准化、可视化，实现对项目进展、偏差判断、偏差纠正的跟踪监控，以及全过程监控和制约权力运行。磐石市注重运用科技平台对公共资源配置全过程进行监控，防范公共资源配置过程中的廉政风险，目前全市关系到社会公共利益的60余个招投标项目已全部纳入监控平台，节约资金4600万元。省人力资源与社会保障厅把"权力集中风险大、群众关注热点多"的事项集中到服务大厅，群众通过电子触摸屏可随时查看办事依据、流程、结果等信息，2013年涉及人社部门的信访数量出现了大幅下降。

三　经验和启示

吉林省在不断推进"五权"的工作过程中，以改革创新的精神、求真务实的作风和攻坚克难的勇气，坚持围绕中心、服务大局，坚持因地制宜、突出特色，坚持突出重点、系统推进，坚持把握规律、提升水平，着力破解滋生腐败的深层次矛盾，在一些实质性、关键性、难点性问题上取得了突破，对推进权力制约和监督工作具有重要启示。

1. 必须强化观念共识、形成良好氛围

反腐倡廉实践表明，思想观念、社会共识主导着人们对反腐败工作的认知、态度和行为。吉林省通过媒体宣传、教育培训等形式，使广大干部充分认识到"五权"工作的重要意义，既是贯彻落实中央决策部署、促进吉林振兴发展的具体举措，更是推进吉林省反腐倡廉建设、强化权力监督制约的现实需要，要进一步增强责任意识和大局意识；充分认识"五权"工作的理论基础、意义作用、目标定位，更好地掌握具体任务和整体功能，进一步明确努力方向，推动工作顺利开展；充分认识推进"五权"工作是一项系统工程，既要看到取得的初步成效，坚定工作信心，更要看到任务的艰巨性和复杂性，增强工作决心。吉林省的实践表明，加强权力制约和监督，更多地触及深层次改革，更多地涉及利益调整，工作领域宽、战线长、任务重。因此，仅有上级部署要求、仅有顶层设计是不够的，必须争取广泛的民意支持和各级、各部门、各方面的积极参与。

2. 必须统筹研究谋划，整体有序推进

吉林省针对权力结构和权力运行中存在的突出问题，从系统论和统筹学的角度研究提出对策措施，提升了"五权"工作的科学化水平。吉林实践表明，建立权力制约和监督体系，必须从体系化的角度出发，做到四个"注重"。即注重整体性，将限权、确权、配权、示权、控权这五个方面作为一个有机系统，形成体系化思路、举措和成果，实现各项任务整体功能大于部分之和的效果；注重有序性，就是对权力制约和监督工作要分层实施、分步运作、渐次推进，体现系统的层次性、有序性和递进性，增强工作实效；注重开放性，就是要适应外部形势发展的要求，注重发挥长期效应，增强持续推进能力，以开放性的思路、措施、办法推动工作的深化和完善；注重最优化，就是对工作的领导机制、制度体系、政策措施等要不断改进、互为支撑，更好地实现权力制约和监督体系这个大系统的最优目标。

3. 必须深化改革创新，提供动力支撑

推进"五权"工作，改革既是不竭的动力，更是贯穿于各项任务的一条主线。"五权"工作覆盖党的建设特别是反腐倡廉建设，也涉及政治、经济、社会、文化建设等其他内容，一方面涵盖了权力结构的调整和配置，另一方面也涉及权力运行全过程的监督制约，对利益结构的深层次调整需要改革来推动，需要对已有权力进行再清理、再调整、再规范，难度和阻力较大。因此，加强权力制约和监督，必须进一步贯彻党的十八大关于推进改革的精神，深入推进"三公"领域市场运行机制改革、权力制约监督机制改革、干部选拔任用机制改革，努力在深化重点领域和关键环节改革上取得新突破。

4. 必须完善制度体系，健全长效机制

要继续探索建立符合吉林实际、结构合理、配置科学、程序严密、制约有效的制度体系。① 进一步围绕权力运行关键环节和重点领域等，着力解决权力运行中出现的难题，推动各地区、各部门健全完善制度，确保公共权力边界明确、程序规范，建立科学系统、内容完备的制度框架。另一方面，要着力破解制度有效执行的难题。针对制度落实过程中的低效执行、选择执行、对抗执行、过度执行等问题，加强监督检查，严格责任追究，防止少数人有章不循、有禁不止等行为，形成良好的制度执行环境。吉林省的实践表明，制约和监督权力必须推进制度建设、严格制度执行、加大违规惩戒力度，真正做到用制度管权、管事、管人。

5. 必须强化组织领导，落实责任主体

"五权"工作涉及权力结构配置、政府职能转变、权力制衡机制构建、深化改革等深层次问题，从某种意义上说是一场"博弈"和"革命"，必须认真落实反腐败领导体制和工作机制，明确责任主体，狠抓工作落实。实践中，吉林省的省着力建立三个方面的工作机制：一是健全领导机制。各地多数都建立了"五权"工作领导机构，切实加强对"五权"工作的领导和指导，形成"党委统一领导、党政齐抓共管、纪委组织协调、部门各负其责、群众积极参

---

① 《为科学发展加快振兴提供有力保证——访吉林省委常委、省纪委书记陈伦》，《中国监察》2012 年第 15 期。

与"的领导体制和工作机制。二是健全督查机制。结合党风廉政建设责任制和惩防体系建设检查，加强对"五权"工作推进情况的监督检查，对执行不得力、落实不到位的，及时发现、加强督促、推动落实。三是健全考评机制。一些地方结合实际，建立了"五权"工作情况考核制度，特别是将其纳入绩效考核工作内容，推动"五权"工作健康开展。吉林省的实践表明，加强对权力的制约和监督，党委、政府和各个部门必须强化主体意识，建立组织领导、督查考核和责任追究机制，确保权力制约和监督工作有序推进、扎实深入。

B.11
广西为富民强桂突出监督主线

广西反腐倡廉建设课题组*

摘　要：

本文介绍了广西构建以监督为重点的惩治和预防腐败体系的主要做法。包括：落实党风廉政责任制、常态监督党员干部作风、实施重点领域的电子监察、完善权力监控机制、强化执纪监督等。最后，对广西强化监督提出了几点思考。

关键词：

广西　惩防体系建设　监督

广西壮族自治区地处华南、西南结合部，沿海、沿边、沿江，与东盟海陆相连，是中国－东盟开放合作的前沿和门户。近年来，广西积极构建以强化监督为特点的惩治和预防腐败体系，以强化权力制约监督为核心，形成监督全覆盖体系，干部执行力明显提高，廉洁从政意识明显增强，有力推动了富民强桂的进程，多项经济指标居全国和西部前列。

一　落实党风廉政建设责任制重在强化主体责任

抓惩防体系建设必须强化主体责任，抓党风廉政建设责任制是一个有力抓手。必须发挥党委主体责任，纲举目张，落地有声，才能提升监督的刚性和实效性。近年来，自治区党委、政府主要领导带头履行第一责任人的政治责任，

---

* 课题组组长：蒋克昌，广西区纪委副书记、惩防办主任；吕余生，广西社会科学院党组书记、院长；执笔人：邓敏，广西区纪委预防腐败室主任；文义，广西区纪委预防腐败室干部；王万程，广西日报社记者。

全区各级党政领导干部层层签订责任状，坚持履行一岗双责，主动接受监督，自觉把党风廉政建设贯穿于各项工作之中。

（一）顶层设计，党委统揽

广西各级党委、政府坚持把落实党风廉政建设责任制纳入领导班子、领导干部目标管理和绩效考评，与经济社会建设同部署、同落实、同检查、同考核。中央《建立健全惩治和预防腐败体系 2008～2012 年工作规划》颁布后，自治区党委专门召开九届六次全会，通过了广西的《惩防体系建设实施意见》。自治区纪委每年印发反腐倡廉年度工作任务的分工意见，将工作任务分解到区直各单位和各市。自治区党委主要领导认真负起第一责任人责任，做到重要工作亲自部署、重大问题亲自过问、重点环节亲自协调、重要检查亲自带队、重要案件亲自督办，形成惩防体系建设高位推进，党风廉政建设责任制有效落实的良好态势。近年来，自治区党委常委会专题研究反腐倡廉工作 150 多次，自治区党委书记对反腐倡廉工作批示 280 多件。

（二）齐抓共建，形成合力

广西抓住惩防体系建设和落实党风廉政建设责任制的重点内容和关键环节，运用系统治理、项目管理的理念，把阶段性任务和战略性目标结合起来，把分散的工作积聚起来，形成规模效益，既着力具体工作的立竿见影，又带动惩防体系建设的整体推进。自治区成立惩防体系建设工作领导小组，自治区党委主要领导任组长，惩防体系各牵头单位领导为成员。领导小组办公室设在自治区预防腐败局，形成常态化工作机制，切实加强对全区惩防体系建设的组织协调。各级、各部门建立相应的领导机构和工作机构，形成纪委组织协调，监督检查，各部门履行职责，发挥牵头作用，狠抓落实的工作格局。

（三）检查考核，强化责任

广西建立检查考核常态工作机制，每年初对上一年度惩防体系建设和落实党风廉政建设责任制情况进行全面检查。在各级、各单位自查自纠的基础上，自治区检查组进行重点抽查。从 2009 年开始，每年自治区党委主要领导带队

深入基层检查工作。2013 年 1 月，自治区党委书记彭清华带队到崇左市检查工作，对全区惩防体系建设提出明确要求。5 年来，自治区对 14 个市、42 个县、40 个区直单位进行了重点抽查，全区共有 420 名领导干部因落实党风廉政建设责任制不到位被问责。

二　强化以党员干部作风为重点对象的常态监督

广西是革命老区、少数民族聚居区、边疆地区，加强党的作风建设，密切党群干群关系尤为重要。彭清华书记指出，"一个地方的工作，成在干部作风，败也在干部作风；一个地方的事业，兴在干部作风，衰也在干部作风"。全区纪检监察机关不断加强监督检查，提供保障，夯实基础。各级党组织和广大党员干部大力弘扬"团结和谐、爱国奉献、开放包容、创新争先"的广西精神，不断以优良的党风促政风带民风，推动广西科学发展、和谐发展、跨越发展。

（一）监督中央"八项规定"的落实，着力整治"四风"

这是广西严格落实"八项规定"，反对"四风"的一个典型。2013 年，广西重点抓党员干部作风建设，面对违纪"零容忍"，整治顽症动真格，确保思想认识到位、工作部署到位、措施配套到位、工作落实到位、纪律保障到位。

领导带头。彭清华书记到任广西后，深入全区 14 个市调研，轻车简从，集体乘坐一辆中巴车，白天考察、晚上交流，行程紧凑。彭清华书记还带头清退在自治区人大的办公用房。自治区党委常委带头，四家班子领导将公务用车"桂 O"车牌更换为普通民用车牌。各级领导干部深受触动，上行下效，深入基层听实情、办实事、解难题。

统筹推进。广西重点整治"软骨病、冷漠病、浮躁病、享乐病、梗阻病、懒散病"机关六病，集中开展"美丽广西·清洁乡村"、服务农民工、服务企业"三服务"活动，清理信访积案、清理检查公开"三公经费"、清理审批事项和优化办事流程、清查整治环境安全隐患"四清理"活动，优化内外发展环境，提升党委政府公信力，提振人民群众信心。

建章立制。自治区党委下发实施意见、自治区政府出台实施办法，提出贯彻落实中央"八项规定"的具体措施。出台《自治区党委常委反对"四风"十项规定》《关于县处级以上领导干部反对"四风"若干规定》《广西壮族自治区领导干部违反改进作风有关规定实行问责的暂行办法》等，做到有硬性约束、有责任制度、有监督检查、有惩戒措施，为贯彻落实中央"八项规定"提供有力制度保障。

监督检查。2013 年，全区纪检监察机关共开展监督检查 2306 次。自治区派出 7 个联合检查组，对全区 14 个市、18 个厅局和部分国有企业、高等院校进行重点检查。自治区直属机关纪工委、国资委纪委、高校纪工委派出 12 个检查组，对 57 个厅局、44 家区直国有企业、20 家高等院校进行专项督查。开展规范公务员津补贴、"三公"经费清理检查公开、节庆论坛展会清查摸底、党政机关停止新建楼堂馆所和办公用房清理"四个专项清理检查"，切实解决群众反映强烈的"四风"问题。2013 年上半年，自治区本级会议经费支出同比下降 20.4%，公务接待经费支出同比下降 30.8%、因公出国（境）经费支出同比下降 18%；查处违反津补贴政策案件 3 起；取消节庆、论坛、展会活动 121 项，取消率为 46.5%；叫停楼堂馆所项目 54 个，涉及金额 24.35 亿元；处理违规车辆问题 6167 个。

严格问责。2013 年，全区纪检监察机关共查处违反"八项规定"精神的案件 146 起，处理违纪人员 122 名。自治区纪委连续下发 4 个通报，曝光违反"八项规定"典型案件 15 起，在全区引起深刻反响，确保中央"八项规定"不折不扣地得到贯彻落实。

链接一：县委书记公款吃喝被免

2013 年 7 月，有记者在网上曝光龙胜县委书记唐天生在酒店用公款吃喝，并对前去采访的记者大声呵斥"你尽管报！"。自治区纪委立即组成专门调查组调查。经查，7 月 29 日，龙胜一部门新任领导报到，县委书记唐天生与其他县领导商定安排工作聚餐。当晚，龙胜县在家的四大班子领导、相关部门领导等 36 人参加了在华美国际大酒店的聚餐，共 4 桌，总计消费 3626

元。龙胜县领导干部公款吃喝，严重违反了中央"八项规定"精神，造成恶劣的社会影响。根据调查结果，唐天生受到党内严重警告处分，并免去县委书记职务；县委副书记、县长王少荣，县委常委、县委办公室主任潘德辉分别受到党内警告处分；责成龙胜县委做出深刻检查；责成参加公款聚餐人员个人承担餐费。

（二）实施监督民生领域工作的"六安工程"

群众利益无小事，小处务实得民心。近年来，广西强化对民生工作的监督，大力实施"六安工程"，严肃查处和坚决纠正涉及民生、损害民利的问题。实施"安农工程"，确保农民群众得实惠。查处涉农负担案件1234件，减轻农民负担1.026亿元，为农民挽回经济损失3968万元，追究责任810人。实施"安康工程"，确保群众身体健康、生命安全。查处食品药品安全问题2941个，涉及金额1.6亿元。全区379家医疗机构和所有乡镇卫生院参加网上药品集中采购，采购价格每年降幅6%以上，累计让利患者6.6亿元。实施"安心工程"，确保救灾救济资金安全，让群众放心。查处违规违纪问题197个，涉及金额7357万元。实施"安保工程"，确保专款专用。纠正社保基金违规行为143起、新农合基金违规行为199起，查处违规使用大中型水库移民后期扶持资金行为87起。实施"安教工程"，确保学有所教，维护学生平等受教育的权利。清理教育违规收费112项，清退2670万元，追究责任243人。实施"安居工程"，确保群众住有所居。广西超额完成了国家下达的保障性住房建设任务。

链接二：学生的钱一分不能动

柳州市融水县在实施"安教"工程中发现，2008～2010年，红水乡中心小学通过虚报学生人数，截留下拨各村校办公经费、套取贫困生生活补贴金、私分学生免费午餐资金等手段，将123.05万元公款纳入账外账管理，用于发放教职工出勤、加班、职务津贴和补贴，其中97.29万元被私分。融水县纪委对此进行了严肃处理，给予红水乡中心小学校长韦奇、副校长吴陆辉、行政办普通专干赵进安开除党籍、行政开除留用察看两年处分，给予红水乡中心小学报账员贾秀珍行政开除留用察看两年处分。

（三）打好监督重大决策落实的"四大战役"

广西是后发展、欠发达地区，加快发展是最现实、最紧迫的政治任务，近年来，广西打好执法监察"四大战役"，加强对中央和自治区重大决策部署落实情况的监督检查，确保纪律严明，政令畅通，确保广西科学发展。打好"经济发展攻坚战"，确保广西经济又好又快发展。深入开展对扩大内需、转变经济发展方式情况监督检查，全区纪检监察机关立案查处40件，给予党政纪处分49人。打好"土地资源保卫战"，确保广西经济可持续发展。全区纪检监察机关查处涉土涉矿违规违法案件645件，给予党纪政纪处分209人。严格控制建设占用耕地，连续10年实现耕地占补平衡，实现"保红线"与"保发展"的双赢。打好"生态文明守护战"，打造广西生态文明绿色名片。全区纪检监察机关参加环保专项督查456次，查处环境保护违法违规案件396件，处分149人，提出监察建议340项。严肃查处龙江河镉污染事件、贺江水污染事件，处理责任人47名，其中厅级干部4人，处级干部18人，移送司法机关处理7人。广西既要金山银山也要绿水青山，保持了"山青水秀生态美"的优势品牌。打好"安全生产防御战"，确保人民群众生命财产安全。全区纪检监察机关参与立案查处安全生产责任事故849起，追究事故责任185人，给予党纪政纪处分74人。全区事故四项主要指标全面下降，安全生产形势持续稳定好转。

（四）以推行绩效管理强化监督

近年来，广西全面推行机关绩效管理制度，走出了一条以绩效考评促进干部转变的工作作风，提高行政效能，助推经济社会发展的有效途径。

科学设定指标框架体系。自治区、市、县三级成立绩效考评领导小组及其办公室，建立绩效考评长效机制。组织各市、区直机关将党委政府的重大决策部署、各市区域发展战略的重点和区直各部门履行职责的重点工作，以及群众

反映强烈的意见诉求等纳入年度绩效目标管理，逐项分解，量化、细化、实化为年度具体工作，形成可量化、可考核、可报告的指标体系和评分标准，明确每项指标的具体责任部门，建立横向到边、纵向到底的责任落实体系。

规范考评工作流程。通过考评主体多元化、考评程序规范化、考评标准数量化、考评核验随机化、考评工作公开化等措施，提高绩效考评的科学性、公信力，保障任务目标的顺利完成。

强化考评结果运用。年度绩效考评结果在一定范围内通报，并抄送组织、人事、纪检、财政等部门，推动绩效考评结果与实绩评价、干部选任、奖励问责相结合，发挥绩效管理在奖优罚劣和治慵治懒方面的作用，绩效考评实现了出成果、出执行力、出公信力的目标。

三　打造监督重点领域的"五大阳光平台"

近年来，广西抓住权力运行的重点领域和关键环节，深化体制机制改革和制度创新，强化对权力运行的监督制约，科学有效地预防腐败。

（一）行政管理"阳光政务"平台

行政不作为、乱作为，利用行政审批权"吃拿卡要"，严重影响了党和政府的形象。广西深入推进行政审批制度改革，进一步简政放权，规范行政审批权运行。

实现政务服务网络全覆盖。广西建立起五级联网的政务服务体系，自治区、市、县三级全部建立了政务服务中心，并延伸到76%的乡镇和25%的村，形成了覆盖城乡一体化的政务服务网络。将各级各部门的行政审批、公共服务事项集中办公，实行"一个窗口对外、一站式办公、一条龙服务"。

实现行政审批统一管理无差异化服务。2013年9月，广西完成第六次行政审批项目清理，自治区、市、县、乡四级保留行政审批项目917项，比2010年减少399项，减少30.2%。编制广西行政审批项目目录和流程图，全区统一规范行政审批项目名称、审批条件、应交材料、办结时限、收费等内容，缩小"自由裁量"的空间，从制度上确保行政审批权力的规范行使。

实现行政审批权力运行全程监控。全区使用统一的政务服务和电子监察系统，对咨询、申请、受理、审批、办结和取件全过程实时跟踪监督。对超时办件等异常信息，进行红灯预警。同时，建立音频、视频监控系统，对窗口单位服务情况进行现场监控。2013 年 1～10 月，全区各级政务服务中心共办件 682 万多件，群众满意率达 100%。

（二）公共资源交易"阳光招投标"平台

招投标是腐败重灾区，领导干部违规干预插手工程项目，牟取暴利，屡禁不止。广西深入推进公共资源交易监管体制改革，采用集中交易、共同监管、电子化运作的交易模式，防止权力扭曲市场，推动公共资源交易公开、公平、公正。

创新公共资源交易运行机制。建立统一规范的公共资源交易中心，建立全区统一的交易信息发布平台、评标专家库和企业诚信库，将工程建设、政府采购、土地拍卖、矿业权出让、产权交易、药械采购等集中到一个平台上，集中交易，集中监管。

创新公共资源交易监管体制。成立公共资源招标投标监管工作领导小组、招标投标管理局，形成监管工作小组统一领导、行业主管部门跟标进场业务监管、招标投标管理局过程监管和综合监督、监察机关执法监察的共同监督新体制，破解了招投标地区封锁、行业垄断，分散监督、同体监督，监守自盗、形同虚设的问题。

创新公共资源交易监管手段。自主研发全区统一的公共资源交易电子招标投标平台，通过信息平台统一发布招标信息，所有符合条件的企业都可以参与竞标，扩大了参与竞标企业的范围，破解了信息不对等，招标人与代理机构、投标人垄断招标信息，暗箱操作问题；由传统的向业主、代理机构报名，改成了网上报名，网上下载招标文件，网上下载图纸，网上支付保证金，网上上传投标文件，由网络代替人工操作，在开标前，任何人都不知道投标人名称、数量等信息，破解了围标串标的问题；评标专家在评标室使用电子评标系统独立评标，破解了原有圆桌评标方式可以公开讨论，容易发生串标的问题；实行远程异地评标，抽取不同市的专家进入当地评标室在监控镜头下评标，自动汇总

统计专家评标结果，破解了各市专家太少、容易被买通和操控的问题；有关部门运用视频、音频监控手段，对评标过程实行有效监督，破解了监管手段落后，监督乏力问题。

（三）"阳光司法"平台

司法是社会公平正义的最后一道防线。广西紧紧围绕执法办案，抓住重点部门、重点岗位、重点环节，运用"制度＋科技"，积极打造"阳光司法"平台。

实行立案公开。通过电子触摸屏、电子显示屏、法院网站、诉讼指南手册等形式，公开各类案件的立案条件及流程，公开查询电话、监督举报电话等。

实行审判公开。除法定情形外，实行一审案件全公开；对职务犯罪的减刑、假释，全部实行开庭审理；同时，建立案件邀请旁听制度及新闻媒体旁听和报道庭审制度，全区法院进行网络图文直播的案件数已过万件。

实行执行公开。初步建成远程视频指挥系统、财产查控系统，实现对重大执行案件的远程指挥和监督。建立司法拍卖网上联拍系统，现场拍卖与网上拍卖同步进行，利用网络公开、快捷、普及的特点，将司法拍卖活动在网上公开，让群众监督。

实行司法文书公开。全区128家法院全部建立门户网站，开辟了"裁判文书"栏目，近3年上网公布的裁判文书达6万多份，将裁判文书晒在"阳光"下，接受监督。

（四）"阳光民生资金"电子监察平台

广西在部分市县开展试点，建立民生资金公开监管平台，实现民生资金网上统一监控，群众查询监督。

搭建信息公开平台。实现民生资金信息在互联网上公开，主动接受群众监督。群众在网上输入"某某县民生资金公开监管平台"就可以登陆，了解有关政策规定。再输入姓名，就可了解自己或别人获得了哪几种民生资金，如发现问题可在线举报。为解决部分群众没电脑、不会上网等问题，每天在有线电视台定时滚动播放民生资金补贴发放情况，让群众足不出户，一打开电视就能参与监督。解决了过去由于没有有效载体，导致政策宣传不到位，政务、村务公开走过场，少数农村基层干部弄虚作假、以权谋私等问题。

搭建业务管理平台。实现民生资金网上集中管理，规范运行。涉农部门将工作用的电子表格直接输入平台，资金文件下达、签收、发放对象、金额和时间等数据，在网上一目了然；每个县的民生资金总量、种类，发放情况在网上一目了然。平台还具有预警纠错功能，对异常信息、可疑信息自动亮红灯预警，提示及时纠正，解决了过去民生资金监管分散、手段落后、力量薄弱的问题，实现了科学有效、集中规范的管理。

搭建立体监督平台。实现民生资金网上动态监管，全程立体监督。有关人员按照管理权限输入密码，登录后台，就可进行网上监控。党委、政府领导重点查看民生资金的整体运行状况，进行科学决策。纪检监察机关工作人员，重点查看超时发放、重复发放等异常情况，以及群众网上举报情况，查处违纪违法行为。涉农部门领导重点查看本单位监管资金的运行情况，及时发现问题，自查自纠。平台具有监管联动、状态监测、异常监察、预警纠错、绩效考评的功能，网上发现问题，实地查验解决，强化了监督的针对性、实效性。

（五）县级"阳光权力运行"平台

郡县治则天下安。广西在河池市 10 个县开展试点，探索县级党政主要领导廉洁履职社会监督工作，让人民监督权力，让权力在"阳光"下运行。

创新监督机制。成立县级社会监督委员会，主任由市纪委领导担任，从社会各阶层挑选社会监督员代表，对县委、县政府和各部门权力运行情况，特别是县党政主要领导廉洁履职情况，进行独立监督。社会监督员代表通过列席旁听会议、参与察访核检、社会评议等，独立开展监督工作，县委书记和县长每年至少向他们公开述职述廉 1 次。社会监督代表由组织推荐和个人自荐产生，为提高公信度，通过电视台发布征聘公告，初选合格后，抽签产生。监督机制的创新，有效解决了专门监督机关因财权、人事权受制于同级党委、政府而不能有效监督，一些干部群众害怕打击报复而不敢监督，一般群众因不了解程序和规定而不会监督等问题，突破体制内监督瓶颈，形成社会监督合力。

创新监督方式。突出厘清职权、公开亮权、民主议权、合力约权和规范用权"五权并重"。为使群众对县委、县政府、各职能部门，尤其是县党政主要领导权力"了如指掌"，各县将权力细化、量化，为每项权力绘制详细的流程图，并向社会公开，做到每项权力的行使都有严密的程序，运行轨迹一目了然，权力公开透明运行。突出带头接受监督、带动群众监督"双监双带"，县委书记、县长定期向社会监督员代表述职述廉，公开房子、票子、车子、妻子和孩子就业的"五子"情况，接受群众质询和评议，对县级党政主要领导权力运行形成有效监督。

四　健全完善权力监控机制的"六个落实"

落实民主生活会制度。各级党组织召开民主生活会，认真开展批评与自我批评。纪委、组织部门派出专人对地方和重点部门的民主生活会进行重点督导；加强对干部选拔任用工作的监督，对拟提拔干部人选、评比先进等实行廉政鉴定的制度，贯彻实施干部选拔任用工作四项监督制度。

落实党员领导干部报告个人有关事项制度。全区有154212人次报告了有关事项；组织开展贯彻实施两项法规制度联系点工作，确定了桂林市、钦州市等单位为联系点。

落实"三谈两述"制度。全区纪委负责人同下级党政主要负责人谈话42809人次，进行领导干部任前廉政谈话61378人次，诫勉谈话3865人次，乡科级以上领导干部开展述职述廉258283人次，询问质询5839人。

落实巡视制度。完成了对全区14个市，109个县（市、区）、9个区直单位、1家国有企业、1所高等学校的巡视。向自治区党委、政府及有关部门提出意见和建议85条，通报重要情况和问题8个、移交事项103件，向被巡视地区和单位提出整改意见建议1001条，对86名领导干部进行了提醒谈话，移交一批案件线索。

落实公开制度。党务、政务、厂务、村务和公用事业单位办事公开不断完善。2013年，自治区本级各部门"三公"经费在部门门户网站公开，"三公经费"实际支出逐年下降。

落实廉政风险防控制度。在全区各级党政机关、司法机关和国有企事业单位开展廉政风险防控工作，按照"风险教育、厘清职权、排查风险、阳光用权、科技防控、总结评估"的六个步骤，构建"分岗查险、分险设防、分权制衡、分级预警、分层追责"的预警防控模式，形成廉政风险防控工作长效机制。截至 2012 年底，区直机关梳理权力事项、编制职权目录 1835 项，绘制权力运行流程图 771 份，排查廉政风险点 103507 个，制定防控措施 110273 项，建立完善制度 7041 项。各市梳理权力事项、编制职权目录 27502 项，绘制权力运行流程图 13811 份，排查廉政风险点 255888 个，制定防控措施 211921 项，建立完善制度 12574 项。

五　在严厉惩治腐败的同时强化执纪监督

查办案件是最强硬、最有力的监督。近年来，广西把查办案件放在更加突出的位置，"老虎""苍蝇"一起打，对腐败分子决不手软、决不姑息，保持惩治腐败高压态势。

（一）"划桨"变"裁判"，"全能"变"有限"

聚焦党风廉政建设和反腐败斗争，全区各级纪检监察机关下大力气转职能、转方式、转作风，从参与者变监督者，强化对主抓者、主责者、监督者的监督，强化监督检查和执纪办案力量。2013 年，自治区纪委监察厅对内设机构和议事协调机构进行了调整。撤销党风廉政建设室、纠风室，设立党风政风监督室；撤销执法监察室、行政效能监察室，设立执法效能监督室；增设第五、第六纪检监察室 2 个办案室，专职办案人员由原来的 41 人增至 53 人。对牵头或参与的 199 个议事协调机构进行梳理，仅保留或继续参与 38 个，精简率达 80.9%。

（二）发挥巡视"千里眼""顺风耳"的作用

广西改革巡视工作，着力发现问题，形成震慑力。2013 年，通过巡视发现的问题中，涉及县处级以上领导干部人数比 2012 年增加了 433%。巡视机

构更加突出"职业"。完善巡视工作领导小组，加强对巡视工作的领导。从纪委、组织部、检察院、财政、审计、金融等单位抽调优秀干部，有效增强巡视发现问题的能力和水平。监督内容更加突出"主业"。强化监督职能。巡视工作从全面了解情况，转变为着力发现问题，遏制腐败。工作方式更加突出"专业"。组建巡视组组长库，对组长"一次一授权"。改进巡视准备工作。事先侧面了解情况，努力"备足弹药"，带着问题出发。建立工作报告机制。每一轮巡视的事中、事后要专题向自治区党委书记报告工作情况，每半个月要向巡视工作领导小组组长汇报巡视情况和进度，对干部群众反映强烈的突出问题以及重要的领导干部违纪违法问题线索，随时向自治区党委书记和巡视工作领导小组汇报。

（三）形成查办案件的"五抓"机制

①抓重点带整体。全区纪检监察机关把查处典型案件与一般性案件相结合，经济类案件与渎职类案件相结合，贪腐类案件与风纪类案件相结合，确保查办案件工作有序推进。②抓本级带下级。坚持全区查办案件工作一盘棋的指导思想，推动自办案件和基层办案工作平衡发展，确保办案数量稳中有升。③抓协调促合力。集中各方面的力量和资源，加强与法院、检察院、公安、审计、工商、税务等机关的沟通联系，构筑上下协同、左右协调、整体联动的办案模式，形成反腐败强大合力。④抓治标促治本。通报典型案件120多个，组织8万多人次党员干部到南宁、柳州监狱等警示教育基地接受教育，在民政、国土等20多个系统开展以案说纪，专项治理活动。⑤抓队伍树形象。全区纪检监察机关开展会员卡专项清退活动，纪检监察干部递交了"零持有"报告书。建立外部监督制度，开通了广西纪检监察微博和新改版的广西纪检监察网、广西纪检监察举报网站，接受群众监督。

（四）以惩治腐败实际成果取信于民

2008年1月至2013年10月，全区纪检监察机关立案17945件，结案16841件，给予党纪政纪处分16880人。移送司法机关1414人。通过办案挽回经济损失8.76亿元。立案查处厅级干部37人，县处级干部523人。严肃查办自治区高级法院原副院长欧绍轩，来宾市原副市长李启亮，来宾市政府原副秘书长、武宣县原县委书记彭进瑜，贺州市钟山县原县委书记谭玉和，贺州市政协原副主席毛绍烈，百色市政府原副秘书长霍云涛等一批大要案。加大对工程建设领域、国土资源部门、交通部门和国有企业违纪案件的查处力度，严肃查办司法、教育、环保、卫生等部门违纪违法案件。严肃查办了广西城建投资集团有限公司原党委书记、董事长高平，广西中医学院原院长王乃平，桂林电子科技大学原工会主席赵永华等一批大要案。针对粮食补助资金、退耕还林资金、民政救济资金、扶贫资金、医药购销、农机补贴等管理使用方面的突出问题，坚决查办严重损害群众利益的案件 1949 件。严肃查办自治区民政厅原厅长张廷登系列腐败案，农机购置补贴系列腐败案，河池市有关人员侵吞国家就业培训资金系列腐败案等窝串案。严肃查办广西录用公务员考试试题重大泄密案，自治区烟草专卖局卷烟销售管理处原处长韩峰"黄色日记门"，自治区质量技术监督局巡视员段一中"艳照门"等一批网络涉腐舆情案，平息舆论热点问题，维护党和政府的形象。

六　对广西强化监督的几点思考

广西把强化监督放在突出位置，建成了具有广西特色的惩防体系基本工作框架，努力实现反腐倡廉建设与经济建设的"双赢"。

1. 有利于为富民强桂提供良好的软环境

广西建立五级政务服务体系，实现行政审批、政务服务高效便捷；建立以电子监察系统为主要手段的行政效能监察机制，实现行政行为的阳光透明；建立以机关绩效考评为主要形式的考核奖励机制，实现机关效能和干部评价的客观公正；建立公共资源交易招投标监管新机制，经济发展环境进一步净化。各级党政机关和广大党员干部服务意识不断增强，政务服务环境不断优化，政务服务水平不断提高。

2. 有利于把中央对广西的优惠政策落到实处

广西享有西部大开发、边境贸易、少数民族自治、沿海开放等多方面的优惠政策。然而，政策优势并不简单等同于发展优势，政策优势转化为发展优势

的过程复杂，人的因素起决定作用。广西加强党员干部作风建设，强化机关绩效考评，党员干部办实事，用实招，确保各项优惠政策落到实处。

3. 有利于人民群众享受到改革发展的红利

广西集"老、少、边、山、穷、库"于一身，保障和改善民生，维护民族地区稳定，尤为重要。广西紧紧抓住与群众利益密切相关的劳动就业、收入分配、社会保障、教育医疗、住房保障等领域，强化监督检查，严肃查处和坚决纠正损害群众利益的突出问题，有力促进民生工作落到实处，切实让人民群众共享改革成果。

4. 有利于促进广西经济社会的健康发展

广西作为后发展欠发达地区，发展的空间大，压力也大。一方面，广西强化对调结构、转方式的监督检查，凡是不符合科学发展要求的项目、规划一律坚决纠正，确保广西科学发展。另一方面，广西严肃查处制约科学发展影响大局的案件，净化经济发展环境，努力形成风清气正、干事创业的良好氛围，促进广西经济健康有序发展。

5. 广西应持续牵住惩防体系建设的"牛鼻子"

十八届三中全会对强化权力运行制约和监督体系做出了新部署。强化权力运行制约和监督体系，关键是坚持用制度管权、管事、管人，让人民监督权力，让权力在"阳光"下运行，把权力关进制度的笼子。广西要紧紧抓住监督这个"牛鼻子"，进一步突出监督重点，改进监督方法，确保监督实效。切实加强对党员干部作风建设的监督，认真贯彻中央"八项规定"，突出整治形式主义、官僚主义、享乐主义和奢靡之风；切实运用好查办案件这个最强硬的监督手段，依纪依法严惩腐败，坚决遏制腐败滋生蔓延的势头；切实加强对权力运行的监督，深入推进重点领域和关键环节的改革，科学有效防治腐败；切实加强纪检监察机关自身建设，以过硬的素质、优良的作风、奋发有为的精神状态，认真履行监督职责，为广西经济社会健康发展提供坚强保障。

专题报告

Thematic Reports

B.12
宁夏农村"勤廉为民"工程合民心

中国社会科学院反腐倡廉建设调研组*

摘　要：

本文介绍了宁夏回族自治区探索农村党风廉政建设，实施"勤廉为民"工程的主要做法，认为宁夏从科学谋划部署、转变基层党员干部作风、优化乡村治理结构、实现农民利益诉求等方面入手，努力将"勤廉为民"工程打造成"系统工程""示范工程""创新工程"和"民心工程"，对经济后发地区农村反腐倡廉建设具有一定的借鉴意义。

关键词：

宁夏　"勤廉为民"工程　农村基层　党风廉政建设

宁夏回族自治区作为西部农业大省和经济欠发达地区，在实施西部大开发

---

* 调研组组长：吴海星；执笔人：王继锋。

战略中，积极探索农村党风廉政建设的科学途径，实施了"勤廉为民"工程，使"软任务"有了"硬抓手"，基层干部做工作有标准，上级评价有指标，农民群众监督有依据，反腐保廉有效果，促进了全区农村经济发展与社会和谐稳定。

一　科学谋划部署，把"勤廉为民"工程 建成农村党风廉政建设的系统工程

多年来，宁夏回族自治区党委、政府、纪检监察机关注重推进农村惩治和预防腐败体系建设，在维护农民权益、纠正损害群众利益突出问题、查处涉农违纪案件等方面取得了较好成效。但在加快推进农村改革发展和新农村建设进程中，国家强农惠农和扶贫开发力度不断加大，农村党风廉政建设与抓基层打基础的要求相比、与加快发展的要求相比、与人民群众的企盼相比，仍有较大差距，暴露出一些值得注意的新问题。一方面，有的农村基层组织软弱涣散，部分基层党员干部宗旨意识淡薄，作风漂浮，懒散懈怠，工作方法简单粗暴，为民服务的意识和能力差，影响党群关系；另一方面，部分农村民主决策、民主管理、民主监督制度不健全，对农村基层干部缺乏有效的监督方式。有的农村财务、村务不公开不透明，集体资金、资产、资源管理混乱，有的农村基层干部以权谋私，拉票贿选，损害集体和群众利益的问题时有发生。2009年，自治区市县一级纪检监察机关查办的农村基层组织工作人员违法违纪案件约占查办案件总数的1/3。农村党风廉政建设应该重点抓什么，怎么抓，如何才能抓出成效，成为迫切需要解决的重要问题。

为找到一条符合宁夏实际、适应农村基层特点、涵盖农村建设各个方面的农村党风廉政建设道路，自治区纪委主要领导多次深入基层开展调查研究，分析问题，研究对策。自治区纪委会同有关部门精心筹划，研究提出在全区农村实施"勤廉为民"工程，通过上下联动，系统推进，目标管理，提升农村党风廉政建设科学化水平。

（一）明确目标责任

宁夏自治区纪委牵头制定印发了《关于在全区农村实施"勤廉为民"工程的意见》，提出"用3～5年时间，在全区农村初步建立与社会主义新农村建设相适应的惩防体系框架，使农村党员干部宗旨意识明显增强，党风政风明显改进，消极腐败现象明显遏制，党的农村各项政策有效落实，党群干群关系进一步密切，农民群众满意度有新的提高"的总体目标。通过实施"勤廉为民"工程，将农村党风廉政建设高度概括归纳为"落实廉政责任、执行方针政策、建设基层民主、改进干部作风、服务人民群众"五个方面，明确落实"勤廉为民"工程的责任主体是广大基层干部，把抓干部"勤廉"作为手段，把落实"为民"作为目的，把实现"老百姓满意"作为衡量标准。各地把构建责任体系作为重要抓手，推动党风廉政建设责任制向乡村基层延伸，使各级党政组织抓农村党风廉政建设的责任更加明确。

（二）优化推进路径

"勤廉为民"工程得到了自治区党委、纪委有关领导的高度重视，自治区党委主要领导多次提出明确要求，自治区党委常委、纪委书记陈绪国亲自部署、指导和督查"勤廉为民"工程的实施。自治区基层党风廉政建设协调小组连续5年专门召开全区农村党风廉政建设工作会议进行动员部署，定期检查督导完成情况，总结推广先进经验，形成了"总体规划，分工负责，以点带面，层层推进，总结提升"的工作路径。各地按照"县委是关键、乡镇是基础"的要求，实行县（市、区）、乡（镇）、村三级联动创建，把"勤廉为民"工程与经济社会发展、基层党建、精神文明以及综合治理等工作结合起来，普遍成立了组织领导机构，制定了具体实施意见和工作方案，明确了工作要求和保障措施，形成了"一级抓一级、层层抓落实"的工作格局。自治区基层党风廉政建设协调小组定期深入农村基层，总结推广好做法、好经验，及时发现问题、研究举措，指导各地工作。此外，各地各单位层层动员，借助墙报、板报、宣传橱窗、标语、电子屏、广播等载体，采取逐级培训、互相观摩、公示相关要求和考评细则等方式，广泛宣传实施"勤廉为民"工程的意

义、目的、内容和要求，努力营造"勤廉为民"的浓厚氛围，调动各级党委政府和广大干部群众的参与热情。

（三）强化考核激励

自治区纪委印发了《自治区实施"勤廉为民"工程先进县（市、区）考核评价办法（试行）》，建立了三级联动争创机制、考评推动机制和动态管理机制。明确规定50%以上的乡（镇）、村达到"五好"① 要求才能申报评选先进县（市、区），超过一定比例的村达到"五好"要求的才能申报评选先进乡（镇）。各市县也根据实际制定了相应的乡（镇）、村创建活动考核评价办法和实施细则，用制度规范和保障"三级联动考评"。根据要求，县（市、区）、地级市、自治区每年先后分别组织一次考核评价，分级命名"五好村""五好乡（镇）"、先进县（市、区）等，并向上级推荐相关优秀典型，由上级单位复核验收后进行命名表彰。同时，自治区对考核工作实行动态管理，如果已命名表彰的先进单位抽查复核不合格，将被取消先进称号。为鼓励先进、鞭策后进，自治区基层党风廉政建设协调小组先后对实施"勤廉为民"工程中表现突出的5个县（市、区）、29个乡（镇）、55个行政村进行了命名、表彰和奖励。截至目前，全区共创建实施"勤廉为民"工程先进县5个；"五好"乡镇140个、"五好"村1535个，分别占总数的72.54%和68.04%。

二 狠抓作风建设，把"勤廉为民"工程建成
转变基层党员干部作风的示范工程

农村基层党组织、基层干部处在改革发展稳定的最前沿，直接面对农村的各种具体矛盾和问题，在维护群众利益、做好群众工作、化解社会矛盾、维护社会稳定等方面发挥着不可替代的重要作用。农村基层干部的作风如何，直接关系党的路线方针政策在农村的贯彻落实，直接影响党和政府在人民群众中的

---

① "五好"是指：落实廉政责任好、执行方针政策好、建设基层民主好、改进干部作风好、服务人民群众好。

威信和地位。各地区各部门在实施"勤廉为民"工程的过程中，把农村基层干部作风建设作为重中之重，强化对农村基层干部的教育、监督和管理，教育引导农村基层干部增强勤廉意识和为民理念，真正使农村基层干部做政策法规的"宣传员"、解决问题的"管理员"、心系群众的"服务员"、发展致富的"导航员"。

（一）探索"民情夜谈"联系群众的常态化机制

只有深入群众，才能更好地服务群众。以往由于群众居住分散、交通不便、干部工作和农民务农时间常会冲突，党员干部往往不能及时了解农民群众的意见建议，许多问题因此久拖不决。鉴于这种情况，盐池县创造性地建立了"民情夜谈"制度，把它作为党员干部讲真话、说实话，反映民情，凝聚民智的重要手段，由乡镇干部定期走访村民，拉近距离，变农民"上访"为干部"下访"。乡镇干部走访时，村组织会提前将谈话的时间、地点等信息通过手机短信、公示栏、板报等形式通知党员群众，让与会村民畅所欲言，反映需要解决的问题和存在的困难，提出意见和建议。乡村干部通过《"民情夜谈"记录簿》，详细记录群众提出的问题和意见建议。对能解决的问题，现场马上协调解决。如果现场解决不了，则要向群众说明原因，并做出承诺，明确答复时限。

为了确保"民情夜谈"规范有序，盐池县还要求县、乡、村各级干部坚持做到"四不准"，即"对群众提出的尖锐问题不准中途打断，对群众提出的疑难问题不准推拖不办，对群众的指责抱怨不准顶撞，不准借机聚众吃喝"。对"民情夜谈"中群众反映的各类问题实行归口办理，明确责任、落实到人，严格时限，并及时反馈，保证事事有着落，件件有回音，以实实在在的成效取信于民。同心县建立了"民情直通车"下访机制，提出"五必访"活动：即矛盾纠纷多、问题复杂的地方必下访，各项强农惠农政策兑现时必下访，学校开学收费、学生报名缴费时必下访，工作推进有难度的地方必下访，重大政策出台后可能引发利益大调整的地方必下访。中卫市开展了"进百村，入千户"下访活动以来，共组织下访干部2170名，工作涉及40个镇（乡）、407个行政村，走访农户38514户，受理群众投诉144件，化解矛盾纠纷2710件，为

群众解决实际困难 66 件。彭阳县大力推行"领导干部调查研究在一线,科学决策在一线,解决问题在一线,为民服务在一线"的"四个一线"工作法。

(二)让百姓直评村干部

为有效解决村干部中存在的工作不扎实、缺乏服务意识、为群众办事推诿扯皮、以权谋私等问题,吴忠市利通区在各乡镇开展了"百姓直评村干部"活动,让村民当"考官",村干部来"赶考"。"百姓直评村干部"活动把贯彻落实党的农村政策、改进干部作风、维护群众利益作为工作重点,以群众公认为主要衡量标准,以扩大基层民主、促进村级班子勤廉为民为总体目标,按照"示、访、述、询、评、诺、改"7 个程序,对村干部的勤政廉洁情况进行直评。2011 年,全区 12 个乡镇 99 个行政村的 396 名村干部接受了评议,有近万名党员、群众和社会各界代表参加了直评活动。被评议的村干部根据群众当场质询和提出的意见建议及各类问题,严格按照"四明确一承诺"的要求,形成整改方案。乡镇党委依据评议结果,对 12 名"群众不满意"的村干部进行了处理,其中,调整村书记 6 名,免职村干部 2 名,对 4 名村干部进行了诫勉谈话,增强了村干部的危机意识、履职意识和服务意识。

(三)用制度约束"管不了、管不好"的村干部

各地通过健全乡村干部管理办法、绩效考核办法、全面落实干部任前谈话、经济责任审计等制度,规范农村基层干部履职行为。针对当前廉洁自律等规定在农村基层有"衣服大、身子小"、操作性不强的问题,银川市出台了《农村基层党员干部廉洁自律若干规定》《农村党员干部廉洁从政"十不准"》《关于加强村级干部队伍建设的意见》等多项制度规定,规范和约束村、队干部在"落实工作执行不力""履行职责不认真""违规决策"及"道德行为失范"等 18 个方面的 100 种不当行为。红寺堡区按照村干部从严管理原则,建立和完善了《不作为村干部问责制度》《村级干部双述双评质询制度》《村干部任期目标承诺和年度考核奖励制度》《农村党员干部违纪违规责任追究办法》等 12 项制度,对村干部选拔任用、教育培训、管理考试、履职行为做出了明确具体的规定。此外,红寺堡区还要求村干部以"民情日志"的形式如

实记录日常工作和党风廉政建设配套制度的学习贯彻情况，随时接受检查。这些制度推行以来，基层群众普遍反映，村干部管理制度和机关单位一样，既严格又规范，一定程度上解决了村干部管不了、管不好等问题。

三 积极探索实践，把"勤廉为民"工程建成优化乡村治理机制的创新工程

（一）创新是"勤廉为民"工程的灵魂

宁夏各地区坚持从实际出发，因地制宜，围绕"农村三资管理""基层民主建设"等农村反腐倡廉建设的重点难点问题，着力优化机制，规范权力运行，创造性地实施"勤廉为民"工程，全区农村党风廉政建设工作特色突出、亮点纷呈。

（二）村级"四权治理"模式

吴忠市利通区创新推广了"以村党组领导权为核心，以村民代表会议的决策权为根本，以村民委员会的执行权为关键，以村务监督委员会的监督权为保证"的"四权治理"机制。重大事项决策前，村党组织通过入户走访、召开座谈会、个别谈话、问卷调查等措施，广泛听取党员群众、离职村干部、各级党代表和人大代表的意见建议，形成初步方案；召开村"两委"联席会议，就决策事由、决策依据、项目规划、资金筹措和使用办法等集体酝酿讨论，形成决策方案；召开民主议政会议，经过半数到会人员审定后提交决策方案，确保村里的重大事项目标合理、措施具体、切实可行，实现了村级民主决策流程化。

（三）实行"民主议政日"制度

吴忠市红寺堡区从规范村务管理、民主决策的内容和程序入手，制定了《村民代表会议制度》《村民代表联系户制度》《重大村务村民代表公决制度》等系列制度，在全区开展了"民主议政日"活动，将村级事务决策权交给群

众，凡涉及村民利益和村级发展的重大事项以及村民普遍关心的难点和热点问题，均召开村民代表会议，由干部、党员、群众代表集中讨论决定，按民主议政的程序进行决策，议事结果均须村民代表签字确认，防止由"一把手"或少数人说了算。

（四）以规范农村"三资"为重点创新民主管理

宁夏自治区按照"清理、登记、核实、公示、确认、上报"六个程序，对全区农村集体"三资"情况进行专项清理，全面清理所有行政村的现金、银行存款等货币资金，清理各种流动资产、农业资产、短期投资、长期投资、固定资产、在建工程、无形资产和其他资产，清理集体所有的土地、林地、草地、山地、园地、荒地、滩涂、水面等资源性资产，逐项分类、登记造册、核实确认，建立了固定资产台账和资源性资产登记簿，做到家底清楚、台账健全、手续完备、产权明晰。专门制定了《关于加强农村集体资金资产资源管理的意见》，逐步健全农村集体经济组织财务管理制度，完善内部控制制度，初步实现了"三资"管理由人为管理、随机管理向制度管理、规范管理的转变。吴忠市农村广泛建立了"三农"资金联合监督管理机制，专门制定了监管、检查、公示、责任追究四项配套制度，强化监督实效。此外，中宁县余丁乡永兴村首创的"五牙子章"理财模式，把一枚公章分成不规则的 5 块，分别由民主理财小组的 5 位成员掌管，理财小组负责在每月的"民主理财日"上审核村里的财务收支发票，审核通过并加盖完整的"五牙子章"后，村委会主任方可签批报账，相关收支明细报销后需在村务公开栏逐项公开，目前这一模式已在全区许多村得到推广应用。

（五）创新村务公开方式

建立了《农村基层党组织党务公开制度》，对党务公开的形式、内容、考核等做出规定，把党务公开和村务公开结合起来，落实了党员干部群众的知情权、参与权和监督权。全区农村普遍设立了党务公开、政务公开、财务公开和基层站所事务公开栏，实行按时公开和点题公开，使权力"在阳光下运行"，接受群众评议和监督。利通区《民情小报》，以村为单位、以落实各村（社区）党务、村务、财务公开为核心，发布与群众生活、生产密切相关的政策信息、村级财务、重大决策等事项，重点公开社会关切、群众关注的热点、难点问题。群众手执《民情小报》，在了解村"两委"党务、村务信息的同时，也有了进行党务、村务监督的真凭实据。《民情小报》机制推广以来，该区12个乡镇99个行政村共办《民情小报》624期，累计发放4.6万份，通过《民情小报》解答居民群众来信来访2450件次，办结2438件次，办结率98.50%，解决群众各类诉求563个。《民情小报》在利通区已经成为村级事务公开的监督台、干群之间的"连心桥"、化解矛盾的"润滑剂"。

（六）建立村务监督委员会

吴忠市利通区板桥乡罗家湖村选举产生了宁夏首个村务监督委员会。经过试点探索和深入研究，宁夏自治区印发了《关于在全区农村建立村民监督委员会的指导意见》，对全区开展农村建立村民监督委员会工作做出安排部署；2011年10月，出台了《宁夏回族自治区村民监督委员会工作规程（试行）》，对村民监督委员会的组织设置、工作职责等做出具体要求，组织各地开展村民监督委员会的组建工作。全区2256个行政村有2211个行政村建立了村民监督委员会，组建率达到98%。在自治区纪委的统一部署下，各地不断探索发挥村民监督委员会职能的有效途径。石嘴山市在全市193个行政村全部建立了村监会，并落实了工作经费。该市惠农区将村民监督委员会定位为在乡镇纪委的指导和村党组织的领导之下的常设监督组织，与村党组织、村委会并行，由村民代表会议选举产生，对村民代表负责。统一编印了《村民监督委员会工作手册》，制定了《村监会选举制度》《村监会职责、权利和义务》等10项制度，同时还制定了《村级组织关系图》等6个工作流程图表和《村监会会议记录》等4个工作表格，为村民监督委员会顺利开展工作提供了有力的指导。专门举办村民监督委员会成员培训班。村民监督委员会的成员误工补贴由区财政解决并列入预算，并为村民监督委员会的成员设立了绩效考核奖，由乡镇党委根据年终考核情况发放。利通区建立了"村务新闻发言人制度"，从村民监督委员会的成员中推选产生发言人，每季度组织召开一次村里的"新闻发布

会"，向村民通报村级重大事项办理情况和财务收支情况，主动亮出"家底"，同时可接受村民现场提问，并当场或在一个工作日内给予答复。

四 强化服务保障，把"勤廉为民"工程建成实现农民利益诉求的民心工程

宁夏自治区把促进农村经济繁荣、增加农民收入、改善农民生活，作为实施"勤廉为民"工程的出发点、落脚点和评价标准，将"勤廉为民"的理念落实到谋划农村发展的实际工作中去，进一步强化乡（镇）、村社会管理和公共服务职能，推动农村基层组织的职能由管理型向服务型转变，保障惠农政策落到实处，使老百姓真正得到实惠。

（一）全面建设"便民服务"网络

宁夏自治区党委和政府专门安排财政资金，采取"以奖代补"的形式，建立了50个统一、规范的乡（镇）民生服务中心。各市县本着"方便、快捷、优质、高效"的原则，进一步整合服务职能，开展民生综合服务中心和便民为民服务中心建设，共建立了247个民生服务中心，实行流程化管理和"一站式"服务，建起了覆盖全区的区、市、县、乡（镇）四级政务服务体系和村便民服务中心，通过"一站式办公、一条龙服务"，规范行政行为，方便企业、客户和群众办事。目前，自治区政府系统40个部门682个行政审批和服务项目进入自治区政务服务中心。

石嘴山市在全市农村开展"网格化"管理，把全市193个行政村划分为1484个网格，明确了6000余名网格管理员，建立了"网格管理、团队服务、中心理办"工作机制，开展便民服务，畅通民意诉求渠道，采集廉情信息。通过与群众"零距离"接触、"面对面"沟通、"心贴心"交流，了解民情民意，破解发展难题，化解社会矛盾，促进干群关系。

贺兰县把党风廉政建设与新农村建设相结合，大力推进现代农业示范县建设，把"勤廉为民"落实到富民项目上，实施"塞上农民新居""危房改造"和"村容村貌整治"三大民居工程，配套改路、改水、改灶、改厕、改房

"五改"工程。实施广播电视"村村通"、文化信息资源共享、农村电影放映、农家书屋等重点文化惠民工程。创作编排了一批精彩的廉政小品、快板、诗歌、舞蹈、眉胡剧等廉政文艺节目，在乡镇巡回演出，寓教于乐，形成了浓厚的廉洁文化氛围。

青铜峡市在全市 8 个乡镇的 82 个村开通了"勤廉为民热线"，将各镇党委和政府承诺事项、基层站所的工作职责、镇村干部的电话号码、干部监督管理办法以及"勤廉为民"五好标准等内容印制成手册，发放到所有农户家中，同时公布在各村、组、社区的公示栏中。通过拨打"勤廉为民热线"，谁家对粮食、农机、化肥等补贴，强农惠农富农的优惠政策和办事程序等有疑惑，谁家在农业、林业、畜牧业等方面有科技难题，哪个村子有排灌难、行路难等生产生活难题，邻里间有矛盾纠纷，等等，基本上都能够得到及时反映和解决。

（二）保障强农惠农政策有效落实

宁夏回族自治区纪委在贯彻执行中央和自治区各项强农惠农政策过程中加大纠风和执法监察力度，强化对政策落实情况的监督，解决了一批农民群众关心、关注的突出问题。自治区各种强农惠农资金全部通过"一卡通"足额发放给农户，使几百万农民受益；实施了农村饮水安全工程，解决和改善了上百万人饮水困难；农民人均负担远远低于国家关于不超过 5% 的规定。彭阳县把落实强农惠农政策作为实施"勤廉为民"工程的重要内容，加强对药品招标采购"三统一"①、教育"三免一补"、扶贫资金、民政资金以及"少生快富"工程、农资补贴等政策落实情况的监督检查，促进政策措施落实，把实施"勤廉为民"工程与推进农业农村重点工作紧密结合起来，全面落实特色产业培育、基地建设、劳务输出等强农富民政策，促进了产业结构调整和农民收入的持续较快增长。盐池县坚持把落实强农惠农政策作为检验"勤廉为民"工程实效的重要依据，按照标本兼治、惩防并举的方针，采取跟踪督查、专项审计等措施，加大监督检查力度，确保各项支农惠农政策落到实处，一批事关农村改革发展、事关群众切身利益的项目顺利实施，推动了农村经济快速健康发

---

① "三统一"是指，统一招标、统一价格和统一配送。

展。在全区率先开展新型农村社会养老保险、医药卫生体制综合改革、草原生态保护补偿奖励机制等试点工作，广大群众从中得到了实实在在的好处。红寺堡区注重运用科技手段，保障强农惠农政策的保障落实，全面推广使用了惠农政策网上监督查询系统。群众通过输入身份证号码，可直接查询本人退耕还林、退牧还草、粮食直补、良种补贴、农机补贴、农村低保、新农合等所有涉农补贴的标准、金额等相关信息，并能通过系统打印出相应的补贴清单，方便群众核对监督。

（三）及时纠正损害农民利益的不正之风

银川市注重查处"职级不高但影响较大、金额不多但性质恶劣、事情不大但反映强烈"的"三不"案件，对直接损害群众切身利益的行为从小处、从群众感觉最真切之处查处，核查"三不"案件线索 2100 件，立案查处农村基层组织人员违纪违法案件 147 件。同心县加强对"生态移民工程"的全程监管，共进行各类专项监督检查 87 次，印发督查通报 19 期，发现和督促整改有关问题 23 项，受理办结来信来访 53 件次，调查处理移民群众反映的问题 22 个，对相关工作人员进行效能告诫和诫勉谈话 21 人次。

五　宁夏推进农村"勤廉为民"工程的几点启示

宁夏回族自治区"勤廉为民"工程实施三年来，得到了广大群众和基层党员干部的认同，农村基层组织和干部党风廉政建设的责任意识不断增强，农村基层干部作风基本好转，农民群众的知情权、参与权、监督权和管理权得到进一步保障，一批农民群众期盼解决的突出问题得以解决，较为有效地提升了农村党风廉政建设的科学化水平，为其他经济后发地区农村反腐倡廉建设提供了有益借鉴。

（一）"勤廉为民"工程切合农村改革发展这一主题

从宁夏"勤廉为民"工程建设的实践探索不难看出，农村党风廉政建设贴近实际、贴近发展、贴近农民、贴近服务，就能取得务实效果，得到广大群众的支持和拥护。应引导广大基层干部准确把握农村党风廉政建设与农村经济社会发展的关系，从农村经济社会发展全局出发谋划党风廉政建设工作，将党风廉政建设寓于农村改革发展的各项政策措施之中，努力推进农村基层组织职能由管理为主向以服务保障为主转变，重点解决农村党风、政风方面严重影响发展的问题，既要通过深化农村改革、促进农村经济社会发展为农村党风廉政建设提供基础、创造条件，又要通过加强农村党风廉政建设保障农村改革发展的顺利进行。

（二）"勤廉为民"工程强化了对农村公共权力的监督制约

宁夏通过实施"勤廉为民"工程，全面推进村务公开、办事公开和党务公开，以推进决策民主化为重点，进一步完善了以村民会议、村民代表会议为主要形式的民主决策制度，强化村民质询和民主评议制度，探索村级事务流程化管理，规范办理流程，拓宽群众参政议政的渠道，细化村务监督委员会职责，发挥其监督职能。农村党风廉政建设应准确把握加强上级监督管理与基层民主建设的关系，强化上级党组织对农村民主法治建设、基层组织建设等方面的指导，逐步建立完善农村基层干部责任追究、经济责任审计和专项审计制度等各项制度。

（三）"勤廉为民"工程以农民是否满意作为衡量标准

宁夏"勤廉为民"工程，准确把握紧紧依靠群众和一切为了群众的辩证关系，把维护好、实现好、发展好广大农民群众的根本利益作为工作的出发点和落脚点，作为检查农村反腐倡廉建设成效的根本标准。不仅从农民群众最关心、最直接、最现实的利益问题入手，治理解决农民群众反映最强烈的突出问题，保护群众利益不受损害，同时也注重尊重农民群众的主体地位，切实保障其政治权益，发挥群众在民主决策、民主监督、民主管理上的作用，为农村反腐倡廉建设营造健康的环境和氛围。

（四）"勤廉为民"工程充分调动了农村基层党员干部的积极性

加强农村党风廉政建设，基层干部是关键。宁夏充分考虑到农村和农村干

部的特点，把握加强对农村干部监督管理与调动发挥其积极性的关系，对农村基层干部既严格管理，又关心爱护培养提高，促使农村基层干部廉洁自律。进一步完善农村基层干部选拔任用、政绩考核评价激励等机制，研究建立农村干部工资补贴与工作实绩挂钩、与作风状况挂钩等制度，对工作时间长、业绩突出的优秀农村干部进行组织表彰和奖励。建立农村基层干部教育培训常态化机制，努力提高他们业务学习能力、依法办事能力、发展创新能力、廉洁履职能力、为民服务能力，为推进农村党风廉政建设提供人力保证，弥补基层纪检监察力量不足的问题。

B.13

黑龙江推行分岗分类反腐倡廉教育

中国社会科学院反腐倡廉建设调研组*

摘　要：

本文介绍了黑龙江推行分岗分类反腐倡廉教育的实践探索，总结了黑龙江有针对性地根据教育对象的职级、岗位职责、工作特点和思想状况等不同情况施教，运用历史与现实资源进行典型示范教育，以及各地区创新教育方法等方面的主要做法，并从黑龙江反腐倡廉教育中得出几点启示。

关键词：

黑龙江　反腐倡廉教育　分岗分类

反腐倡廉建设，首要问题是如何教育干部认识到贪腐之害，把廉洁自律内化为行为准则。近年来，黑龙江积极探索分岗分类反腐倡廉教育，引起了社会关注。

一　立足岗位分类施教，突出反腐倡廉教育的针对性

2009年4月，黑龙江省纪委下发《关于在全省各级领导干部中分层分岗开展反腐倡廉系列教育活动的意见》，要求根据教育对象的职级、岗位职责、工作特点、思想状况等不同情况，分七个层面开展反腐倡廉教育活动。

在省管干部中开展"每季一案"警示教育。每季度向省管干部印发一个

---

* 课题组组长：孙壮志；执笔人：辛向阳，中国社科院马克思主义研究院马克思主义发展研究部副主任、研究员；陈建波，中国社会科学院马克思主义研究院马克思主义发展研究部助理研究员；任丽梅，中国社会科学院马克思主义研究院马克思主义发展研究部助理研究员。

案例剖析材料，要求省管干部认真学习阅读，结合自身思想和工作实际，深入思考，分析腐败原因，认清腐败危害。每名省管干部全年至少撰写并上报 1 篇心得体会。2011 年全省厅级领导干部共上报 1030 份心得体会。

在领导班子成员中进行"坚持用人导向、保持清正廉洁"换届教育。在换届选举之前，要求各级领导班子召开民主生活会、理论中心组学习会，开展换届教育，增强领导干部遵守组织人事工作纪律的自觉性。2008 年以来，全省县以上纪检监察机关举办廉洁从政报告会 941 场，受教育者达到 36 万多人次。

在重点部门和重点岗位领导干部中开展"明确岗位职责，依法行使职权"的岗位廉政教育。在掌管"人权、财权、物权、事权"的重点部门党员干部中开展"我的岗位职责是什么、履行职责做什么、用好职权注意什么"的岗位职责讨论，引导党员干部认清自己的岗位职责、手中权力面临的风险及滥用权力的危害，增强依法行政、廉洁用权的责任意识。

在国有企业领导人员中开展"廉洁从业、依法经营"的勤廉敬业教育。结合近年来发生的国有企业领导人员腐败案件开展廉政教育，组织观看中央纪委以国有企业典型腐败案例为素材拍摄的《玩火者必自焚》警示教育片，围绕"清廉企业兴、奢腐企业衰"等问题进行讨论，增强国有企业领导人员的廉洁从业、依法经营意识。

在农村党员干部中开展"心系群众、廉政为民"的清廉勤俭教育。认真组织学习沈浩等新时期农村党员干部先进事迹，通过村务公开、述职述廉，引导农村党员干部增强宗旨意识，把党和人民赋予的权力用在为群众谋利益上，办好顺民意、解民忧、增民利的实事。

在新任职领导干部中开展"增强廉政意识、正确运用权力"的廉政教育。抓住新提职领导干部任职培训、任前谈话的有利时机，推行新提职领导干部廉政知识考试制度，在新提职领导干部中开展"四个一"活动，即进行一次廉政谈话、观看一部警示教育片、发放一本廉政提示书、组织一次廉政知识测试，打牢廉政思想基础。

在重大项目和重大工程参与人员中开展"做勤廉干部、建廉洁工程"的廉政教育。用工程建设领域的典型腐败案例开展警示教育，组织观看中央纪委拍摄的《重药治顽症》警示教育片，以案明纪，引导领导干部增强"做廉洁干部、建优质工程"的责任意识。通过签订廉政责任状、进行廉政公示、做出廉政承诺等，引导工程建设参与人员自觉接受教育和监督。

二 运用历史与现实资源进行典型示范教育

弘扬"大庆精神"和"铁人精神"。大庆精神产生于 20 世纪 60 年代初著名的大庆石油会战，其基本内涵是：为国争光、为民族争气的爱国主义精神，独立自主、自力更生的艰苦创业精神，讲求科学、"三老四严"的求实精神，胸怀全局、为国分忧的奉献精神。2010 年 5 月，大庆"铁人王进喜纪念馆"被中央纪委、监察部确定为第一批全国廉政教育基地。2011 年初，国务院国资委将大庆油田历史陈列馆和大庆铁人王进喜纪念馆作为国资委机关青年干部学习教育基地。近年来，黑龙江将"大庆精神"及"铁人精神"作为反腐倡廉教育的重要资源，通过多种形式将之转化为党员干部拒腐防变的精神动力。

宣传曹文华的先进事迹。黑龙江以大兴安岭地区纪委常委，漠河县原县委副书记、县纪委书记曹文华的先进事迹为素材，改编创作了反腐倡廉教育题材电影《北极雪》。该片是我国首部展现基层纪委书记风采的故事片。作为一名纪检干部，曹文华铁面无私，秉公执纪，查过自己的老同事，查过老领导的孩子，查过当干部的亲戚。面对误解、侮辱、谩骂甚至是飞来的砖块，她擦干眼泪继续工作。她从来不利用职权帮助亲戚朋友办事，女儿结婚自己雇车把她送到千里之外的婆家……曹文华被授予"全国纪检监察系统先进工作者标兵"荣誉称号。黑龙江省纪委在全省集中开展了"远学王瑛、近学曹文华"的活动，反响强烈。

开展向陈玉霄学习的活动。1979 年，36 岁的克山县西城镇兴胜村原党支部书记陈玉霄在父老乡亲的期待中走上了村支书的岗位。直到 2009 年 10 月 15 日去世，他一干就是 30 年。"有事找我！"这是陈玉霄的口头禅。30 年如一日，他为全村 700 多户村民奔波操劳，乡亲们都亲切地叫他"陈二哥"。翻开兴胜村的账本，从 1992 年到 2009 年，18 年来，只有 2005 年他们陪客人到省里办事花了几百元的招待费。上级来人，他带头领回自家招待，不用村里一分钱。时间长了，乡里、县里的领导尽量不在吃饭时去兴胜村，怕给陈玉霄家添麻烦。30 年来，村里几乎每年都有计划地办一两件让村民受益的大事。改造了电网，盖了新学校，通了电话，安装了有线电视，修了沼气池、村民活动室、图书室……村民的日子越过越红火了。陈玉霄"走"的那天，2000 多人自发为他送行，兴胜村的乡亲们更是长跪叩头送他最后一程。齐齐哈尔市充分宣传陈玉霄的先进事迹，进行了正面典型教育。

三 各地区创新教育方法，提高反腐倡廉教育感染力

1. 双鸭山：积分制网络廉政教育

双鸭山市针对廉政教育普遍存在的"不到位、不入脑、不入心"问题，建立党员领导干部积分制网络廉政教育系统。在"黑龙江反腐败明鉴网"和"双鸭山廉政在线"创建链接，让党员领导干部利用身份证实名注册登录积分教育系统，在规定时间内完成规定模块学习任务，系统自动生成并按季度累计党员领导干部个人廉政教育学习积分。按照"实用、有利于教育需要"原则，设立视频教育、"每季一案"警示教育、党纪政纪知识答题、格言警句解读等10 个学习模块。根据廉政教育规划重点任务，按季度更新模块教育内容，每个模块每季度为 10 分，季度总分为 100 分，年度总分值 400 分，年度学习积分达不到 240 分为不合格，241～360 分为良好，361 分以上为优秀。[①] 年末考核评估结果全市通报，对连续两年学习积分不合格的干部进行诫勉谈话。[②]

2. 哈尔滨：建设干部在线培训平台和手机党校

哈尔滨市依托互联网、手机等现代信息传输手段，开发建设了干部在线培训平台和手机党校，为党员干部提供"随身随地随时"参与学习、阅读、互动的平台，实现了对基层干部全时段、广覆盖、高效率教育培训。目前，市直

[①]《双鸭山发挥网络优势紧抓源头教育》，http：//www.hljnews.cn/fouxw_ sn/2011 – 11/07/content_ 1093885. htm，访问时间：2013 年 11 月 28 日。

[②] 2011 年，省纪委在全省启动了"党员干部积分制廉政教育网络系统"。目前已有 10 万余名党员干部通过网络系统参加了廉政教育。该网络教育系统发挥了党员干部廉政学习的主动性，有效地降低了廉政教育成本，增强了廉政教育的吸引力和感染力，提高了反腐倡廉教育的科学化水平。

单位基层干部已全部进入在线平台学习，年培训干部5000人以上，累计上网点击超过140万人次。"哈尔滨手机党校"自2013年6月开通以来，累计发布短信300余条、手机报20余期，使全市15000名基层干部接受了教育。[①]

3. 齐齐哈尔：建设立体教育网络

齐齐哈尔市纪委通过"栏、屏、报、网、基地"的反腐倡廉宣传平台，构建反腐倡廉宣传的立体网络，扩大反腐倡廉工作的影响。目前，全市已建立反腐倡廉宣传栏、社区廉政文化长廊2159余处；开通了"齐齐哈尔纪检监察网"，创建了《鹤舞清风》电子期刊；建立廉政教育培训基地47个，其中西满烈士陵园被评为全省廉政教育基地。

4. 绥化：开办《百家讲廉》电视栏目

绥化市纪委和电视台联合开办了《百家讲廉》栏目，讲述廉政典故、廉政格言、廉政警句、廉政事迹、廉政条规、典型案例、廉政成果。讲廉内容既有古代廉吏包公、海瑞，又有现代反腐倡廉楷模王瑛、姜瑞峰，还有身边的廉政典型贾振刚，收到了教育人、鼓舞人、启发人的效果，使反腐倡廉教育走进寻常百姓家。

5. 黑河：看廉片、答廉题、讲廉课

黑河市在重大工程建设项目启动前，对工程项目主管部门、建设单位、施工单位领导及相关人员，开展工程建设法纪系列教育。一是看廉片。组织建设单位、财政部门和工程建设管理部门的有关领导及工作人员观看《贪途末路》等廉政教育片。二是答廉题。组织建设单位、财政部门和工程建设管理部门的领导及工作人员，参加与项目建设有关的党纪政纪、法律法规等廉政知识测试，强化相关人员法纪意识。三是讲廉课。由市纪委监察局指派人员讲授以"建优质工程、做廉政干部"为主要内容的廉政课，提高党员干部岗位廉政意识。

6. 佳木斯：建设廉政文化系统工程

佳木斯市纪委制定下发了《关于加强廉政文化系统工程建设的意见》，在党政机关、社区、校园、农村、企业、家庭等不同层面，开展了"立党为公、

---

① 《哈市网上学校手机党校打造干部培训教育新平台》，http://roll.sohu.com/20111123/n326556920.shtml，访问时间：2013年11月28日。

执政为民""构建和谐社区、创建文明家园""敬廉崇洁、诚信守法""树立
清廉村风、创立和谐农村""诚信廉洁、依法经营""清廉勤俭、健康文明"6
个主题的廉政文化建设活动，推动廉政文化系统工程向高品位、高质量、高标
准方向发展。

7. 七台河：强力推动廉政教育进煤矿

七台河市组织全市煤矿安全监管人员和煤矿企业法定代表人参加反腐倡廉
警示教育和安全管理教育，落实监管部门和企业的主体责任。该市新兴区煤炭
局认真落实"国家监察、地方监管、企业负责"的安全生产工作体系，把安
全生产工作纳入反腐倡廉建设，促进安全生产形势持续稳定。该局在党支部和
广大党员干部中积极开展"讲党性修养、树良好作风、促廉政自律"的主题
教育活动。在全局范围内开展岗位廉政风险防范管理宣传教育培训和警示教
育，努力构建全员参加、不留死角的宣传培训工作格局。

四　从黑龙江反腐倡廉教育中得出的几点启示

反腐倡廉教育应坚持正面教育为主。黑龙江充分发掘本地先进典型，提炼
先进典型中蕴含的廉洁品质，通过拍摄电影、编排戏曲、话剧、举办报告会等
形式向社会传递廉荣贪耻的理念，效果非常好。黑龙江的经验给我们的启示
是，反腐倡廉教育要以正面教育为主。勤廉兼优的先进典型具有强大的道德感
召力，是反腐倡廉教育非常珍贵的资源。对先进典型的宣传，既是对做出表率
的先进分子的一种褒扬，更为社会树立了道德标杆。目前新闻媒体大量的负面
报道，使一些人对我国的反腐倡廉形势产生错误认知，认为"无官不腐"。必
须加大对正面先进典型的宣传力度，用群众身边的感人事迹扭转社会认知，使
先进典型的精神力量真正转化为干部群众廉洁为人行事的内心召唤。

反腐倡廉教育要充分开发利用本地资源。黑龙江在推进反腐倡廉教育进程
中充分利用本地资源，以干部群众喜闻乐见的形式传播廉洁理念，实现了廉洁
文化与地域文化的有机融合。干部群众身边人的先进事迹更能震撼人们的心
灵，在内心形成强大的正向激励。干部群众熟悉的艺术形式使他们更容易接受
其宣传的精神理念，潜移默化地受到廉政文化的熏陶。反腐倡廉教育必须落

地，不能空谈理想信念，必须将廉政理念融贯于当地文化建设的各个领域和层次，以群众熟悉的艺术形式将廉政理念表现出来、传递出去。

反腐倡廉教育要重视系统性和针对性。黑龙江针对以往反腐倡廉教育缺乏针对性的问题，根据党员干部的岗位职责，把教育对象分为党政主要领导、重点部门重点岗位党员干部、新提职领导干部和新招录公务员、重大工程和重大项目参与人员等层面，分岗分类开展反腐倡廉教育，提升了反腐倡廉教育的针对性和有效性。针对党员干部职级层次、工作岗位和思想实际开展教育，既是把以人为本理念贯穿于反腐倡廉教育之中的具体体现，也是遵循教育规律、实现教育个性化和有效性的具体方法。不同的干部群体具有不同的身份特征、职业特质，在反腐倡廉教育中如果搞"一刀切、一锅烩"，不仅会浪费宝贵的教育资源，还可能引起干部反感，起不到教育的作用。因此，各地在反腐倡廉教育中应强化系统思维，针对不同人群制定不同的教育方案，切实保障教育内容入脑入心。

B.14
海南以乡镇检察室促农村党风廉政建设

中国社会科学院反腐倡廉建设调研组*

摘　要：

本文分析了海南省建设乡镇检察室的背景、做法、特点及其对农村惩治和预防腐败的作用，针对现阶段制约乡镇检察室发展的障碍，提出了一些思考建议。

关键词：

海南　乡镇检察室　农村党风廉政建设

农村基层干部腐败案件频发，群众对执法不严、司法不公等问题反映强烈，已经成为影响党群干群关系和农村稳定的重要原因。针对这一各地普遍存在的问题，海南省检察院在距离城市较远、人口集中、治安问题突出、信访总量较大的乡镇设置派驻检察室，把法律监督的触角延伸到广大农村。目前，共设立36个派驻检察室，覆盖158个乡镇、59个农场、13636个自然村、500多万农村群众，较好地促进了农村党风廉政建设，深受农村群众的欢迎。

一　海南建设乡镇检察室的背景

海南省农村人口占70%左右，农村维稳和治安问题较为突出，各种社会矛盾纷繁复杂。主要表现在以下几方面。

第一，农村基层干部腐败案件频发。近年来，中央和海南省出台了一系列

＊ 调研组组长：李秋芳；执笔人：谢增毅。

惠农政策，各项支农资金数额不断增加，在给农民带来实际益处的同时，也为一些农村基层干部贪污受贿、挪用公款提供了机会。[1] 惠农资金被侵占，惠农政策落不到农民头上等问题引发群众不满。农村基层组织及其人员职务犯罪涉案数额虽然不大，却直接侵犯了农村群众的合法权益，影响恶劣，后果严重。

第二，执法不严、司法不公的问题较为突出。由于监督力度不够，公安派出所、人民法庭和基层组织存在执法不公、徇私枉法的现象。一些基层组织及其工作人员不作为、乱作为，成为激化矛盾、引发纠纷甚至群体性事件的重要原因，影响了农村社会稳定。[2]

第三，农村刑事犯罪和社会治安问题较为突出。近年来，因赌博、产权纠纷、毒品引发的刑事犯罪有增无减，严重威胁着群众的人身和财产安全。[3]

产生这些问题的原因之一就是对权力的监督制约不足。从我国农村管理模式看，乡镇和村民难以有效监督农村基层组织。从政权组织体系看，乡镇政权组织体系由乡镇政权机关和上一级部门的派驻站组成，但按照现行《人民检察院组织法》，最低层级的检察机关设置在县一级城区，农村基层没有检察机关的派驻机构，缺乏延伸至农村的"触角"。这样既不便农民向检察机关控告、申诉或举报违法腐败行为，也使检察机关不能及时了解农村群众诉求，无法掌握农村基层违法腐败线索，难以及时有效监督农村基层组织。

二　海南乡镇检察室建设的实践

派驻乡镇检察室作为基层检察院派驻农村的内设工作机构，通常由 3～5 名检察人员组成。派驻乡镇检察室的主要职责包括排查矛盾纠纷、调研并提出对策、受理举报、接受自首、线索初查、职务犯罪预防、执法监督、宣传教

---

① 例如，2006 年至 2009 年 2 月，海南省检察机关共查办农村基层组织人员职务犯罪案件 78 件、125 人，占全省查办职务犯罪总案件数的 34.2%。

② 参见马勇霞《把法律监督的触角延伸到广大农村——海南省人民检察院派驻乡镇检察室建设的探索和实践》，《求是》2009 年第 12 期。

③ 据统计，2006～2008 年，海南发生在农村的刑事案件分别占当年发案总数的 36.2%、36.2% 和 35.6%。2009 年 1～3 月，全省检察机关共批准逮捕发生在农村地区的刑事案件 1730 件 2772 人，占批捕刑事案件总数的 35.3%。

育、民事督促起诉等。①

检察室通过履行职能，能够及时掌握维稳基本情况及社情民意、社会治安突出问题、农村群众反映强烈的问题以及特殊人群和流动人口的情况动态，有效延伸了控告申诉、监督协调、参与查办和预防职务犯罪、各类诉讼监督、民事检察、联系群众的桥梁纽带等项检察职能，对于畅通农村群众诉求渠道、及时有效化解社会矛盾纠纷、切实维护农村群众权益、促进基层政法队伍公正廉洁执法、开展民事督促起诉工作、当好党委和政府的参谋助手等具有重要意义。

三 海南乡镇检察室建设的特点

从实践看，海南省设立的派驻检察室具有以下特点。

第一，检察室不是"小检察院"，而是县级检察机关设在农村的办事点，其职责主要是收集信息、掌握情况。海南省检察机关将派驻农村检察室的职能定位在"法律监督的触角"上，即广泛搜集包括职务犯罪、立案监督等在内的涉及检察职能、群众反映强烈的各类涉检信息，经过派驻农村检察室工作人员的整理、分类后上报。② 涉及检察院的业务，仍然由县级检察院内部的相关部门处理，检察室并非"五脏俱全"的"小检察院"，并不独立处理业务。

第二，派驻乡镇检察室主要负责涉农业务，主要服务对象为农民。县级检察院管辖范围一般包括整个县，但由于县域面积往往较大，检察院的工作重心往往集中在城市或城镇，而广大农村地域辽阔，检察院往往难以在农村充分发挥其固有的职能，对农村的法律威慑力较弱。派驻乡镇检察室既扎根于乡镇，也服务于乡镇，由专门的人员专门服务于农村和农民，目标和任务

---

① 具体内容为：①畅通群众诉求渠道，及时排查化解矛盾纠纷；②开展调查研究，对辖区内影响社会和谐稳定的源头性、根本性、基础性问题，向党委、政府和有关单位提出治理对策建议；③受理公民、法人和其他组织的举报、控告、申诉，接受犯罪嫌疑人自首；④发现、收集职务犯罪线索和其他涉检信息，经检察长批准对职务犯罪线索进行初查；⑤开展涉农职务犯罪预防工作；⑥对人民法庭、公安派出所、司法所等执法活动开展法律监督；⑦广泛深入开展法制宣传教育；⑧协助开展民事督促起诉。

② 贾志鸿：《发挥派驻农村检察室法律监督触角职能》，《人民检察》2009年第15期。

明确，监督和服务对象集中，因此，可以使检察院的功能和作用在农村得到充分发挥。

第三，派驻乡镇检察室既履行了其法定的固有职责，也拓展了其法定职责，特别是在预防和化解社会矛盾纠纷、法制宣传、担当党委和政府的助手方面发挥了积极作用。据统计，2009年到2012年3月，海南派驻乡镇检察室共接待农村群众来访举报5200多次，化解各类矛盾纠纷789件，平息反复上访239件，制止发生群体性事件90件。① 因此，乡镇检察室不仅发挥了接受申诉控告、法律监督、查办案件职能，还发挥了预防腐败、化解矛盾、维护稳定、法制宣传、提供调研意见等职能，在维护农民利益、惩治农村腐败、促进农村稳定和发展等方面发挥了积极作用。

四　乡镇检察室对农村惩治和预防腐败的作用

海南省乡镇检察室扎根农村、服务农民，充分发挥法律监督职能，对农村惩治和预防腐败具有特殊作用。

第一，畅通农村群众诉求渠道，及时发现收集涉农职务犯罪线索。派驻乡镇检察室充分发挥扎根农村、贴近群众的优势，探索建立"定点＋巡回"工作模式：在检察室派驻地定点，在辖区非驻点乡镇设立工作站，在农村干部群众中选聘信息联络员，构建"检察室＋工作站＋信息联络员"的网络体系，形成定期接访、巡回调查、随时接访和信息联络员及时传递社情民意及维稳信息的工作运行机制，最大限度地畅通农村群众诉求表达渠道，拓宽案源，及时发现和掌握案件线索，为查办职务犯罪工作争取主动。例如，检察室干警在宣传支农惠农政策时，群众发现了村干部截留支农惠农补贴并向干警举报。检察室在调研中发现村干部贪污征地补偿款的线索，协助查办了村干部侵吞私分征地补偿款案件；检察室通过法制宣传，使犯罪嫌疑人受到感召，主动到检察室投案自首。

第二，积极参与查办涉农职务犯罪，清除农村腐败。派驻乡镇检察室积极

---

① 参见《海南日报》2012年3月13日。

协助查办发生在农村基础设施建设、土地征用开发、支农惠农资金管理等领域严重侵犯农民切身利益的职务犯罪，保证各项支农惠农资金落实到位，维护了农村和谐稳定。2009～2012 年，检察室共协助查办职务犯罪案件 163 件、259人，追回被贪污的支农惠农补贴 3349.25 万元，保护了 1 万余名受害老百姓权益，对农村特别是村级组织人员职务犯罪起到了震慑作用。检察室通过查办案件、实地走访发现犯罪线索等，帮农民群众追回了损失。

第三，加强对基层执法司法活动的监督、促进公正廉洁执法。检察室围绕群众反映强烈的执法不严、司法不公的问题，强化对公安派出所、人民法庭和基层执法单位的监督，以监督促公正。检察室充分利用监督权力，对基层执法司法机关及其工作人员的履职行为进行全方位监督，促进了公正廉洁执法。

第四，促进预防腐败长效机制的健全完善。派驻乡镇检察室在查办和预防涉农职务犯罪的同时，进一步深入了解诱发腐败的源头性、根本性和基础性问题，运用法律监督、检察建议等手段，提出堵塞漏洞、完善制度的对策建议，建立健全预防腐败的长效机制。2009～2012 年，共向各级党委提交法律监督调查报告 192 份，向有关部门发出检察建议 297 份，有效防范诱发腐败的突出问题 90 多项。例如，检察室在查办某畜牧站站长的案件后，针对该案暴露的支农惠农资金发放存在的问题，形成调研报告，推动了全省支农、惠农资金发放"一卡通"改革，确保了补贴资金足额、及时发放到位。针对村级财务、土地征用承包、支农惠农补贴不公开、不公示、缺乏监督的情况，积极探索"两监督、三公开"制度，即纪检监察党政监督和检察室法律监督双管齐下，实现村财务公开、支农惠农资金标准和发放程序公开、土地征用承包情况公开，促进农村财务管理制度的建立健全。此外，检察室还积极主动服务保障村级组织换届选举，促进农村民主法治建设。选举前加强预防，抓好宣传教育，及时排除影响换届工作的苗头性隐患；选举中加强监督，重点打击贿选等违法犯罪。①

---

① 查办干扰破坏换届选举的职务犯罪 7 件 11 人，移送公安机关 11 件，化解选举中的矛盾纠纷 23件，有效制止 5 件串联拉票事件，提出取消不合格候选人资格建议 2 件。

海南乡镇检察室建设取得了显著成绩，并得到普遍认同。① 广大基层干部和农村群众的欢迎拥护，表明这一改革措施具有坚实的社会基础和强大的生命力。

五　目前制约乡镇检察室发展的主要障碍

从海南省乡镇检察室的经验可以看出，乡镇检察室在加强农村法律监督、惩治和预防农村腐败、化解农村社会矛盾、保护农民切身利益方面发挥了重要作用。但当前乡镇检察室建设仍面临一些问题，这些问题制约了检察室的进一步发展以及功能的充分发挥。②

设立依据和法律地位不明确。乡镇检察室的设立没有得到国家法律的明确认可。《人民检察院组织法》并没有明确乡镇检察室的设立和地位。《人民检察院组织法》仅规定，"省一级人民检察院和县一级人民检察院，根据工作需要，提请本级人民代表大会常务委员会批准，可以在工矿区、农垦区、林区等区域设置人民检察院，作为派出机构。"③ 并没有明确检察院可以设立乡镇检察室作为派出机构。目前，检察机关设置乡镇检察室的唯一依据是最高人民检察院制定的《人民检察院乡（镇）检察室工作条例》（1993 年）。相比而言，人民法院派出法庭的法律地位就十分明确。《人民法院组织法》规定："基层人民法院根据地区、人口和案件情况可以设立若干人民法庭。人民法庭是基层人民法院的组成部分，它的判决和裁定就是基层人民法院的判决和裁定。"④《人民检察院乡（镇）检察室工作条例》作为高检院颁布的"内部"文件，相比人民法院组织法，效力较低，影响较小。由于没有乡镇检察室设立的法定

---

① 海南省对全省 21 个县市 1050 名乡镇干部进行的问卷调查显示，有 1018 人赞成肯定乡镇检察室建设，占 96.9%，这说明绝大多数基层干部支持这项改革。对 2100 名农村群众进行的问卷调查显示，有 2060 人认为派驻乡镇检察室很有必要，占总数的 98.1%。参见马勇霞《把法律监督的触角延伸到广大农村——海南省人民检察院派驻乡镇检察室建设的探索和实践》，《求是》2009 年第 12 期。

② 参见郑红《发展乡镇检察室服务新农村建设的思考》，《人民检察》2008 年第 22 期。

③ 《人民检察院组织法》第 2 条。

④ 《人民法院组织法》第 20 条。

依据，检察室是否设立、如何设立以及检察室的规模和保障等就缺乏明确的法律依据。没有明确的法律依据不仅不利于检察室的设立和运行，也影响了检察室的公信力和影响力。

职责权限和业务范围不清晰。由于法律没有明确检察室的地位，其定位和职责也不明确。虽然《人民检察院乡（镇）检察室工作条例》规定，乡镇检察室经检察长批准，可以对发生在辖区内、属于检察机关直接受理的刑事案件进行立案前的调查、立案后的侦查，但在实际工作中，部分基层检察院的线索不多，乡镇检察室并不直接参与农村职务犯罪的初查工作，其职能优势无法发挥，很大程度上影响了工作主动性。[①] 由于目前我国强调政法机关工作重心下移，重视加强和创新社会管理，检察机关自觉服务工作大局的意识增强，一些地方的乡镇检察室注重发挥检察室在预防和化解社会矛盾、预防和惩治农村腐败、法治宣传和教育、服务党委和政府的作用。但由于其中很多方面并非检察机关的法定职责，因此不同检察室在实践中发挥的职责和功能并不相同。

人员和经费保障机制不健全。由于检察室的法律地位以及职责功能并不清晰，加上目前仅有《人民检察院乡（镇）检察室工作条例》作为检察院设立和运行的依据，因此，检察室设立的标准、检察室的人员编制以及经费保障情况都没有明确的依据，客观上影响了检察室的设立及其功能的发挥。检察室的设立和运行也因不同地方的政策差异，主要领导的重视程度不同而在人员和编制等方面存在不同的做法。

六 课题组的几点思考

党的十七届三中全会对农村新一轮改革做出部署后，推进基层检察室建设成为检察机关服务社会主义新农村建设的重要载体。据统计，全国 2011 年共新设派出检察室 1118 个。[②] 截至 2012 年 3 月，全国共有 28 个省市区检察机关设置了派驻基层检察室，总数已达 1895 个。[③] 进一步加强乡镇检察室建设，

---

① 郑红：《发展乡镇检察室服务新农村建设的思考》，《人民检察》2008 年第 22 期。
② 参见《最高人民检察院工作报告（2012 年）》。
③ 《海南日报》2012 年 3 月 13 日。

发挥其在农村惩防腐败体系建设中的作用，还需做好以下几个方面的工作。

1. 明确设立乡镇检察室的依据和法律地位

检察机关是国家的法律监督机关，是重要的司法机构，检察室作为检察院的派出机构，其设立和运作应该有明确的法律依据，否则既不利于检察室的规范设立，也不利于规范运作，更不利于老百姓寻求法律服务。因此，建议适时修改《人民检察院组织法》，明确基层人民检察院根据工作需要，可以在街道、乡镇、社区等区域设立派驻检察室，检察室是基层人民检察院的组成部分。在2013年的"两会"期间，海南代表团已向十一届全国人大五次会议提交了一份议案，建议修改《人民检察院组织法》，就设置派驻基层检察室做出法律规定。① 同时，由于检察室是检察机关的组成部分，其设立的审批程序应该严格，可借鉴工矿区、农垦区、林区检察院的设立程序，除了由省级检察院审批、报最高人民检察院备案之外，还应该经过省级人大常委会批准。检察室运行不好，会影响检察机关的公信力，因此检察室的设立应借鉴历史经验教训，贯彻"实事求是，因地制宜，不搞'一刀切'"的原则。关于检察室具体的设立标准和设立程序，可由最高人民检察院出台具体的意见加以明确。

2. 明确乡镇检察室的职责任务

由于没有针对乡镇检察室制定法律，很多地方都将其作为检察工作创新的重要内容。这种创新的思路和作法值得肯定，但检察室的设立和运作必须纳入法律框架。必须贯彻"坚持依法稳妥推进，规范健康发展，在法定职权范围内配置延伸法律监督触角的职责任务，防止超越法定职权、违法违规办案"的精神，检察室的职责不能超出检察院的法定职责。检察室既要服务大局，积极参与农村社会矛盾和纠纷的预防和化解，促进农村的稳定和发展，又要注意工作的方式方法，通过完善检察院各项法定权力和职责的实施机制，特别是通过立案监督、侦查监督、诉讼监督以及查办涉农案件，发挥其法律监督的作用。派驻检察室应立足于检察机关的职能定位，其职责就是行使法律监督权，不能越权行使其他国家机关的固有职权。② 根据检察室的实践，并借鉴《人民

---

① 《海南日报》2012年3月13日。
② 宋英辉：《检察机关派驻农村检察室的性质及职能》，《人民检察》2009年第15期。

检察院乡（镇）检察室工作条例》的有益经验，派驻乡镇检察室的主要职责应包括以下几项：①受理举报、控诉和申诉，接受犯罪嫌疑人自首，发现、收集职务犯罪线索和其他涉检信息，将有关的举报材料及线索转交给检察机关的相关职能部门。②对检察机关直接受理的刑事案件进行立案前的调查、立案后的侦查。由于乡镇检察室深入农村一线，对农村的情况比较了解，因此，在履行了相关程序后，可以对一部分案件特别是农村基层干部的贪污贿赂案件进行调查和侦查。检察室的这项职权也被《人民检察院乡（镇）检察室工作条例》确认，具备良好的基础。③对公安派出所、人民法庭、社区等国家机关派出机构及当地政府部门的有关执法、司法活动进行监督。④参与农村社会纠纷的化解和预防、进行法制宣传。由于农村的法制建设相对薄弱，涉农矛盾较多，检察室在有关部门的统一协调下，可参与农村社会矛盾的化解和预防，拓展其法律监督的职能，从事法制特别是反腐倡廉的宣传，并就相关问题进行调研，向党委、政府及有关部门提出建议。《人民检察院乡（镇）检察室工作条例》也规定，检察室的任务之一是结合检察业务工作，参加社会治安的综合治理，开展法制宣传。总之，检察室的职责应该立足于检察院的法定职责，围绕检察权开展工作，既不能缩手缩脚，更不能大包大揽，应有所为、有所不为。

3. 注重发挥乡镇检察室在农村反腐倡廉建设中的作用

农村的反腐倡廉建设是一项系统工程，派驻检察室作为检察院的派出机构，必须具有权威性和必要的执法手段，在农村的反腐倡廉建设中具有独特的优势。完善检察室的各项制度，充分发挥检察院法律监督的功能，可以为农村的反腐倡廉工作奠定良好基础。特别是通过检察室查处案件、对相关司法和行政机构的监督和法制宣传，可以有效惩治和预防农村的腐败。乡镇检察室应该将对农村腐败的惩防作为其工作的任务和目标之一，这既是新形势下反腐倡廉建设对乡镇检察室提出的要求，也是检察室作为检察机关组成部分履行检察机关自身职责的重要内容。

B.15
厦门市效能建设的实践探索

厦门市反腐倡廉建设课题组*

摘　要：

本文介绍了厦门市以转变政府职能、规制公共权力、开展绩效管理、实施督查问责、健全相关制度为主要举措开展效能建设的做法。

关键词：

厦门　效能建设

被赋予改革"试验田"、经济特区使命的厦门市，在改革创新中深化机关效能建设，经过十多年的实践探索，推出了一套具有厦门特色的效能建设举措，在促进厦门科学发展方面取得了显著成就。自 2005 年福建省对各市开展绩效评估 8 年来，在有排名的 7 年中厦门的综合成绩均名列第一。

一　厦门市开展效能建设的主要做法

厦门的效能建设，是以改革创新为动力，以绩效管理为杠杆，以规制权力为重点，以督察问责为抓手，以增效促廉为目的，推动审批提速、服务提效、作风转变、勤廉双优，为厦门科学发展创造优质政务环境。

2000 年 3 月，在时任省长习近平同志的亲自倡导和推动下，福建省在全国率先开展机关效能建设，从管理制度、运行机制、政务公开、行政规范和有

---

* 课题组组长：洪碧玲；课题组成员：黄聪敏，厦门市监察学会会长；燕苏闽、郑智敏，厦门市监察学会副会长；张国兴，厦门市监察学会秘书长、副教授；卢建华，厦门市监察学会副秘书长。执笔人：卢建华。

效监督等方面进行实践探索，取得了积极成效。厦门作为改革和现代化建设的"试验田""窗口"和"排头兵"，坚持把效能建设作为党委政府工作的重要抓手，作为标本兼治、加强廉政建设的一项综合性措施，以勤促廉，以廉促优，实现了政府机关勤廉双优。

（一）以改革创新为动力，转变政府职能

体制机制是否顺畅、政府职能是否转变到位，直接影响机关效率和政府服务水平。厦门市坚持从体制机制改革入手，推动政府职能转变，改进管理方式，提升政府服务水平。一是简政放权。推行行政管理体制改革，较好地理顺了政企、政资、政事、政社关系。经过五轮审批制度改革，市级行政审批从1177项减为357项，下放116项，修订、废止56件涉及行政审批的政府规章、规范性文件，理顺存在职能交叉的行政审批31项。全面推进以社会公共资源配置市场化改革为核心的"阳光工程"建设，将政府指令性配置改为招、拍、挂等市场竞争方式。将7个行政区调整为6个，将涉及城市建设管理、教育、卫生、文化、体育等的23项事权下放区级政府管理，理顺权责关系。推行相对集中行使城市管理行政处罚权、事业单位分类改革、国有企业改制等，完善、规范中介组织并充分发挥其在市场经济中的作用。二是建立高效政务服务平台。建成市、区、镇（街）、村（居）四级行政服务体系并大力推进标准化建设，实现"一个窗口受理、一站式审批、一条龙服务、一个窗口收费"。三是强力推行马上就办制度。全市党政机关将"马上就办、办就办好"的工作理念落实到履行职责和业务工作的各个环节，建设项目、企业注册登记实行并联审批、容缺受理，对省、市重点项目实行无偿代办、预约服务、绿色通道等举措，全市所有审批事项全部压缩在5个环节以内办结，2012年底审批时限全部压缩至法定时限的40%以内（超额完成福建省政府60%以内目标），23.2%的审批服务事项实现"一审一核"，即办件数量占比超过60%，市、区两级审批实现网上办理，81项审批实现网上预约、网上预审，27项审批事项实现全程网上办理。例如大学毕业生报到落户，实现全程并联网上审批，一分钟就能办理一名毕业生的报到手续。

（二）以规制权力为重点，促进阳光用权

廉洁是效能的基本前提，效能是廉洁的重要反映。权力运行不规范，不仅制约了行政效能的提高，也成为滋生腐败的主要根源。为此，厦门市坚持把权力的规范、公开运行作为效能建设的一项重要内容。一是全面理权确权，明晰权力界线。市本级共梳理法律、法规和规章2083部，依法取消行政权力95项，调整、合并行政权力1484项，确认行政权力7969项。各区共梳理法律、法规和规章2109部，依法确认行政权力11751项，依法取消行政权力20项。对确认的行政职权，统一编码，汇编行政职权目录，绘制权力运行流程图2100张，并对外公开。二是规范行政自由裁量权。颁布政府规章，在全市全面开展规范行政处罚自由裁量权工作，39个市直部门共对510部法律、法规、规章中的3385条具有行政自由裁量权的条款进行梳理，将其细化成10032个执法裁量标准，并建立集体讨论、法制审核、说明理由等配套制度。开展了规范行政许可、行政征收等行政权力自由裁量权的试点工作，有效压缩了行政权力自由裁量空间。三是查找廉政风险点并有针对性地做好风险防控。全市各级机关对各岗位行使的权力流程进行全面排查，市级行政机关共找出容易发生廉政问题的7818个薄弱点，依据可能发生廉政风险的程度分为高风险点1555个、中风险点4007个、低风险点2256个，有针对性地建立防范措施，并结合业务系统对廉政风险点进行实时监控，前移预防腐败关口。还运用ISO900质量管理理论，探索推行廉政风险防控标准化。四是强化对权力的监控制约。建设市级行政权力阳光运行平台及电子监察系统，包括行政审批、行政处罚、政府采购、建设工程招投标、土地招拍挂、产权交易等子系统，通过程序固化、裁量限定，使权力按照预先设置的流程和标准全程网上运行，并通过电子监察系统实现全程实时监控。在市、区所有办事窗口安装视频监控，市级监控系统目前已有204路，涉及32个市直部门。区级视频监控系统正在改造、完善，镇（街）、村（居）视频监控系统正在建设中，2013年底全部接入市级监控平台。

（三）以绩效管理为杠杆，实现提能增效

实施绩效管理，不仅能有效评价各级各部门的工作实绩，而且能发挥指标

的导向作用及奖优罚劣功能，促进各级机关依法履职、创新管理、转变作风、提高效率。厦门市从2002年开始在部分单位试行绩效评估，并不断改革创新，至2012年在全省率先实现全覆盖，做到评估的"四化"：一是指标设置个性化。将考评对象分为区级政府、党群部门、政府部门及管委会、垂直管理部门、公共服务企业五个系列，设置不同的考评指标体系，例如2013年区级共设置29项一级指标，并分解为87项二级指标。市直部门设置15项以上一级指标，并根据各自工作特点分解为若干二级指标。二是评估过程标准化。针对不同的指标制定相应的考评办法，提前向被考评单位公布，由相关的职能部门或联合评估组考评，并建立绩效管理系统，应用信息技术实现考评过程标准化和计分自动化。考评结果经市效能办主任办公会、市政府常务会、市委常委会研究通过后由市委办、市政府办公布。三是公众评议多元化。共设置人大代表、政协委员、城乡居民、企业代表、重点服务对象的评议及网上评议、行风政风评议、党政机关互评、市区机关互评、现场测评等10种类型，根据不同系列选取不同的评议方式进行组合。公众评议分值占单位绩效成绩的40%。四是结果运用多样化。评估结果分为优、良、一般、差四个等次，对成绩为优、良的单位分别给予不同的奖励；对成绩为一般或差的单位，年终不得参加评先（含领导班子），评估成绩纳入组织部对部门领导班子的考核内容。对排名后三名的，召开党委（党组）会议，查找原因，提出改进措施，并向分管市领导报告。

（四）以督查问责为抓手，倒逼政令畅通

确保政令畅通是机关效能工作的重要职责，厦门市各级效能办紧紧围绕党委政府中心工作，不断加大监督检查和惩处力度，确保中央和省、市重大决策部署落到实处。一是强化效能督查。对涉及全市性、全局性的重要工作开展效能督查，如先后开展了行政审批制度改革、行政区划调整和事权下放、创建文明城市、防控禽流感、森林防火、压缩行政经费开支支援抗震救灾、"保增长、保民生、保稳定"等专项效能督查，对防汛抗旱等突发性工作按应急响应级别开展督查，每季度安排一次重点建设项目的专项督查，督查情况纳入单位年度绩效评估成绩。市效能办还与市委、市政府督查室建立联合督查机制，

根据市委、市政府主要领导批示开展专项效能督查。聘请 40 名机关效能监督员开展明察暗访，发现并及时纠正机关存在的效能问题。二是强化投诉办理。市、区成立机关效能投诉中心，开设"968168""968123"投诉电话，开发建设市机关效能投诉系统，使群众反映效能投诉的渠道更加便捷畅通。建立效能投诉路线图，规范投诉办理工作。至 2012 年底，全市效能机构共受理效能投诉 9157 件，对涉及效能问题的投诉做到件件落实，对调查属实的投诉问题，督促相关单位落实"一诉一整改"制度，防止同类问题再次发生。例如，针对群众反映的黑网吧问题，在办理投诉个案的同时，向主管部门发建议函，督促其开展"斩网行动"，排查并切断了 1135 个黑网吧连接互联网账号，并建立了查处取缔黑网吧的工作协调机制。三是加大责任追究力度。厦门市先后制定《改进行政机关作风和提高行政效能规定》《机关工作人员诫勉教育、效能告诫暂行办法》《行政机关工作人员行政过错责任追究暂行办法》《机关工作人员效能问责规定》等规章或规范性文件，明确各种违反效能制度规定行为的处罚标准和程序。截至 2012 年底，共对不认真履行职责、不作为、乱作为、作风飘浮、效率低下、贻误工作等违反机关效能建设有关规定的 948 人给予问责，其中，给予党政纪处分 22 人、效能告诫 265 人、诫勉教育 271 人、其他处理 390 人。例如，针对群众反映市文化局在企业申办文化类民办非企业名称预核准拖延七个月不办的投诉，经查实后给予了承办处室负责人黄某行政警告处分。

（五）以制度建设为保障，形成长效机制

机关效能建设涉及面广、工作内容多、推进难度大，要确保工作有序推进，必须建立健全工作机制体制制度。厦门市委、市政府主要领导高度重视效能建设，建立了"党委统一领导、政府组织实施、纪检监察机关和效能建设机构组织协调、部门各负其责、群众积极参与"的领导体制和工作机制，确保工作落实。一是建立强有力的领导和工作机构。成立了由市长任组长的市机关效能建设领导小组，下设办公室，挂靠市纪委、监察局，核定机关事业编制 8 名。办公室主任由市政府秘书长兼任，市监察局局长为常务副主任。同时将市行政机关办事效率投诉中心更名为市机关效能投诉中心，与市效能办合署办

公，在市纪委监察局增设效能监察室，强化了监督职能。二是建立运作机制。建立效能建设领导小组成员会、效能办主任办公会等议事制度，制定《厦门市机关效能投诉中心规则》等工作程序，使工作更加规范有序。三是建立制度规范。重视将有效的做法及时总结固化为制度规定，坚持用制度规范从政行为，按制度办事，靠制度管人。先后建立并严格执行岗位责任、首问负责、一次性告知、服务承诺、同岗替代、限时办结等机关效能建设九项制度，有效规范了行政行为。

二 厦门效能建设的成效

十多年的机关效能建设实践，特别是这两年全市集中开展效能建设年活动，对厦门市的经济、政治、社会、文化、生态等方面的建设都产生了重大而深远的影响。

（一）促进社会经济发展

通过开展效能建设，优化了发展环境，促进了社会、经济发展。厦门先后获得首批"全国文明城市"、国家园林城市、联合国人居奖及"投资环境中国大陆金牌城市""跨国公司最佳投资城市"等殊荣。全市地区生产总值由2000年的501亿元增加到2012年的2817亿元，年均增长14.3%，经济长期平均增长率位居全国大中城市前列。2012年常住人口人均GDP达77340元，人均财政收入20149元，平均每平方公里土地创造GDP约1.79亿元，居全国副省级城市前列。单位生产总值能耗低于全国全省平均水平。

（二）提升政府服务水平

通过改革行政体制，可以理顺政府与社会、政府与市场的关系，明确机关权责，不再管不该管又管不好的事，转而重视高效服务平台和服务措施的提供，推诿扯皮的现象少了，马上就办的事项多了，政府服务质量和效率都有明显提高。在2012年中国服务型政府调查中，厦门连续两年蝉联中国服务型政府榜首。中国社会科学院发布的《中国城市基本公共服务力评价

（2011～2012）》，厦门在中国 38 个主要城市基本公共服务满意度评价中排名前两位。

（三）规范权力运行

由于坚持把规范权力运行作为效能建设的一项重要内容，通过开展清权、理权、确权、亮权、督权等工作，有效地制约和监督权力运行，使机关工作人员既不能乱为，也不敢乱为。在福建省组织的依法行政年度考评中，厦门市的综合成绩始终名列全省各地市前茅。从网上审批电子监察系统监控情况看，2011 年市级部门共办理网上审批 245705 笔，发现异常 23 笔，违规率为 0.936‰；2012 年市级部门共办理网上审批 320326 笔，发现异常 27 笔，违规率 0.843‰。市级行政处罚网上运行系统试运行至今未发现违规情况。

（四）改进机关作风

由于有规范的制度，又有严密的监督和严格的问责等配套措施，不作为、乱作为、慢作为的行为得到了有效治理，"吃、拿、卡、要"问题得到了有效遏制，"门难进、脸难看、事难办"的现象日渐减少，群众对机关的满意度不断提升。在 2012 年福建省组织的公众测评中，厦门市的评议成绩继续名列全省第一。在全市组织的公众评效能活动中，群众满意度均在 97% 以上。

三　对深化厦门效能建设的思考

总结厦门十多年的实践，不仅使我们对如何开展效能建设有了切身体会，而且使我们对如何进一步深化效能建设有了更深的思考。

（一）深化效能建设，必须突出"围绕中心、服务发展"这一主题

发展是硬道理，是第一要务，也是各级党委、政府的中心工作。机关效能建设只有服从服务于这个中心任务，才有生命力，才更能体现其工作成效，才更能取得主要领导的支持和重视。目前，厦门各级各部门正按市委、市政府的部署广泛开展"美丽厦门共同缔造"行动，效能建设只有围绕这一中心任务

展开，通过强有力的监督检查、考评和问责，确保市委、市政府部署的各项工作任务落到实处，效能建设才可能体现其重要性，才可能促进厦门经济、政治、社会、文化、生态等全面发展。

（二）深化效能建设，必须坚持群众满意这一衡量标准

机关效能建设一头连着群众，一头连着政府职能部门，关乎群众利益，关系党和政府的形象。习近平同志在2002年就提出"我们在开展机关效能建设中，要始终把维护广大人民群众的根本利益作为工作的出发点和落脚点"。在福建省总结效能建设十周年时，习近平总书记又来信要求各级各部门必须牢记人民政府前的"人民"两字。从厦门十多年的实践情况看，正是因为有了人民群众的广泛参与和推动，机关存在的各种效能问题才得以及时发现和解决；正是因为有了人民群众的普遍认可和支持，效能建设才得以持续和深化。当前正在开展群众路线教育实践活动，正是深化效能建设的好时机，要坚持把群众对党委和政府工作的要求作为效能建设的努力方向，把为人民服务贯穿到各项工作的全过程，广泛听取群众意见建议，广泛开展公众评效能活动，及时解决群众反映强烈的突出问题，赢得群众对效能建设的理解和支持。

（三）深化效能建设，必须保证廉洁从政这一基本前提

廉洁是政府公信力的基石，失去廉洁的效能毫无意义。深化效能建设，首先必须抓好廉洁从政、依法行政。正如李克强总理所说的"一个依法行政、廉洁高效的政府是人民所期盼的"。因此，深化效能建设，要继续深化行政体制机制改革，不断铲除滋生腐败的土壤；要加强制度建设，坚持用制度管权、管钱、管人，给权力涂上"防腐剂"、戴上"紧箍咒"，把权力关进制度的"笼子"，真正形成不能贪、不敢贪的反腐机制；要全面开展廉政风险防控工作，增强预防腐败工作的针对性、有效性；要坚持政务公开，让权力在阳光下运行；要坚持依法行政，切实做到法大于权，法律之外没有特权。

（四）深化效能建设，必须保持改革创新这一发展动力

推进政府管理创新是当今世界各国政府共同面临的课题。政府管理创新为

机关效能建设拓展了作为空间，机关效能建设也为政府管理创新提供了有效载体。效能建设要不断深化、发展，必须改革创新。简政放权既是转变工作作风、提高工作效率的有效手段，更是反腐倡廉的釜底抽薪之策。各级政府及其部门要有"自我革命"的精神，将简政放权作为深化效能建设的一项重要内容，根据国务院部署继续推进行政体制改革，不该管或通过市场机制可以解决的事坚决不要管，尽可能从微观领域退出，避免对经济事务的直接干预。正确处理政府与市场、社会的关系，理顺政企、政资、政事、政社关系，提高公共服务水平。

B.16

甘肃医改注重源头防腐解群众难题

中国社会科学院反腐倡廉建设课题组*

摘　要:

本文介绍了甘肃省卫生厅立足省情和甘肃医疗卫生现状,将反腐倡廉建设融入医疗卫生业务,逐步推进医疗卫生改革,在防止过度医疗、治理开大处方、滥用抗生素、收受红包等方面开展的实践探索。我们认为其思路与做法具有典型性和实践推广价值,对全国解决"看病难"和"看病贵"问题具有启示意义。

关键词:

甘肃　医疗改革　反腐倡廉建设　看病难

"看病难"和"看病贵"是涉及千家万户最直接最现实的重大利益问题,由于其涉及面广、覆盖人群多、技术性强、影响因素复杂,被称为世界性难题,不仅发达国家和地区尚未完全解决好,贫困落后国家和地区解决起来更为困难。中国社会科学院国情调研组在甘肃调研了解到,甘肃省卫生厅立足省情和甘肃医疗卫生现状,将反腐倡廉建设融入医疗卫生业务流程,逐步推进医疗卫生改革,在防止过度医疗、治理开大处方、滥用抗生素、收受红包等方面进行了积极探索,平均门诊和住院费用实现除西藏外的全国最低,仅为全国平均水平的一半左右,减轻医疗负担和费用成效明显。

---

* 课题组组长:李秋芳。执笔人:蒋来用。

一 廉政教育贴近从业行为，着力抑制腐败动机

廉政教育要切实有效，必须将廉政内容转化为党员干部的行为习惯。廉政教育内容丰富、形式载体繁多，选择运用不当容易"虚脱""落空"，变成走过场。甘肃省结合实际，注重廉政教育与思想行为的对接，防止知行分离和人格分裂，有重点和针对性地选取廉政教育内容方式，筑牢医疗卫生工作人员的思想道德防线。

1. 选树廉洁先进典型开展正面教育，使大家学有榜样、赶有目标

近三年来，省卫生厅会同省文明办在全省卫生行业开展"医德医风建设先进个人"和"医德医风建设标兵"评选表彰活动。树立表彰医德医风建设先进个人 300 名，选树医德医风建设标兵 30 人。创新宣传教育形式，大力宣传医务人员优秀代表"草原曼巴"王万青先进事迹，创排大型现代京剧《王万青》、秦剧《百合花开》与《黎秀芳》等 5 台戏剧，弘扬医务人员爱岗敬业、无私奉献的高尚品德和职业情操，引导广大医务人员树立良好的医德医风。秦腔历史剧《皇甫谧》全省巡演并两次进京演出，《百合花开》获得中宣部"五个一"工程奖和精品剧目奖，王万青被评选为"感动中国"2010 年度人物。开展"重温 6·26 指示再为乡亲出趟诊"活动，先后有 60 多名来自北京、上海、天津当年的"6.26"医疗下乡队员重返甘肃作报告、开展学术交流和义诊活动，以行为示范开展理想信念教育，用身边人身边事来感染人、打动人和教育人，在全国产生较大影响。

2. 持续开展"一月一警示"教育，保持警钟长鸣

洗礼灵魂，必须真正触动灵魂。甘肃省卫生厅要求机关干部和医务人员每月观看警示教育片，将卫生系统发生的违法违纪案件制成《甘肃省卫生系统警示教育电化教材》和《警钟长鸣》教育片，主动与纪检监察、公安、检察、司法等执纪执法部门联系，利用发生在身边的现实案例开展警示教育。为确保教育实效，还制作了警示教育片《防患未然》下发到全省二级以上医疗机构组织观看，产生了强烈的震撼和共鸣。例如省肿瘤医院每月组织一次反腐纠风教育、开展一次反腐纠风知识考试、放映一次警示教育片。

3. 抓领导干部示范教育行动，班子成员以身作则严要求

打铁需要自身硬，甘肃省卫生厅领导班子成员勤政廉洁，正派正气，敢抓敢管廉政建设，带头营造风清气正的氛围，带出了一批团结干事的队伍。厅领导干部坚持从小事做起，防微杜渐。甘肃省卫生系统规定出国回来、过年过节相互不准送礼、不接受下属单位及地方宴请和礼品，职称评审、干部提拔轮岗不准给领导送礼等制度。近年来，厅领导干部和机关干部严格遵守这些规定，领导家门清静了，干部的心静了，干部职工因没给领导送礼而影响晋级晋职的担忧消除了，在全厅上下形成了心往一处想、劲往一处使，全力以赴抓工作落实的整体合力和良好氛围。甘肃全面恢复并严格落实院长、科主任行政查房和主任医师、副主任医师查房制度。同时，在全省实行了卫生系统"行政查房"制度，各级卫生行政部门班子成员定期到辖地医疗机构开展行政查房，督促落实各项管理制度。卫生厅党组成员带头到病房查房，一些地市卫生局局长晚上直接到医院检查，看晚上是否安排医生值班。

4. 经常组织用医为民的实践活动

甘肃省把廉政教育与实际行动紧密结合，在服务群众的实践中检验廉政教育的有效性。①推行万名医师支援农村项目。从2005年开始，甘肃省每年从县以上医院抽调主治医师以上职称的医务人员1200多名，支援贫困县乡医疗机构，规定不参加卫生支农的人员，不得晋升和聘任上一级专业技术职务，对在卫生支农工作中成绩突出的医务人员，优先晋升职称，优先聘用职务，优先选派进修，优先提拔使用。卫生支农有效缓解了广大农民群众缺医少药的问题，使农村一些常见病、多发病就近得到诊治，大部分急难危重患者及时得到治疗，为农民群众节省了大量医疗费用。该项目后被推广到全国其他省区市。②开展"联村联户、为民富民"行动。2012年，甘肃卫生系统开展以"三扶三送"（"扶志扶业扶思想、送医送药送健康"）为主题的扶贫活动，动员机关干部到基层群众中去扶贫帮困，组织省、市、县三级医疗专家和医务人员到基层开展健康教育和义诊活动，一年多来组织20多次义诊活动，派出医务人员5000多人次，接诊咨询服务群众50多万人次，培训村医约12250人。向村医和农户发放《中医适宜技术进家庭》《健康66条》《卫生惠民政策小读本》《常见病中医适宜技术简明读本》等39500册，得到了基层群众的拥护和广泛赞誉。③开展模拟体验"看病难"活动。甘肃省卫生厅组织机关干部和各级医院院长开展"假如我是病人"体验活动，让制定政策的人和医务人员切身感受矛盾和问题，体验群众看病就医过程中的实际困难，与患者感同身受，内心理解患者，转变工作作风，改进服务态度更好地服务于群众。

5. 推进"四个整合"，加强"四风"建设

甘肃省大力倡导思想解放，在卫生医疗系统着力推动"四个整合"，实现资源有效整合。①整合监督，把督查变成抽查和重点工作月通报制度，减少检查的次数；②整合会议，尽量减少会议数量，推广使用视频会议；③整合培训，将三五天的短期培训融合到长期的进修中；④整合文件，避免几个部门发文干同一件事，重要事情才发纸质文件，大量一般的文件只需在甘肃卫生网公布，开发并运用办公自化系统（OA）处理办公文件，提高行政效能。甘肃省卫生系统重点抓"四风"建设。精简会议，加强会议审批、承办等管理，严肃纪律，提高会议质量，着力改进会风；提高公文质量，杜绝假、大、空、长，提倡短、实、新，规范处理程序，不断改进文风，如卫生厅党组书记、厅长刘维忠的"小本子大故事"，经常携带巴掌大的小本子，几乎记载所有工作要点和工作报告，讲话简约生动形象；动员干部积极学习政务相关知识，紧密联系实际，提高解决实际问题的能力，切实改进学风；整治不作为乱作为、中慵懒散慢和中梗阻塞等行为，解决纪律涣散、失职渎职、推诿扯皮、贪图享乐、平庸无为等问题，解决官僚思想、疏远群众、办事拖拉、心浮气躁等问题，大力改进工作作风。

6. 认真执行制度纠风育德，使勤廉变成行为自觉

不抓医德医风建设，卫生系统的一切工作都会落空。甘肃省始终把医德医风建设作为医疗改革的重要内容，用管用的制度保障医德医风建设效果。①实施"四八排队"制度。① 上墙公示医生"四排队"结果，向社会公布医院

---

① "四八排队"制度即医生"四个排队"制度和医疗机构"八个排队"制度。医生"四个排队"制度，即对医师用药量、抗生素使用量、患者自费药使用量、青霉素占抗生素比例进行排队；医疗机构"八个排队"制度，即对医疗机构中"药品收入占总收入比例、门诊输液人次占门诊总人次比例、平均住院费用、平均门诊费用、平均单病种费用、平均住院自费比例、大型设备检查阳性率、患者满意度"8项指标进行排队。

"八排队"情况，及时分析评估排队结果。卫生厅还制定了《医务人员不良业绩记录制度》《处方权管理制度》等22项配套制度，对不合理用药的"状元"进行处罚。该制度实施后立竿见影，第二个月住院和医疗费用就降低，有效治理了过度医疗和滥用抗生素等突出问题。李克强总理在新华内参上批示肯定，原卫生部领导批示在全国推广甘肃做法。②用合理考核引导医务人员行为。坚持开展患者满意度调查，对医务人员医德医风进行季度和年度考评、记录，按工作量、技术质量和群众满意度考核绩效工资，用绩效考核指标引导医务人员价值和行为取向，减少趋利性，增加公益性，从利益上解决医疗卫生人员"因小失大""因利失节"的动机。③用举报制度整肃行风。建立医疗服务质量有奖举报、食品安全药品安全有奖举报制度。甘肃省卫生厅与省监察厅、省政府纠风办联合下发《医疗卫生行业有奖举报办法》，公布"12320"举报电话，各市州都制定了相应的实施办法。同时，在卫生系统开展"创建无红包、无回扣医院（科室）"活动，努力纠正医疗卫生领域收受红包和回扣的不正之风。2009年医务人员退回或上缴红包95万元，比2008年增加了10倍，患者投诉信件比2008年减少了40%，群众对医疗服务综合满意度达到96.57%。①

二　对关键权力做"减法"，着力压缩寻租空间

决策权、基建权、财务权、人事权、采购权等是医疗卫生管理的关键权力，行使这些权力的岗位人员是廉洁风险防控的重点。用制度约束、教育感化、监督制约、严厉惩处等方式从外部用力，虽然可以起到权力约束的作用，但往往成本很高，有时遇到阻力和干扰而难以起到应有的效果。甘肃省卫生行政部门采用"削权让力"方式，从源头上大幅削减了腐败的机会。

1. 规范用人权，重要岗位加大交流力度

用人权是最为核心的权力。甘肃省卫生厅以提高选人用人的公信力为重点，广泛采用竞争上岗和差额选任方式选拔干部，加大竞争性选拔任用干部力度，先后组织开展了厅系统3轮处级干部竞争上岗和2轮差额选任工作，树立

---

① 刘维忠主编《欠发达地区医药卫生体制改革实践与研究》，人民卫生出版社，2011。

公道正派的良好用人风气。例如，2009年研究制定了干部轮岗交流办法，要求在权、钱、人、项目等重点岗位工作达到一定年限的干部必须轮岗交流，组织厅机关83名干部轮岗交流，轮岗交流比例达76%。从动员报名到酝酿决定，整个过程仅用3天，防止了少数干部托人情、打招呼干扰决策，直属单位也普遍开展了中层干部竞争上岗和聘用制度。充分尊重干部意愿，充分发扬民主，充分竞争上岗，短时间内完成大轮岗，压缩了领导干部利用人事权谋取私利的空间，一大批德才兼备、能力突出、群众公认的干部被任用到重要岗位，极大地调动了广大干部干事创业的积极性。

2. 项目权全部"切出去"

2008年以前甘肃省卫生厅从基层和事业单位借调人员60多人，主要做各种项目，领导批阅的文件2/3左右与项目有关。新的医疗改革推行后，卫生厅规定公务员不涉及具体项目，把所有项目切给基层和事业单位，例如人事上将职业资格考试切到卫生监督所，规划财务上把政府采购切到专门采购部门，把教育培训任务直接切到市州卫生局和学会协会等单位。项目"切出去"后，借调人员全部清理回原单位，卫生厅一心一意做好卫生行政监管、业务指导工作和事业管理，干部主要精力用在研究卫生政策、开展岗位练兵、提高指导和服务基层的能力上。把不适合机关的权力切出去解决了忙闲不均的问题，也有效防止了利益冲突，加强了对权力的监督和制约。

3. 压缩审批权，减少收费权

2009年8月，甘肃省卫生厅成立行政审批制度改革工作领导小组，及时清理、调整和取消多项卫生行政审批项目。2012年，又全面清理了现有卫生行政审批项目，对国家没有明确规定审批级别的项目也一律进行下放办理；不适应经济社会发展的行政审批项目一律取消；将床位在300张以下的综合医院、床位在100张以下的中医院、中西医结合医院、民族医院、疗养院、康复医院、妇幼保健院以及其他专科医院下放给市州卫生行政部门审批。全面清理、减少行政事业性收费项目，一律取消省级以下自行设置的收费项目，对收费标准有下限的按下限收取。加强监管保留的行政审批事项，减少环节，简化程序，提高效率。

4. 用"招标 + 议价"约束采购权

甘肃实行药品、设备、物资等"阳光采购制度",用统一招标采购和二次议价两道"闸门"降低成本,防范腐败风险。从 2009 年开始,甘肃省内采购国家基本药物必须在"药品和医用耗材集中采购平台"统一进行,2010 年全省零售药价平均降幅 35.7%。由于药品定价不合理,招标药价虽然下降不少,但药价仍较高。为此,甘肃省又加设了"一把锁"。省卫生厅出台政策以县为单位成立药品配送中心,进行二次议价。卫生厅统计省级招标的 1000 多种药在不同医疗机构的最低价格并在网上公开,供各县参考。通过二次议价,各县药价在招标价基础上又下降了 17% ~ 50%。除了基本药物之外,非基本药物及医用耗材、免煎剂、软件开发等都采用了"招标 + 议价"方式。连接所有县级的视频系统、城乡居民健康档案软件、远程会诊软件等都采用这种方式,大幅削减费用和成本。统一招标集中了各单位各部门的采购权,遏制了分散在不同采购人员中的大量零星腐败现象。二次议价压缩了统一采购吃拿"回扣"的空间,有效防止了"分散腐败"向"集中腐败"转化的可能,既节约了资金,又保护了干部。

5. 稳步破解医院"以药补医"难题

"以药补医"是政府财政投入不足的情形下,医疗卫生单位重要的补偿渠道。权衡医院和患者利益,甘肃果断把利益"天平"向群众一边倾斜,改革"以药补医"机制。首先,大力推行基本药物零差率销售,取消药品加成,把利润让给患者。2012 年,甘肃基本药物零差率销售覆盖所有县、乡、村三级医疗机构,省、市级一些医院也开始实行,药物全部按采购价销售,患者医疗费用减少了 20% ~ 30%,"看病贵"问题得到大幅缓解。2011 年以来,中央财政和省级财政累计投入 74 亿元,"贴补"医院"损失",保障基本药物零差率销售制度可持续操作。在基本药物全覆盖的基础上,全省有 177 家县市级医疗机构开展了全部药品零差率销售,进一步降低了群众医疗负担。其次,开发运用甘肃省公立医院廉洁风险防控软件和防统方软件,在全省三级医院和二级医院安装,通过电子系统自动拦截、自动筛查、自动排序和自动公示,重点监控临床诊疗权、用药权、收费权、招标采购权,使药商很难拿到准确的医生开方记录,无法向医院和医务人员送"回扣",回扣"激励系统"彻底失灵,从源头上遏制了乱开药、乱检查、乱收费等过度医疗行为。

6. 重点管控医生处方权

甘肃省卫生厅下发《关于规范村卫生室静脉输液的通知》，加强村卫生室用药的管理，要求政府举办的村卫生室未经审批不得开展静脉输液业务，禁止村医用非基本药物以外的药，禁止村医私自进药，村医经过批准方可使用抗生素，确保村级用药安全。在全省推广酒泉抗生素使用管理软件，规定主治医生、副主任医师等开药权限，实行处方权管理，对有不良业绩的医生进行处方权限制或停止。2011 年以来，全省因不合理用药实施处方权监护 6972 人/次，实施处方权限制 879 人/次；处理不合理用药的医务人员 1057 人。省肿瘤医院从 2008 年开始对全院医师每天的开药情况进行监控，对于每月抗生素使用排名前 3 位的医师，由副院长进行诫勉谈话，并在全院点名批评，2009 年处罚了 4 人。2011 年，开展医疗卫生系统廉政风险防范试点，省肿瘤医院药品用量下降了 10%，人均住院费从 13475 元降至 10855 元，医生人均抗生素使用数额由 5.8 万元降至 2 万元左右，病人满意度提升到 96%。

三 对患者权利用"加法"，切实维护群众利益

1. 建立患者权益维护机制

在全国率先建立患者维权体系，各级卫生行政部门成立患者维权处（科、股），各级医院成立患者权益维护站，设立患者权益维护协会，有专门的工作人员帮助患者维权，形成了"属地管理，分级调解，按责处置"的医患纠纷调解网络，解决了以往患者投诉无门，维权困难的问题。同时，积极引入第三方调处，加强医患沟通，大幅减少了"上访闹事"事件，通过维护患者权益，各医疗机构的患者满意度明显提升，2011~2012 年，全省二级以上医疗机构患者满意率在 95% 以上。

2. 积极创造条件维护群众健康

积极利用微博等新媒体推动卫生工作，从 2010 年开始，发动全系统医疗机构、医务人员、管理人员开通了 1 万个微博，并在新浪、腾讯、人民网建立微博矩阵，主动向社会提供政务信息、健康知识、寻医问药、血液供给等服

务。把微博建成了服务群众的平台，建成了群众监督的窗口。省卫生厅先后被零点集团评获"倾听民意政府奖"，被人民网评为"十大政务微博"。把"看得好、救得活"作为医院的基本要求，将县级医院重症监护室建设长期作为重点工作，保证患者，特别是急救患者第一时间得到有效治疗。加强血液透析室建设，根据当地肾病患者需要尽可能地做好血液透析工作，使患者在当地就能进行血液透析，减轻患者负担。一些边远县区积极创造条件建立血站，离市州、县区较远的乡镇按照当地实际建立血库，保证急救病人的血液供应。免费设计了医疗机构疾病谱排查软件、新农合报销和健康档案"一卡通"等，提高了服务群众的能力。

3. 抓好公共卫生资金的监管

甘肃要求各级卫生行政部门成立核算中心，对公立医院实行收支两条线管理。认真做好基层卫生项目资金的监管，特别是新农合资金监管和公共卫生资金的监管，严肃查处新农合资金套现、截留挪用公共卫生资金等问题，确保新农合资金安全，确保公共卫生资金全部用于百姓健康。认真落实公共卫生均等化村医补助资金的发放，提高村医的工作积极性。做好新农合"金穗"一卡通的推广发放工作，完善和做好乡、村、县、市、省五级新农合医疗费用直报工作，切实做到方便村民就诊看病。

4. 大力推进创新和改革，为患者提供方便

甘肃省在全省公立医院免费启用医院预约挂号管理平台，患者可通过卫生厅预约挂号平台、"12320"咨询热线、各医院预约专线电话预约看病。2012年，甘肃省卫生厅在省人民医院远程会诊平台基础上建设完成了省、市、县、乡四（三）级医院远程会诊平台，覆盖医疗机构1350家，织就了全国最大的远程医疗会诊网络，联通到乡镇卫生院，各级医疗机构免费使用，统筹全省医生资源为患者服务。卫生厅发出文件，要求全省使用通用的门诊病历，实现同级医疗机构的医学影像结果、医学检验互认，避免重复检查，降低群众看病就医负担。

5. 大力推行院务和政务公开

要求医院透明管理，对社会和患者公开医疗服务项目及流程、收费项目及标准、药品收费依据及标准、投诉电话、服务承诺等，坚持并不断完善医疗服务价格、药品价格及医疗费用清单公示制度。要求基层医疗机构出台降价措施并上墙公布。各医院要及时上报院务公开内容，公开二级以上医疗机构的药品收入占总收入比例、住院自费比例、单病种和单项检查费用、平均住院和门诊费用、大型检查阳性率等，并进行横向比较，促使医疗机构降低医疗成本和费用。

6. 推行管理机构下基层、疾控机构进医院

在不增加编制的原则下，在乡镇设立卫生办公室，在村设立兼职卫生管理员，负责乡村食品安全监督管理及疫苗注射后的监督检查、乡村医疗机构和医务人员的管理等工作，将监管延伸到最基层，延长卫生部门管理的工作"手臂"。在乡以上医院设立公共卫生科，每天统计就诊病人及疾病谱，进行疾病谱排序和分析，发现异常情况及时组织进行流行病学调查，给政府提出群体预防和群体干预的建议。在二级以上医疗机构设立职业病科，全面开展职业病防治。兰州大学第二医院通过大量婴幼儿病历分析首先发现三鹿奶粉导致泌尿系结石并最早向卫生部报告，挽救了大量婴幼儿的生命，体现了公共卫生管理的成效。之后全国两次大的牛奶和婴儿食品汞超标事件又是甘肃第一个发现和报告的，两次受到原卫生部和国家卫生计生委的通报表扬。

7. 严格执法追责，当好群众生命健康的"守护神"

坚持实施食品安全责任追究、计划免疫责任追究、院内感染责任追究"三个责任追究"制度，落实好食品安全黑名单、药品配送黑名单、药品安全黑名单、医疗广告黑名单"四个黑名单"制度，让伪劣药品食品不敢到甘肃来，解决食品药品安全隐患。甘肃省曾经出台《医疗机构不良业绩记录制度》等22项核心制度，加强医疗机构的管理，防范过度诊疗，但卫生厅一些处长与院长工作关联度强，对记录不良业绩的医院下不了手，不能按照规定记录医院不良业绩，对管理不善的医院院长也不愿进行处理。为此，卫生厅把检查医院和记录不良业绩的职责转交给卫生监督所，第一次检查就给一个管理较差的医院记录了24分不良业绩，并在网上进行了通报，有力地保障了所有制度得到切实执行，维护了群众的切身利益。

四　医疗改革为反腐"减压"的几点启示

医疗资源供不应求是导致看病难和看病贵的重要原因。医疗资源稀缺容易

诱使权力变质而滋长腐败，权力寻租又进一步加剧了医疗资源使用和分配的不公，让利益链条更为复杂，使得医疗改革推进艰难，医疗改革和反腐因此陷入"两难"境地。甘肃是经济欠发达地区，财力十分有限，群众收入水平较低。2012年，全省公共财政预算收入为520.88亿元，城镇居民人均可支配收入17156.89元，农村居民人均纯收入仅4506.7元。经济落后严重压缩和限制了政府改善卫生条件的能力。虽然甘肃医疗条件和基础较差，但医疗管理并不落后。甘肃省通过后天努力弥补"先天不足"，为欠发达地区解决群众看病难题提供了一个可供参考的样本，其思路与做法具有典型性和实践推广价值，对解决全国解决"看病难"和"看病贵"问题具有启示意义。

1. 在经济社会发展不充分的情况下，更应高度重视反腐倡廉工作

物质贫乏是欠发达的客观现实，有限的资源条件下必须最大限度和尽可能地实现资源公平分配和有效使用，唯此才能赢取民心，才能推动事业的发展和社会的进步。甘肃省推动医疗改革，把预防腐败制度嵌入医疗卫生业务，将惩防体系建设与卫生业务工作"同部署、同落实、同检查、同考核"，用有效预防腐败来驱动医疗改革，用查办腐败来保障医疗改革，医疗改革与廉政建设"双轮齐动"，相得益彰，收到了很好的效果。

2. 医疗改革深入推进会有效预防腐败，会取得多方共赢的效果

医疗改革铲除制度上存在的障碍，消除腐败的土壤和条件，从根源上解决医疗领域的腐败难题。例如用廉洁风险防控软件和防统方软件防止医生多开药拿回扣，减少基建和人事等管理权力，杜绝了权钱交易。推动疾病预防和健康教育，降低发病率，大量减少病人，既节约了医疗卫生资源，平衡了医药资源供求关系，又大量减少了收受红包和回扣等腐败机会。只有通过医疗改革实现医院、医生、患者、药商、监管机构等多方主体利益平衡协调，才能真正达到有效预防腐败的目标。医疗改革成功，减少了腐败和不正之风，保护了医务人员，也规范了医药市场，降低了医药销售成本，药品、设备等提供企业也从中受益。

3. 解决收受回扣等不正之风需深入改革向群众让利

羊毛出在羊身上，回扣最后都会变成患者的负担。医疗卫生服务部门和医生的不正当"利益"增多，群众利益必然受损。只有打掉医疗卫生服务部门和医生的不正当"利益",群众才能真正受益。甘肃省做好利益的"加减法",将利益天平向患者倾斜,减少医疗监管和服务部门的权力,让权力归位还原为权力服务,践行了党的群众路线和宗旨。甘肃省医疗改革之所以能取得实效,很大程度上在于让卫生行政部门、医院和医生的权力服务群众患者的利益,在关键性的利益上作了减让甚至牺牲。人事权、财务权、基建权、采购权是医药卫生管理部门的核心权力,开单权则是医生可以用来谋取私利的关键权力。甘肃省卫生行政部门带头"自己革自己的命",主动削减或让出核心权力,牢固树立群众利益观念,保证了医疗改革方向正确,取得了突出成效。利益是医疗改革和反腐败始终面对和需要处理好的根本因素。权力主体只有心中真正装着群众,将群众的利益放在首位,自觉自我革命,放弃自己的特殊利益考虑和安排,医疗改革和反腐败才能取得彻底胜利和成功。

4. 减权放权必须以公开为基础

公开透明是减权放权和严格控权的基础和保障。纯粹用减少权力"一手",而缺乏公开透明的"另一手",不仅很快容易反弹,而且会使权力变得更为集中而难以约束。仅有公开而不放权,公开往往会流于形式,难以取得实质效果。甘肃省卫生厅用"放权"和"公开"两手管好用权行为,在减少权力过程中推行公开透明,用公开透明手段推进减少权力,将个别领导个人披着、藏着的用权行为公开,大大压缩不规范用权行为,缩小了权力"运作"发挥的余地和空间,因而取得了实实在在的效果。

5. 制度规定要持之以恒真抓实干务求实效

甘肃把制度执行力作为关键,把效果作为检验的唯一标准,紧紧围绕医疗改革和反腐倡廉建设目标进行制度设计和真抓实干,一抓到底,务求实效。为了加强医院管理,先后出台22项核心制度,为了落实这些制度又制定卫生系统重点工作月通报制度和卫生厅机关重点工作月通报制度,还出台了《医疗机构不良业绩记录制度》,但这些制度仍然执行不严,将检查医院不良业绩的任务交给卫生厅卫生监督所执行,效果特别好。甘肃的经验说明,制度要有执行力,不仅要设计科学,更要有落实保障。制度执行者与执法者要分离,制定者不能兼管执行和监督,制度设计、执行和监督权要合理配置、相互制约和监督。同时,执法者与被执法者之间不能存在利益冲突和利益联系,要有执法的

压力和动力。要建立责任机制，执法部门和执法人员不严格执法将受到责任追究。

6. 应防止药品和食品生产监管中的地方保护主义

相对东部发达地区，甘肃的药品和食品生产企业少，规模不大，药品和食品生产企业与地方政府并没有太多利益关联。医药卫生行政监管部门依法履行职责，执法过程中没有太多利益顾虑和羁绊。因此，尽管甘肃医疗卫生条件差，但其监管水平并不低，其最早发现和报告了三聚氰胺等食品安全问题，维护了群众生命健康利益。可见，要解决药品食品安全问题，一个有效的思路就是让药品和食品生产企业与地方政府利益脱节，防止地方保护主义。建议将药品、食品生产和企业税收纳入全国统筹范畴考虑，把与药品和食品相关的税收作为国税或者提高中央分成比例，中央再通过一般转移支付向地方拨付。地方由关注税收向加强监管转移，加大对药品食品违法违规行为的调查处理。

附　　录

Appendix

B.17
2013 年反腐倡廉十件大事

1. 习近平在十八届中央纪委二次全会上讲话传递反腐新信号

1 月 22 日，习近平总书记在中国共产党第十八届中央纪律检查委员会第二次全体会议上发表重要讲话，提出反腐倡廉要以踏石留印、抓铁有痕的劲头抓下去，善始善终、善做善成，防止虎头蛇尾，让全党全体人民来监督，让人民群众不断看到实实在在的成效和变化。要坚持"老虎""苍蝇"一起打，既坚决查处领导干部违纪违法案件，又切实解决发生在群众身边的不正之风和腐败问题。要坚持党纪国法面前没有例外，不管涉及谁，都要一查到底，决不姑息。要加强对权力运行的制约和监督，把权力关进制度的笼子里，形成不敢腐的惩戒机制、不能腐的防范机制、不易腐的保障机制。要大力弘扬中华民族勤俭节约的优秀传统，大力宣传节约光荣、浪费可耻的思想观念，努力使厉行节约、反对浪费在全社会蔚然成风。

2. 薄熙来被判处无期徒刑　剥夺政治权利终身

7 月 25 日，中共中央政治局原委员、重庆市委原书记薄熙来涉嫌受贿、贪污、滥用职权犯罪一案，经依法指定管辖，由山东省济南市人民检察院向济南市中级人民法院提起公诉。8 月 22～26 日，薄熙来案在济南市中级人民法

院一审公开开庭审理。与以往的高官审判不同，此次的庭审济南中院通过官方微博直播，以文字、图片、音频、视频等多种方式披露了庭审信息。9 月 22 日，济南中院对薄熙来案做出一审判决，认定薄熙来犯受贿罪，判处无期徒刑，剥夺政治权利终身，并处没收个人全部财产；犯贪污罪，判处有期徒刑十五年，并处没收个人财产人民币一百万元；犯滥用职权罪，判处有期徒刑七年；数罪并罚，决定执行无期徒刑，剥夺政治权利终身，并处没收个人全部财产。10 月 25 日，山东省高级人民法院公开宣判上诉人薄熙来受贿、贪污、滥用职权一案，裁定驳回上诉，维持一审无期徒刑判决。

3. 中央纪委狠刹公款送节礼等不正之风

8 月 21 日，中央纪委常委会做出部署，要坚决刹住中秋节、国庆节公款送月饼送节礼、公款吃喝和奢侈浪费等不正之风，过一个欢乐祥和、风清气正的中秋和国庆佳节。9 月 3 日，中央纪委和中央党的群众路线教育实践活动领导小组发出《关于落实中央八项规定精神坚决刹住中秋国庆期间公款送礼等不正之风的通知》，要求节日期间，严禁用公款送月饼送节礼；严禁用公款大吃大喝或安排与公务无关的宴请；严禁用公款安排旅游、健身和高消费娱乐活动；严禁以各种名义突击花钱和滥发津贴、补贴、奖金、实物。10 月 31 日，中央纪委发出《关于严禁公款购买印制寄送贺年卡等物品的通知》，要求各级党政机关、国有企事业单位和金融机构，严禁用公款购买、印制、邮寄、赠送贺年卡、明信片、年历等物品。11 月 21 日，中央纪委发出《关于严禁元旦春节期间公款购买赠送烟花爆竹等年货节礼的通知》，要求严禁用公款购买赠送烟花爆竹、烟酒、花卉、食品等年货节礼。要严肃财经纪律，强化审计监督，相关费用不准转嫁摊派，一律不予公款报销。

4. 全党开展群众路线教育实践活动

4 月 19 日，中共中央政治局召开会议，决定从 2013 年下半年开始，用一年左右时间，在全党自上而下分批开展党的群众路线教育实践活动。中央政治局带头开展党的群众路线教育实践活动。此次实践活动，以为民务实清廉为主要内容，以县处级以上领导机关、领导班子和领导干部为重点，切实加强全体党员马克思主义群众观点教育，把贯彻落实中央八项规定作为切入点，进一步突出作风建设，坚决反对形式主义、官僚主义、享乐主义和奢靡之风，着力解决人民群众反映强烈的突出问题。党的群众路线教育实践活动贯穿"照镜子、正衣冠、洗洗澡、治治病"的总要求。按照中央部署，教育实践活动自上而下分两批开展，第一批为省部级领导机关和副省级城市机关及其直属单位，中管企业、中管金融企业及中管高校。

5. 中央纪委监察部网站正式开通

中央纪委监察部网站于 2013 年 9 月上线发布，英文域名为 www.ccdi.gov.cn。网站作为中央纪委监察部信息公开、新闻发布、政策阐释、民意倾听、网络举报的主渠道、主阵地，设有导航栏、头条要闻、专题专栏、廉政教育、法律法规、网上举报、工作动态、互动交流、廉政论坛、网址导航 10 个版块 36 个栏目，以文字、图片、视频等多种形态呈现。网站还在首页显著位置设置了"我要举报"专栏。中央纪委书记王岐山 9 月 2 日在调研中央纪委监察部网站建设时强调，要把中央纪委监察部网站办出特色，确保严肃、准确、及时、权威，架起与群众沟通的桥梁，不断提高党风廉政建设宣传水平。

6. 我国将建立不动产统一登记等制度夯实反腐基础

3 月 10 日，在第十二届全国人民代表大会第一次会议上，国务委员兼国务院秘书长马凯在《关于国务院机构改革和职能转变方案的说明》中指出，建立不动产统一登记制度，以更好地落实物权法规定，保障不动产交易安全，有效保护不动产权利人的合法财产权。建立以公民身份证号码和组织机构代码为基础的统一社会信用代码等制度，从制度上加强和创新社会管理，并为预防和惩治腐败夯实基础。3 月 26 日，《国务院办公厅关于实施〈国务院机构改革和职能转变方案〉任务分工的通知》对上述制度出台规定时间表和责任部门，提出 2014 年 6 月底前出台不动产登记条例。11 月 20 日，李克强总理主持召开国务院常务会议，决定整合不动产登记职责，推动建立不动产登记信息依法公开查询系统。

7. 中央军委频出新规加强党风廉政建设

经中央军委批准，我国解放军和武警部队将从 5 月 1 日起统一使用新式军车号牌。非装备的奔驰、宝马等豪华车型一律不得使用军车号牌。7 月 19 日，中央军委印发了《军队实行党风廉政建设责任制的规定》，结合军队实际，明确规定了各级党委、纪委和领导干部在党风廉政建设中的具体责任，以及检查

监督和责任追究的制度措施。8月中旬，总参谋部、总政治部、总后勤部、总装备部联合印发新修订的《军队会议费管理规定》，对精简会议活动、控制会议规模、严格经费管理等方面作了进一步明确，并优化了会议费标准结构，重新界定了会议费开支范围，完善了会议费监督管理机制。8月底，解放军总政治部颁发《关于规范大型文艺演出、加强文艺队伍教育管理的规定》，对全军和武警部队勤俭节约办晚会提出明确要求，严格控制文艺单位人员参加地方电视台选秀类节目，要求自觉净化工作圈、生活圈、交友圈。10月底，中央军委印发《中央军委关于开展巡视工作的决定》，对军队建立巡视制度、设置巡视机构、开展巡视工作做出总体部署；印发《中央军委巡视工作规定（试行）》，对开展巡视工作做出规范。

8. 中国首次接受《联合国反腐败公约》履约审议

5月30日，在联合国维也纳办事处召开的审议组会议抽签确定，由越南和巴哈马担任审议国，对中国实施公约第三章（定罪和执法）和第四章（国际合作）的情况进行审议。审议2013年7月启动，中国香港特区和澳门特区将与内地共同接受审议。这是公约对中国生效7年多来，中国首次接受审议。《联合国反腐败公约》制定于2003年，是首个全球性反腐败国际法律文书。中国是较早批准公约的国家之一。该公约于2006年2月对中国生效。

9. 规范和公开"三公"经费走向制度化

7月1日，国务院办公厅印发《当前政府信息公开重点工作安排》，要求各省（区、市）政府要全面公开省本级"三公"经费。8月1日，财政部下发《关于推进省以下预决算公开工作的通知》，要求各省应于2015年之前在省内所有县级以上政府开展包括财政预决算、部门预决算及"三公"经费预决算、市（县）级汇总"三公"经费预决算等方面在内的公开工作。9月13日，财政部等印发《中央和国家机关会议费管理办法》，规定应当将非涉密会议的名称、主要内容、参会人数、经费开支等情况在单位内部公示，具备条件的应向社会公开。11月，中共中央、国务院印发《党政机关厉行节约反对浪费条例》，对党政机关经费管理、国内差旅、因公临面时出国境、公务接待、公务用车、会议活动、办公用房、资源节约等作出全面规范，就监督检查、责任监督等提出明确要求，并规定应当建立健全厉行节约反对浪费信息公开制度。除依照法律法规和有关要求须保密的内容和事项外，应当按照及时、方便、多样的原则，以适当方式进行公开。12 月 8 日，中共中央办公厅、国务院办公厅印发《党政机关国内公务接待管理规定》，细化公务接待范围、审批控制、接待清单、活动场所方式、住宿用房、工作餐、使用车辆以及经费支付方式，并规定县级以上党政机关公务接待管理部门应当会同财政部门按年度组织公开本级国内公务接待制度规定、标准、经费支出、接待场所、接待项目等有关情况，接受社会监督，对于违规违纪行为，纪检监察机关查处追责。

10. 国务院分批取消和下放行政审批项目等事项

4 月 24 日，为落实《国务院机构改革和职能转变方案》，国务院第一批先行取消和下放 71 项行政审批事项。5 月 15 日，国务院发布《关于取消和下放一批行政审批项目等事项的决定》，公布 117 项取消和下放行政审批项目目录。6 月 29 日，全国人大常委会表决通过了关于修改文物保护法等 12 部法律的决定，通过一揽子修改法律的方式取消和下放了部分法律设定的行政审批事项。7 月 13 日，国务院发布《关于取消和下放 50 项行政审批项目等事项的决定》，决定再取消和下放一批行政审批项目等事项，共计 50 项。9 月 19 日，国务院发布《关于严格控制新设行政许可的通知》，严格行政许可设定标准，规范行政许可设定审查程序，加强对设定行政许可的监督。9 月 25 日和 12 月 11 日，国务院分别宣布取消和下放 75 项和 68 项行政审批项目，涉及煤炭生产许可、民办学校聘任校长等事项。

Abstract

Report on Combating Corruption and Upholding Integrity in China No. 3 continues to focus on the theme of "construction". It fully reflects and interprets the fresh programs, progresses and achievements in combating corruption and upholding integrity in China since the 18th National Congress of CPC from an academic perspective. The book consists of Observations by the Chief Editor, General Report, Special Reports, Regional Reports and Thematic Reports.

The Observations of the Chief Editor sum up fresh initiatives and new changes in the field of combating corruption and promoting integrity since the 18th National Congress of CPC, such as regulating conducts, emphasizing discipline, taking control of public power and public funds, implementing diversified and comprehensive supervision, "targeting both the tigers and flies", and so on. It proposes that "the key to achieving ideal effects in addressing both the symptoms and the root causes lies in the height of anti-corruption strategy and the intensity of anti-corruption actions." It is of great urgency to put on the agenda the establishment of long-term mechanisms to eliminate the "superfieiality, bureaucracy, hedonism and profligacy as four types of misconducts". It is urgent to regulate the custom of gift-exchange so as to prevent conflicts of interests. Combatting corruption through the web and microblogs should be taken seriously and must be managed legally. In fighting corruption, we must punish both the principal officials and those at the lower rank. We should maintain zero tolerance of corruption. To combat corruption fundamentally, we must unswervingly deepen comprehensive reform.

The General Report provides an overview of the construction process and effects of efforts toward combating corruption and promoting integrity in six aspects, including punishing corruption, examining and overcoming misconducts violating the " *Eight Regulations* ", making innovation in the check and supervision mechanism, regulating public power, overseeing public funds, resources and assets, improving the moral integrity and the code of conduct for civil servants, and fostering an honest and clean culture. Based on field research, surveys and public opinion analysis, it outlines the new features of china's efforts toward combating corruption and upholding integrity and the new expectations of the public since the 18th National Congress of CPC. It upholds that China should carry out integrity assessment and impartiality review for the exercise of power and improve the moral integrity of civil servants. Based on the principles of conservation, openness and traceability of the funds used for public reception, official vehicle and overseas travels, supervision should cover both the income and expenditure of public funds. We should take livelihood security as the top priority and launch comprehensive and effective oversight and regulation on the program and funds related to people's quality of life. Greater efforts should be made to address illegal gifts exchanges, and the unscrupulous behaviors should be tackled with cultural transformation. We should reasonably adjust the amount and structure of civil servant salaries and reduce gray income associated with public power. We should strengthen vertical management and enhance the authority and effectiveness of supervision of the discipline inspection and supervision organs.

The Special Reports summarize the role of state audit in combating corruption, combating corruption in agriculture, the status quo and prospects of combating corruption through the internet, and practices and results of the utilization of the criminal laws in preventing corruption and bribery. They make thorough reflections on the deep-seated issues in the relevant anti-corruption areas. Besides, they put forward some advice and suggestions on further advancing the related work in combating corruption.

The Regional Reports outline the practice and the achievements of combating corruption and upholding integrity in six provinces (and autonomous regions) in a targeted manner: Hebei province tries to establish full monitoring chain for power operation; Shandong province makes innovative practice of the "6 + 1" pattern for punishing and preventing corruption; Gansu province promotes the transformation and great-leap-forward development with the results of fighting corruption; Fujian province boosts scientific development by garnering the positive energy in combating corruption and upholding integrity; Jilin province sets up a safety valve for the "five

powers" to promote the revitalization of old industrial bases; Guangxi autonomous region focuses on strengthening supervision to promote the development of Guangxi and the well-being of the people.

The Thematic Reports examine the practices in the following areas. Ningxia autonomous region implements "Diligence and Cleanness for the People" project in the rural areas. Heilongjiang province undertakes the practice and innovation of the implementation of targeted anti-corruption education for different posts and categories. Hainan establishes discipline inspection offices in townships. Gansu addresses the public's difficulties in seeing doctor by preventing corruption from the source.

Contents

Abstract: This report makes a review of the construction process and effects of combating corruption and promoting integrity in six aspects, including punishing corruption, examining and overcoming the unhealthy conducts violating the "*Eight Regulations*", making innovation in the check and supervision mechanism, regulating public power, overseeing public funds, resources and assets, improving the moral integrity and the code of conducts of civil servants, and fostering a honest and clean culture. Based on field researches, surveys and public opinion analysis, it outlines the new features of combating corruption and upholding integrity and the new expectations of the public since the 18th National Congress of CPC. It upholds that China should carry out integrity assessment and impartiality review for the exercise of power and improve the moral integrity of civil servants. Based on the accessibility of conservation, openness and traceability of the funds used for public reception, official vehicles and overseas visits, supervision should cover both the income and

expenditure of public funds. We should take livelihood security as the top priority and launch comprehensive and effective oversight and regulation on the program and funds related to people's livelihood. Greater efforts should be made to address illegal gifts exchanging, and the unhealthy behaviors with great influence should be tackled with cultural transformation. We should reasonably adjust the remuneration level and structure for civil servants and compress the gray income space associated with public power. We should strengthen vertical management and enhance the authority and effectiveness of supervision of the discipline inspection and supervision organs.

Keywords: 2013; China; Combating Corruption and Upholding Integrity; A New Journey

B. 2　State Audit: Anti-corruption "Sword" Hanging High　　　　　　/ 049

Abstract: As an important part of the national supervision system, state audit advances the anti – corruption endeavors through auditing of entire processes, including examining key areas and sectors, stewardship over state financial funds, overseeing the exercise of power through economic accountability, establishing consultation and coordination mechanisms for case transferring, patching up the systematic loopholes in fighting corruption, and so on. And these measures have achieved positive results. State audit supervision is universal, regular, and professional. But it faces various challenges in performing its role, including the impacts of local protectionism that impinges on its independence, limited audit authority and means, inadequate coordination mechanisms, insufficient audit resources, etc. It is recommended that China strengthened the supervision role of state audit in fighting corruption, protected the independence of the audit, optimized the systems related to audit enforcement, and improved the utilization mechanism of audit results and the supporting mechanism for audit.

Keywords: State Audit; Audit Supervision; Financial Funds

B. 3　Ministry of Agriculture Safeguards the Development of Agriculture, Farmers and Rural Areas with the Results of Anti − corruption Campaigns 　　／ 067

Abstract: Faced with the problems and challenges in fighting corruption in agriculture and rural areas under the new situation, the Ministry of Agriculture advances its efforts to combat corruption and promote integrity in the agricultural system. It takes many measures, such as supervising and safeguarding the implementation of the national policis of "strengthening, benefiting and enriching agriculture, farmers and rural areas", exploring standardized management of the rural collective capital, assets and resources, addressing the outstanding issues harming the interests of farmers, regulating the exercise of agricultural administrative power, and fostering cleanness and dedication in administrative conduct. The minisitry endeavors to safeguard the legitimate rights and interests of farmers, improve the relationship between the Party and the people and between the government officials and the public, correct the administrative conducts so that it serves the needs of agriculture, and safeguard the healthy development of agriculture and the rural areas.

Keywords: Agriculture; Policies Concerning Agriculture; Combating Corruption and Upholding Integrity

B. 4　Status Quo and Prospects of Fighting Corruption through Internet 　　　　　／ 092

Abstract: The article analyzes that the Party and government not only attaches importance to the role of internet in supervision and whistle blowing, but also give full play to the positive values of fighting corruption through network in establishing the path for public participation in fighting corruption, forming transmission mechanism of pressure and driving force in the transparent operation of power, and promoting the political and cultural constructions with Chinese characteristics. It also analyses the versatility and complexity of fighting corruption through network. It

points out that regulation and guidance are needed in fighting corruption through network in the electronic era. It also proposes the prospects of regulated development of fighting corruption on the internet. To improve the administration capacity, we will gather the positive power through the internet in combating corruption and upholding integrity. We will advance "digital discipline inspection" and achieve the rebalance of fighting corruption through network. We will develop "network without rumors", and build the new order of network supervision.

Keywords: Fighting Corruption through Internet; Whistle Blowing on the Internet; Network Supervision

B. 5 Preventing and Punishing Corruption and Bribery through the Modification to the Criminal Laws in China　　　　/ 113

Abstract: According to relevant requirements of the "*United Nations Convention against Corruption*", China makes modifications to the "*Criminal Law*", "*Criminal Procedure Law*" and other laws. The substantive laws related to prevention and punishment of corruption and bribery crimes continue to be improved, and the adjective laws become more rigor. The modifications to the substantive laws include: adding crime for the bribery to foreign public officials and those of international public organizations; adding crime of taking bribery by their influence; raising the range of the criminal penalties for those with large amounts of property from unidentified sources; expanding the crime subject range of bribery for the those who are not civil servants; identifying corruption and bribery crime as the upper crime of money laundering. The modifications related to the adjective laws include: adding lawyers' meeting provision for particularly serious bribery cases; adding surveillance in assigned residence for particularly serious bribery cases; permitting the use of technical investigation means for major corruption and bribery crimes; improving corrupt criminals' asset recovery procedures; improving the convergence mechanism of criminal justice and administrative enforcement. In the new situation of fighting corruption and promoting integrity, concerning combating corruption and bribery through the modification of

criminal laws, China needs to further improve the charge system, adhere to the "strictness-based" criminal policy, strengthen international cooperation in criminal justice, and improve the quality of the personnel involved in criminal justice.

Keywords: United Nations Convention Against Corruption; Criminal Law; Corruption and Bribery Crime

B. 6   Hebei Province Explores to Establish Full Monitoring Chain for Power Operation   / 126

Abstract: Hebei proposes to focus on deepening the monitoring mechanism for power operation and lets the whole province focus on prevention of corruption. It is targeted at the outstanding issues in power running. It imposes the exercise of power under the sun through promoting openness and transparency. It expands the outreach of supervision on power through eliminating blind spots. It severely punishes the abuse of power. It safeguards that power is used for the people through rectifying misconducts and disorder. It gradually builds a full monitoring chain covering the entire process of power operation. The exercise of power is institutionalized and standardized. It has initially formed the basic framework for punishing and preventing corruption with Hebei characteristics.

Keywords: Hebei; Power Operation; Supervision; Punishment

B. 7   Shandong Province Makes Innovative Practice of the "6 + 1" Pattern for Punishing and Preventing Corruption   / 145

Abstract: Shandong proposes to establish the "6 + 1" working pattern for the system of punishing and preventing corruption. It establishes six mechanisms, covering case investigation, integrity education, integrity risk prevention and management, open exercise of power, monitoring on the deal of public resources and protection of people's right and interests, as well as one technical anti − corruption

network. The systematic construction covers all the links in the system for punishing and preventing corruption. The technical means increase the rigidity of institutional constraints and achieve organic integration of system and technology. It also launches the work advance mechanism covering organizational guidance, supervision and inspection, evaluation and accountability, and driving force from innovation. They achieve effects for a certain stage in various aspects in the construction of the system for punishing and preventing corruption.

Keywords: Shandong; System for Punishing and Preventing Corruption; Systematic Innovation; Preventing Corruption with Technology

B. 8 Gansu Province Promotes the Transformation and Great-leap-forward Development with the Results of Fighting Corruption / 165

Abstract: This article sums up the measures and approaches taken by Gansu Province in fighting corruption and upholding integrity in recent years. They mainly involve five aspects, covering reform in administrative approval system, market-oriented reform of public resource allocation, optimizing administrative environment, standardizing administrative enforcement actions, and improving the performance efficiency. They promote the practice and innovation related to punishing corruption, education on resisting corruption and degeneration, improvement of systems and structure, and check and supervision of power. Gansu carries out pilot in preventing corruption concerning " open and transparent performance of the authority at the county level", "diligence evaluation on the leading officials", "internal power monitoring within the state-owned enterprises", and "standardization of the administrative penalty discretion". Finally, the author proposes several reflections on the measures taken by Gansu to combat corruption and uphold integrity.

Keywords: Gansu; Efficiency Storm; Practice of Combating Corruption and Upholding Integrity; Preventing Corruption

B. 9 Fujian Province Boosts Scientific Development by Collecting the Positive Energy in Combating Corruption and Upholding Integrity / 191

Abstract: As located in the coastal area, Fujian Province makes a scientific planning and layout of the anti-corruption strategy and path selection. It sets the standard as enforcement of discipline for the people and protecting the people's interests. It carries out supervision and inspection focusing on the major line of "development". It advances function transformation and regulation of power. It fosters an optimized, highly efficient and clean environment for the scientific and great-leap-forward development. These approaches, to some extent, provide the insights for the whole country, with the coastal and open areas in particular.

Keywords: Fujian; Combating Corruption and Upholding Integrity; Supervision; Regulation of Power

B. 10 Jilin Province Sets Up the Safety Valve for the "Five Powers" to Promote the Revitalization of Old Industrial Bases / 207

Abstract: In recent years, JilinProvince has been carrying out reforms featuring "limiting the power by reform, identifying the ownership legally, allocating the power scientifically, putting the power under the sun, and monitoring the power for the entire process". These practices provide useful insights on the check and supervision of power. First, we must strengthen the consensus in concept and form a good atmosphere. Second, we must coordinate and make planning, so as to advance orderly. Third, we must deepen the reform and innovation, so as to provide support of driving force.

Keywords: Jilin; Power Check and Supervision; Power Allocation

Abstract: This article describes that Guangxi Autonomous Region focuses on supervision to promote the development of the system of punishing and preventing corruption. It includes carrying out responsibility system of the party construction and restrict corruption, Daily-Supervising of Inner-Party, electronic monitoring the area of focus, improving mechanism of power-controlling, and strengthen the discipline-implementing supervision. Finally, the article proposes several reflections on strengthening in Guangxi.

Keywords: Guangxi; Construction of the System of Punishing and Preventing Corruption; Sunshine Platforms

Abstract: Ningxia Hui Autonomous Region explores clean government construction in the rural areas and launches the project of "Diligence and Cleanness for the People". Ningxia starts by making scientific planning, changing the conducts of grass-root Party members and cadres, optimizing rural governance structure. And it tries to transform this project into systematic project, model project, innovation project and people's project. These approaches provide some insights for combating corruption and upholding integrity in the economically backward rural areas.

Keywords: Ningxia; "Diligence and Cleanness for the People" Project; Communities in the Rural Areas; Construction of the Conduct and Integrity of the Party

Abstract: Heilongjiang Province carries out classified anti-corruption education
for different posts. The article sums up that Heilongjiang provides targeted teaching
in accordance to the conditions of the objects of education, including ranks, job
responsibilities, job characteristics and state of mind. They make demonstration
education with the usage of historical and practical resources. There are also
innovative teaching methods in the local areas. It also draws some insights from
Heilongjiang's practice of education.

Keywords: Heilongjiang; Anti-corruption Education; Different Posts and
Different Categories

Abstract: This article analyzes the background, practices and characteristics of
the establishment of discipline inspection offices in townships and their effects on
punishing and preventing corruption in rural areas. It also provides some reflections
and suggestions on tackling the barriers constraining the development of these
discipline inspection offices.

Keywords: Hainan; Discipline Inspection Office in Townships; Construction
of Conduct and Integrity in Rural Areas

Abstract: This article introduces that XiaMen has taken some measure to

construct the government efficiency, such as transformation of government functions, regulating the public power, carrying out the performance management, the implementation of supervision and accountability, and improving the rules and regulations.

Keywords: Xiamen; Efficiency Construction

B. 16 Gansu's Health Care Reform Focuses on Preventing Corruption from the Source to Address the Difficulties of the People   / 274

Abstract: This article describes that the Bureau of Health in Gansu Province, based on the situation and the status quo of medical services in Gansu, integrates fighting corruption into health care services. It advances health care reform step by step and makes exploration in many aspects, covering preventing excessive medical treatment, removing overlarge prescription, overuse of antibiotics, and receiving "red envelopes". Their approaches and practices are typical and good examples to be learned by other places. They provide insights for the whole country to address the difficulties in the access to seeing doctor and high price in seeing doctor.

Keywords: Gansu; Health Care Reform; Combating Corruption and Upholding Integrity; Difficulties in Seeing Doctor

B. 17 Top Ten Events of Construction of Combating Corruption and Upholding Integrity in 2013 in China   / 287

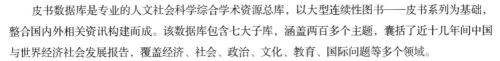

权威报告　热点资讯　海量资源

当代中国与世界发展的高端智库平台

皮书数据库　www.pishu.com.cn

　　皮书数据库是专业的人文社会科学综合学术资源总库，以大型连续性图书——皮书系列为基础，整合国内外相关资讯构建而成。该数据库包含七大子库，涵盖两百多个主题，囊括了近十几年间中国与世界经济社会发展报告，覆盖经济、社会、政治、文化、教育、国际问题等多个领域。

　　皮书数据库以篇章为基本单位，方便用户对皮书内容的阅读需求。用户可进行全文检索，也可对文献题目、内容提要、作者名称、作者单位、关键字等基本信息进行检索，还可对检索到的篇章再作二次筛选，进行在线阅读或下载阅读。智能多维度导航，可使用户根据自己熟知的分类标准进行分类导航筛选，使查找和检索更高效、便捷。

　　权威的研究报告、独特的调研数据、前沿的热点资讯，皮书数据库已发展成为国内最具影响力的关于中国与世界现实问题研究的成果库和资讯库。

皮书俱乐部会员服务指南

1. 谁能成为皮书俱乐部成员？

- 皮书作者自动成为俱乐部会员
- 购买了皮书产品（纸质皮书、电子书）的个人用户

2. 会员可以享受的增值服务

- 加入皮书俱乐部，免费获赠该纸质图书的电子书
- 免费获赠皮书数据库100元充值卡
- 免费定期获赠皮书电子期刊
- 优先参与各类皮书学术活动
- 优先享受皮书产品的最新优惠

社会科学文献出版社　皮书系列
SOCIAL SCIENCES ACADEMIC PRESS (CHINA)

卡号：0722041179131827

密码：

3. 如何享受增值服务？

（1）加入皮书俱乐部，获赠该书的电子书

　　第1步 登录我社官网（www.ssap.com.cn），注册账号；

　　第2步 登录并进入"会员中心"—"皮书俱乐部"，提交加入皮书俱乐部申请；

　　第3步 审核通过后，自动进入俱乐部服务环节，填写相关购书信息即可自动兑换相应电子书。

（2）免费获赠皮书数据库100元充值卡

　　100元充值卡只能在皮书数据库中充值和使用

　　第1步 刮开附赠充值的涂层（左下）；

　　第2步 登录皮书数据库网站（www.pishu.com.cn），注册账号；

　　第3步 登录并进入"会员中心"—"在线充值"—"充值卡充值"，充值成功后即可使用。

4. 声明

　　解释权归社会科学文献出版社所有

皮书俱乐部会员可享受社会科学文献出版社其他相关免费增值服务，有任何疑问，均可与我们联系
联系电话：010-59367227　企业QQ：800045692　邮箱：pishuclub@ssap.cn
欢迎登录社会科学文献出版社官网（www.ssap.com.cn）和中国皮书网（www.pishu.cn）了解更多信息

法 律 声 明

　　"皮书系列"（含蓝皮书、绿皮书、黄皮书）由社会科学文献出版社最早使用并对外推广，现已成为中国图书市场上流行的品牌，是社会科学文献出版社的品牌图书。社会科学文献出版社拥有该系列图书的专有出版权和网络传播权，其 LOGO（）与"经济蓝皮书"、"社会蓝皮书"等皮书名称已在中华人民共和国工商行政管理总局商标局登记注册，社会科学文献出版社合法拥有其商标专用权。

　　未经社会科学文献出版社的授权和许可，任何复制、模仿或以其他方式侵害"皮书系列"和 LOGO（）、"经济蓝皮书"、"社会蓝皮书"等皮书名称商标专用权的行为均属于侵权行为，社会科学文献出版社将采取法律手段追究其法律责任，维护合法权益。

　　欢迎社会各界人士对侵犯社会科学文献出版社上述权利的违法行为进行举报。电话：010－59367121，电子邮箱：fawubu@ssap.cn。

社会科学文献出版社